جامعه‌شناسی نُخبه‌کُشی

جامعه‌شناسی نُخبه‌کُشی

قائم‌مقام ● امیرکبیر ● مصدق

تحلیل جامعه‌شناختی برخی از ریشه‌های تاریخی

استبداد و عقب‌ماندگی در ایران

علیِ رضاقلی

نشر نی

رضاقلی، علی، ۱۳۲۶ ـ
جامعه‌شناسی نخبه‌کُشی؛ قائم‌مقام، امیرکبیر، مصدق: تحلیل جامعه‌شناختی برخی از ریشه‌های تاریخی استبداد و عقب‌ماندگی در ایران / علی رضاقلی. ـ تهران: نشر نی، ۱۳۷۷.
۲۴۰ ص.
ISBN 964-312-350-2
کتابنامه: ص. ۲۳۰_۲۴۰. چاپ سوم.
۱. استبداد ـ ایران ـ منشأ. ۲. ایران ـ اوضاع اجتماعی قرن ۱۳ و ۱۴ ۳. ایران ـ سیاست و حکومت قرن ۱۴.
الف. عنوان.
۲ ج ۶ ر/ DSR ۱۴۷۲

نشر نی
نشانی: تهران، خیابان انقلاب، خیابان دانشگاه، کوی آشتیانی، شمارهٔ ۲۴
صندوق پستی ۵۵۶ ـ ۱۳۱۴۵، نشر نی تلفن ۵ و ۶۴۱۳۴۴۳

علی رضاقلی

جامعه‌شناسی نخبه‌کُشی

قائم‌مقام / امیرکبیر / مصدق

(تحلیل جامعه‌شناختی برخی از ریشه‌های تاریخی استبداد و عقب‌ماندگی در ایران)

• چاپ چهارم ۱۳۷۷ تهران • تعداد ۳۳۰۰ نسخه • لیتوگرافی غزال • چاپ اسلامیه
شابک ۲_۳۵۰_۳۱۲_۹۶۴ ISBN 964-312-350-2

هرکس از این حکایت بتواند دانست
که این چه بزرگان بوده‌اند. و همگان برفته‌اند
و از ایشان این نام نیکو یادگار مانده است.
وغرض من از نبشتن این اخبار آن است تا خوانندگان را
فایده‌یی بحاصل آید و مگر کسی را ازین بکار آید.

بیهقی، ص ۲۲۱

گزارشی کوتاه

واقعیت این است که اگر کسی این نوشته را با این نام به من می‌داد و می‌گفت آیا واقعاً کاری به صورت روشمند و جامعه‌شناسانه و درخور اسم برگزیده برای عنوان کتاب انجام شده، می‌گفتم نه، ولی با کمی گذشت می‌پذیرفتم. اگر می‌گفت پس چه کاری انجام شده، می‌گفتم یک قدم برداشته شده در مسیری مشخص، و نه بیشتر. علوم انسانی به این شکل وارداتی هستند و می‌باید بومی شوند و برای بومی شدن باید «مسئلهٔ» آنها که با آن علم شروع می‌شود، بومی باشد. نخبگان و شکل گردش آن در جامعه غربی، «مسئله» غربی‌هاست. غربی‌ها در جامعه‌شناسی و هم اقتصاد و هم سیاست و هم زیست‌شناسی، بحثی درباره چگونگی گردش نخبگان و برآمدن آنها در بخش بالائی جامعه دارند. در واقع تمامی نظریه‌هایی که به‌گونه‌ای به رقابت و ماندن افراد در سیاست و اقتصاد و دیگر زمینه‌ها ختم می‌شود به‌نوعی گزارشی است از واقعیتی که کسانی که قدرت انطباق بیشتری دارند هوش بیشتر و استعداد تواناتری دارند در عرصه سیاست و اقتصاد و فرهنگ... به قلّه جامعه صعود می‌کنند، و به تعبیری بهترین‌ها بر بلندا برمی‌آیند. بحث نخبگان و برآمدن آنها یک مبحث مفصّل در جامعه‌شناسی دارد. در اینجا نخبگانِ جامعه از بافت اصلی جامعه هستند و همان‌گونه که خواهید دید آنها هستند که به قلّه جامعه برمی‌آیند، ولی «نخبگانِ اصلاح» دچار مشکلات

بسیار جدّی و اساسی در تمام زمینه‌ها هستند، و هدف اصلی بررسی این کتاب نیز ضمن بررسی جامعه‌شناسانهٔ حاکمیت و رفتارهای اجتماعی، بیشتر بررسی عوامل و موانع برآمدن «نخبگانِ اصلاح» و رویهٔ نابودکردن آنها توسط هویّت‌های جمعی ایرانیان است. در نتیجه ما هم مسئلهٔ نخبگان داریم ولی نه به شیوهٔ غرب، بلکه، مسئله بومی است، باید ببینیم چگونه برآمدن و فروافتادن آنها انجام می‌گیرد، که در این کتاب خواهید دید. مثلاً یکی از آنها بلایایی است که «نخبگانِ اصلاح» می‌باید تحمل کنند، درنتیجه می‌توانیم «نخبه‌کشی» را مسئله‌ای جامعه‌شناختی محسوب کنیم، و مورد بررسی قرار دهیم. طرحِ خود مسئله مهم است، توفیق در پیشبرد روشمند آن چیز دیگری است.

صمیمانه به خوانندگان عزیز این نوشته عرض می‌کنم که این کار، کتابی ژرف و فرهنگستانی به معنی دانشگاهی نیست. وقتی که برای آن گذاشته‌ام و مدارکی که بر آن استناد کرده‌ام و کتاب‌های مرجع قابل استفاده، همه و همه شاید درخور این نباشد که این نام برازنده کتاب باشد، کتاب‌های مرجع قابل استفاده و اسناد مورد استفاده همه به‌راحتی و غنی‌تر از آنچه آورده‌ام می‌تواند تهیه شود. کاری تاریخی که در شأن مورخین است انجام نداده‌ام، مثلاً آنچه را که در مورد امیرکبیر آورده‌ام به تمامی از چهار کتابی که در خصوص ایشان نوشته شده است استفاده کردم و کتاب *امیرکبیر و ایران* فریدون آدمیت را مأخذ قرار داده‌ام. همین‌طور در مورد دیگران. پس این نوشته هرگز ادعایی در کاوش اسنادی و روشن‌کردن و به‌دست‌دادن گوشه‌های تاریک تاریخ ایران را ندارد. کتاب را برای کتاب‌خوانهای عمومی و دانشجویان دورهٔ لیسانسِ علاقه‌مند به مسائل امروز و ریشه‌های تاریخی آن نوشته‌ام، البته نگاهی تحلیلی و نو است و شاید برای دیگر علاقه‌مندان نیز سودمند باشد: یک نگاه و یک کاوش، قرار دادن عدم توفیق اصلاحگران در متن اجتماعی آن، بار سنگین اصلاح را از دوش فرد خاص برداشتن و نهادن آن در متن

اجتماعی خود. قدرت سیاسی را نشاندن در بستر اجتماعی و نشان دادن بستری که نه عزم و نه آمادگی برای پیشرفت در زمینه‌های سیاسی ـ اقتصادی ـ اجتماعی دارد مگر آنچه با فشار تمدن صنعتی بر آن تحمیل می‌شود. کاویدن پاره‌ای از مسائل بنیادی، تنها پاره‌ای در این زمینه، و نشان دادن علل آن تا آنجا که میسر بوده است. نشان دادن پاره‌ای از عوامل پایین بودن بهره‌وری نهادمند ایران که دیگر به انگیزه اقتصادی صرف تقویت نخواهد شد، همچنین سابقهٔ تاریخی شکل نگرفتن صنعت و عدم انباشت سرمایه و در عوض توسعهٔ دلالی، نبودن مبانی و مبادی علوم نوین و عدم توفیق نهادمند شدن جدی آنها، نبودن عناصر مقوم نهادهای جامعهٔ مدنی، همه و همه به صورت تاریخی و سریع در ضمن پرداختن به آن بزرگان و ادای دین به آنها.

دست‌نوشته را به دوستانی دادم خواندند، همگی بر آن بودند که نوعی بینش و نگاه در آن است و مرا به چاپ آن تشویق کردند وگرنه خودم عزم آن را نداشتم، این بدان معنی نیست که گناه را به گردن دیگران بیندازم، بلکه به این معنی است که خودم از آن راضی نبودم. آنچه باعث شد که کتاب را چاپ کنم افزون بر نگرش ویژه به تاریخ ایران، یادآوری و خدمتی هرچند کوچک به بزرگانی است که این کتاب افتخار نام آنها را دارد.

این کتاب را نُه سال پیش به مناسبتی نوشتم که نقطه‌نظرهای خود را به صورت کتبی به دوستانی ارائه نمایم که تصور می‌کردند با تغییر یک فرد یا چند نفر و به صورت حاضر و آماده می‌توان تحولات عظیمی در ساختارهای اقتصادی ـ اجتماعی ـ سیاسی ایران به‌وجود آورد که خوانندگان خواهند دید که چنین چیزی از تحلیل‌های این کتاب برنمی‌آید. اصرار داشتم نشان بدهم که در حیات جمعی سیاسی ـ اقتصادی ـ اجتماعی ایران، هیچ‌گونه عاملی برای دگرگونی وجود نداشت و هیچ روزنه‌ای که بتواند اندک نور امیدی بتاباند مبنی بر اینکه این ساختار

می‌توانست به سمت نظام‌های جدید تمدنی حرکت کند، درنظام‌های معرفتی و درنظام‌های غیرمعرفتی گذشته وجود نداشت. به تمامی تلاش داشتم که دید چندعاملی را به جای تک‌عاملی بنشانم. می‌خواستم با این فکر که اگر امیرکبیر زنده بود یا اگر علیه مصدق کودتا نمی‌شد یا اگر فلانی سر کار بیاید چنین و چنان می‌شود به مبارزه برخیزم و نشان دهم که ساختارهای سیاسی-اجتماعی-اقتصادی-فرهنگی تاب تحمل اصلاحات این بزرگان را نداشتند. می‌خواستم نشان بدهم که اگر صدبار با استبداد به هر علت گلاویز شویم و آن را تحویل دیگری بدهیم، تا ساختارهای استبدادپرور هستند همچنان به تولید محصول خود خواهند پرداخت و همچنین نکات دیگری که در گزارش خواهید خواند. تلاش کردم هر جا که تجزیه تحلیلی جامعه‌شناختی به کار می‌برم در نهایت سادگی باشد. بر اثر همان فضای نوشتن، پاره‌ای از شناسنامه کتاب‌های مورد استشهاد (چندتایی) را یادداشت نکردم و بعدها هم نتوانستم به‌دست آورم. در نتیجه نام مرجع آورده شده و صفحه و شناسنامه کتاب که البته به دو الی سه مورد بیشتر نمی‌رسد وجود ندارد.

دراین گزارش برای شرح بی‌توفیقی‌های این بزرگان (قائم‌مقام، امیرکبیر و مصدق) و نشان دادن عوامل مختلف آن، به‌ناچار شرحی نیز از آنچه همزمان آنها در غرب گذشته آورده‌ام. زیرا آنها، هم زیر فشار تمدن غرب و حریفان خارجی بوده‌اند و هم تمدن قبیلگی-سنتی ما. این بزرگان، هم با دشمنان چیره‌دست خارجی و داخلی روبه‌رو بودند و هم می‌خواستند ایران را به قدرت و قوت آن حریفان برسانند. بیشتر دوستانی که دست‌نوشته مرا خواندند به دو نکته اشاره کردند. لازم می‌دانم برای رفع ابهام پاسخ به آن عزیزان را در اینجا بیاورم که برای خوانندگان دیگر، آن دو نکته روشن شود. نخست این‌که می‌گفتند طرح مسئله به این شکل، موجب می‌شود که بعد از خواندن کتاب، حالت یأس به انسان دست بدهد زیرا ابعاد نارسائی‌ها بسیار گسترده و عمیق مطرح شده است. جواب من

این بود که اینهمه برای دادن شناختی است که با واقع انطباق بیشتر داشته باشد و آرمانهای دور از واقع ما را تعدیل کند و شناخت دقیق‌تر موجب عمل اصلاحی واقع‌بینانه‌تر بشود، و ما را هرچند تلخ‌تر و سخت‌تر ولی به سرمنزل مقصود که دفع هرچه بیشتر مفاسد است برساند، و ابزار واقعی‌تری برای ساختن این سرزمین اسلامی به‌دست بدهد و آن جامعه مطلوب مدنی با شناخت و عمل صحیح به‌دست می‌آید ولی با آرمانهای بلند دور از شناخت و عمل صحیح نه.

نکته دوّم اینکه می‌گفتند، به گونه‌ای بحث شده است که گویا غرب الگوی بی‌عیب و نقص و مطلوب است. پاسخ بنده در این‌جا نیز، مشابه مورد بالا، توجه‌دادن به شناخت غرب است به عوض لعن و نفرین و... آنچه مسلم است ایرانی‌ها در عمل الگوهای توسعه علمی، نهادهای مدنی، الگوهای مدیریتی، صنعتی و تقریباً حکومتی و همچنین الگوهای مصرفی و در بسیاری از زمینه‌ها نوع زیستن غربی‌ها را پذیرفته‌اند؛ ولی خوش‌تر می‌دارند که در بیان آن‌ها را تقبیح کنند.

در خاتمه از همه دوستانی که زحمت کشیدند، دست‌نوشته را خواندند و نکاتی را یادآور شدند تشکر می‌کنم، چه آنها که تذکرشان را رعایت کردم چه آنهائی که رعایت تذکرشان خارج از توان کنونی من است و در نتیجه مراعات نتوانستم کرد. در پایان از خوانندگان برای به‌کارگیری این همه واژه‌های غیرفارسی بخشش می‌خواهم و اگر بازنویسی کنم آنها را به پارسی برخواهم گرداند.

علی رضاقلی (والا)
۱۳۷۶

فهرست مطالب

... مرا مقرر است که امروزکه من این تالیف می‌کنم... بزرگان‌اند که اگر
براندن تاریخ [این مردم] مشغول گردند تیر بر نشانه زنند
و به مردمان نمایند که ایشان سواران‌اند و من پیاده
و من با ایشان در پیادگی کُند... و چنان واجب کندی که ایشان
بنوشتندی و من بیاموزمی و چون سخن گویندی من بشنومی.
ولکن چون دولت ایشان را مشغول کرده است... پس من بخلیفتی
ایشان این کار را پیش گرفتم، که اگر توقف کردمی،
منتظر آنکه تا ایشان بدین شغل پردازند، بودی که نپرداختندی
و چون روزگار دراز برآمدی این اخبار از چشم و دل مردمان
دور ماندی [و این تجربت تاریخ نیاموختندی
و کارهای گران دوباره به خردان سپردندی و بزرگان را بکشتندی
و روزگار مهمل گذاشتندی].

بیهقی، ص ۲۵۳، ۱۲۸، ۱۲۹

... حسنک را به پای دار آوردند

چون حسنک را از بُست به هرات آوردند، بوسهل زُوزنی او را به علی رایض چاکر خویش سپرد، و رسید بدو از انواع استخفاف آنچه رسید، که چون بازجستی نبود کار و حال او را از انتقام‌ها و تشفّی‌ها رفت... و چون امیرمسعود رضی‌الله عنه از هرات قصد بلخ کرد علی رایض حسنک را به بند می‌برد و استخفاف می‌کرد و تشفّی و تعصّب و انتقام می‌بود... و به بلخ در امیر می‌دمید که ناچار حسنک را بر دار باید کرد...

روز سه‌شنبه بیست و هفتم صفر چون بار بگسست امیر خواجه را گفت به طارم باید نشست که حسنک را آنجا خواهند آورد با قضاة و مزکّیان تا آنچه خریده آمده است جمله به‌نام ما قباله نبشته شود و گواه گیرد بر خویشتن. خواجه گفت چنین کنم. و به طارم رفت و جمله خواجگان و اعیان و صاحب دیوان رسالت و خواجه ابوالقاسم کثیر و بوسهل زُوزنی و بوسهل حمدوی آنجا آمدند. و امیر دانشمند نبیه و حاکم لشکر را، نصر خلف، آنجا فرستاد. و قضاة بلخ و اشراف و علما و فقها و معدّلان و مزکّیان، کسانی که نامدار و فراروی بودند، همه آنجا حاضر بودند و بنشسته. چون این کوکبه راست شد ــ من که بوالفضلم و قومی بیرون طارم بدکان‌ها نشسته در انتظار حسنک ــ یک ساعت بود، حسنک پیدا آمد، بی‌بند، جبه‌یی داشت حبری، رنگ با سیاه می‌زد، خَلَق‌گونه، دُرّاعه و ردایی سخت پاکیزه و دستاری نیشابوری مالیده ومُوزه میکائیلی نو در پای، و موی سر مالیده، زیر دستار پوشیده کرده اندک

مایه پیدا می‌بود، والی حرس با وی و علی رایض و بسیار پیاده از هر دستی. وی را بطارم بردند...

... چون حسنک بیامد خواجه [حسن میمندی نخست‌وزیر سلطان مسعود] برپای خاست چون او این مکرمت بکرد همه اگر خواستند یا نه برپای خاستند، بوسهل زُوزنی بر خشم خود طاقت نداشت برخاست نه تمام و بر خود می‌ژکید. خواجه بزرگ روی به حسنک کرد و گفت: خواجه چون باشد... بوسهل را طاقت برسید گفت خداوند را چرا باید با چنین سگِ قرمَطی که بر دار خواهند کرد بفرمان امیرالمومنین چنین گفتن؟...

حسنک گفت: سگ ندانم که بوده است، خاندان من و آنچه مرا بوده است از آلت و حشمت و نعمت جهانیان دانند، جهان خوردم و کارها راندم و عاقبت کار آدمی مرگ است، اگر امروز اجل رسیده است کس بازنتواند داشت که بردار کشند یا جز دار، که بزرگتر از حسینِ علی نیم، این خواجه که مرا این می‌گوید مرا شعر گفته است و بر در سرای من ایستاده است. اما حدیث قرمطی به ازین باید، که او را بازداشتند بدین تهمت نه مرا...

دو قَباله نبشته بودند همه اسباب و ضیاع حسنک را بجمله از جهت سلطان، [البته همه مرافعه بر سر همین ثروت بود. حسنک پیش از این می‌گفت: «این جوان (منظور سلطان مسعود) به حطام من نگرد و خویشتن بدنام کند» یعنی به خاطر این مال عاقبت ما را می‌کشد و نام ننگ بر خود می‌گذارد] و یک یک ضیاع را نام بر وی خواندند و وی اقرار کرد به فروختن آن به طوع و رغبت و آن سیم که معین کرده بودند بستد، و آن کسان گواهی نبشتند و حاکم سجل کرد در مجلس و دیگر قضاة نیز علی‌الرسم فی امثالها...

و آن روز و آن شب تدبیر بر دار کردن حسنک در پیش گرفتند. و دو مرد پیک

راست کردند با جامه پیکان که از بغداد آمده‌اند و نامه خلیفه آورده‌که حسنک قرمطی را بردارباید‌کرد و به سنگ بباید کشت تا بار دیگر بر رغم خلفاهیچکس خلعت مصری‌نپوشد و حاجیان را در آن دیار نبرد...

حسنک را به پای دار آوردند، نعوذ بالله من قضاءالسوء، دو پیک را ایستانیده بودند که از بغداد آمده‌اند. و قرآن‌خوانان قرآن می‌خواندند. حسنک را فرمودند که جامه بیرون کش، وی دست اندر زیر کرد و ازاربند استوار کرد و پایچه‌های ازار ببست و جبه و پیراهن بکشید و دور انداخت با دستار، و برهنه با ازار بایستاد و دست‌ها برهم زده، تنی چون سیم سفید و رویی چو صدهزار نگار و همه خلق به درد می‌گریستند. خودی روی پوش آهنی بیاوردند عمداً تنگ چنانکه روی او به سنگ تباه نشود که سرش را به بغداد خواهیم فرستاد نزدیک خلیفه و حسنک را همچنان می‌داشتند، و او لب می‌جنبانید و چیزی می‌خواند، تا خود فراختر آوردند.

... احمد جامه‌دار بیامد سوار و روی به حسنک کرد گفت که خداوند سلطان می‌گوید... امیرالمومنین نبشته است که تو قرمطی شده‌ای و بفرمان او بر دار می‌کنند. پس از آن خود فراخ‌تر که آورده بودند سر و روی او را بدان بپوشانیدند... و حسنک را سوی دار بردند و بجایگاه برسانیدند، بر مرکبی که هرگز ننشسته بود بنشاندند و جلادش استوار ببست و رسنها فرود آورد. و آواز دادند که سنگ دهید، هیچ کس دست به سنگ نمی‌کرد و همه زارزار می‌گریستند خاصه نیشابوریان. پس مشتی رند را سیم دادند که سنگ زنند، و مرد خود مرده بود که جلادش به رسن بگلو افکنده بود و خبه کرده. این است حسنک و روزگارش و... این داستانی است با بسیار عبرت...

چون از این فارغ شدند بوسهل و قوم از پای دار بازگشتند و حسنک تنها ماند چنانکه تنها آمده بود از شکم مادر. وحسنک قریب هفت‌سال بر دار بماند چنان که پایهایش همه فرو تراشید و خشک شد چنانکه اثری نماند تا به دستور فرو گرفتند و

دفن کردند چنانکه کس ندانست که سرش کجاست و تن کجاست. و مادر حسنک زنی بود سخت جگرآور... چون بشنید هیچ جزع نکرد و گفت بزرگا مردا که این پسرم بود و ماتم پسر سخت نیکو بداشت.

بیهقی ص ۲۲۱، ۲۳۶

مقدمه

می‌گویند قائم‌مقام را توطئه‌گرانِ دربار قاجار و محمدشاه به کمک ایادی بیگانه کشتند، و امیرکبیر را به همین شکل به روزگار ناصرالدین شاه نسبت می‌دهند و مصدق نیز چهل سال تبعید و زندان را مدیون سازمان سیا و پهلوی است. این کتاب می‌گوید اینها علت قریب هستند، باید به دنبال عللی گشت که اگر نبودند نظامی پرداخته نمی‌شد که در آن اصلاحگران توفیقی به پیشبرد مقاصد خود نیابند. آن علت‌ها عللی بودند که استبداد را دامن می‌زدند و مانع جدی توزیع قدرت بودند و هم جلوی انباشتِ ثروت را می‌گرفتند و هم انباشت علم را. زندگی روزمره بود و نیازی به گره‌گشایی‌های علمی نداشتند و درنتیجه مانع تقسیم کار فکری و مانع انباشت علم و دانش نیز بودند.

کارهای اجتماعی نه خلق‌الساعه است و نه انفرادی که بتوان آن را به‌صورت منفک و مجزا در نظر گرفته و مورد بررسی قرار داد. برخورد تحلیلی با رفتار اجتماعی بیانگر این نکته است که عمل اجتماعی عملِ ساخت‌یافته‌ای است که در یک نظام روابط متقابل شکل می‌گیرد. از راه یک بررسی تحلیلی نظام‌وار می‌توان به کنه کارکرد و تغییرات یک نظام اجتماعی واقف شد. برخورد تحلیلی، مشکل‌تر از برخورد عوامانهٔ ساده است که با مسائل اجتماعی می‌شود. با کار تحلیلی عمیق می‌توان علل عدم توفیق یک فرهنگ عهد عتیق در به‌دست‌آوردن حقوق فردی و اجتماعی جدید ناشی از تحولات جدید و صنعتی شدن را فهمید. اندیشهٔ

مرسوم جامعهٔ ما ناخودآگاه اول خود را تبرئه می‌کند و سپس گناه همهٔ جنایات را در استبداد و استعمار خلاصه می‌کند. این در حالی است که در معنی دقیق خواسته‌های خود و قالب‌های اجتماعی و چگونگی رشد و نمو واقعیات عینی اجتماعی مسبوق به آنها تأمل نمی‌کند.

برخورد تحلیلی دقیق، ۴کار فکری سنگینی می‌طلبد و چون به قول اینشتین «فکر کردن مشکل‌ترین کارها نیز هست»، و این از فرهنگ فرسوده و ناتوان و غیرمولد برنمی‌آید، پس بهترین چاره پیدا کردن «بز بلاگردان» است و چه بهتر که همه گناه یک‌هزار سال عقب‌افتادگی و کم‌کاری در زمینه‌های مختلف را به گردن استبداد و استعمار بیندازیم. قرنهاست که در جوامع صنعتی این مشکل حل شده‌است که ورای این آشفتگی و بی‌نظمی ظاهری در اجتماع نظمی حاکم است و نظامی وجود دارد و هر کس مسلط به اهرمهای فرماندهی آن باشد، به‌طور نسبی قادر خواهد بود که آن را در جهت اهداف خود پیش ببرد. عوامل معمولاً ناآشکار و پنهان از نگاه‌های ساده‌اندیش در اجتماع، تشکیل نظامی را می‌دهند که ناشی از روابط متقابل و فعل و انفعال اعضاء جامعه با یکدیگر و محیط آنها است. وظیفهٔ یک تحلیلِ علمیِ جامعه‌شناختی، بیان منطقی، تبیین و تفسیر روابط اجتماعی است. تصور جامعه در کل و در حال حرکت و فهم کارکرد آن، کاری پیچیده‌تر از نگرش یک بعدی است. کار سهل و ساده‌ای، آن‌چنان‌که فرهنگ‌های قبیلگی می‌پندارند، نیست.

این فرهنگ عادت دارد، همانند فرهنگ ماقبل انقلاب اقتصادی و صنعتی، برای تحلیل‌های خود از اوضاع اجتماعی، ملی و بین‌المللی از مدل‌های ساده، سطحی و عامیانه استفاده کند. و تمام نارسایی‌های اجتماعی را در استبداد، و استبداد را نیز در خودخواهی‌های فردی و خودپسندی و بی‌تقوایی و قدرت‌طلبیِ افراد خلاصه کند. یعنی یک پدیده اجتماعی، که تولد و مرگش را با دیگر پدیده‌های اجتماعی و رفتار اجتماعی و فرهنگ گذشته پیوند دارد، را در یک امر اخلاقیِ فردی خلاصه کند و این درواقع از نظر علمی، تحویلی ناروا و به زبان دیگر

توجیهی غلط است. این‌گونه طرز فکرها پاسخگوی درک قانونمند جوامع نخواهد بود و هرگز قادر نیست سازوکار توفیقات اقتصادی و دفاعی و سیطرهٔ جوامع صنعتی را از یک‌طرف و ساز وکار ضعف، سلطه‌پذیری، انفعال، سرخوردگی و چگونگی انهدام سرمایه و توان نیروهای انسانی و مادی جوامع عقب‌افتاده را از طرف دیگر بیان کند.

نیاز به بازسازی فکری و داشتن تحلیل منطقی و مدلهای تحلیلی واقعیت اجتماعی حداقل برای روشنفکران این جوامع بیش از همیشه مورد نیاز است. روشنفکرانی که به‌دنبال یا همراه مردم بارها در جنگ فرسایشی علیه نظامهای پوسیده و از نفس‌افتادهٔ اقتصادی ـ سیاسی ـ اجتماعی شرکت کرده‌اند و دوباره بعد از یک دوره کوتاه طناب را به‌گردن خود دیده‌اند.

یکی از نشانه‌های پیشرفت فکری ـ علمی جامعه، قطع رابطه با تحلیل‌های سادهٔ عامیانه، به‌نفع تحلیل‌های دقیق‌تر و منطقی‌تر و عقلانی‌تر است. نارسایی‌های فرهنگی به‌معنی وسیع کلمه را حاصل استبداد و استعمار دانستن همانند این تفکر کهن است که زلزله و تخریب را ناشی از فسق و فجور بی‌حد و حصر مردم می‌دانست. در حالی‌که اتفاق افتادن زلزله و آتش‌فشان و نظایر آن، دربردارنده هزاران قانونمندی طبیعی و علل ویژه خود است.

تلاش برای فهم جامعه به‌صورت دقیق‌تر و استفاده از مدلهای علمی‌تر برای بیان واقعیات اجتماعی یادگار عصر رنسانس است. اروپایی‌ها سعی کردند جامعه را در مجموعه‌ای از قواعد هماهنگ، باکارکرد متقابل و نظم اجزاء آن ببینند. این چیزی نبود جز کشف رموز ناپیدای حاکم بر اهرمهای فعالیت اجتماعی انسان. تلاش ماکیاول، هابز، مونتسکیو، آدام‌اسمیت و کانت و امثال آنها، جز برای کشف قوانین پنهان قدرت سیاسی، زندگی اقتصادی و تاریخ به منظور فهم و نظارت بر اهرم‌های فرماندهی آن چیز دیگری نبود. ماکیاول با نگرش جدید نحوه تسلط به قدرت و نگهداری آن را بیان می‌داشت و می‌گفت این امر تابع اخلاق نیست بلکه از سازوکار

خاصی تبعیت می‌کند. در ابتدا، برخورد مکانیکی ساده و علت‌یابی سادهٔ تک‌عاملی، پایه و مایه کارهای علمی ـ اجتماعی را تشکیل می‌داد. لیکن به مرور این نگاه نارسایی خود را بروز داد و الگوهای پیچیده ارگانیک که در پی به تصویرکشیدن مجموعه و کشف قوانین آن بود به بیان روابط متقابل رفتار اجتماعی انسان و نحوه تاثیرپذیری و کارکرد آن پرداخت.

در این نوع تحلیل، نظر بیشتر بر کل مجموعه از یک طرف و روابط متقابل عناصر و اجزاء مختلف جامعه از طرف دیگر است. شرط اصلی تحلیل منطقی از واقعیت اجتماعی در مرحلهٔ نخست این‌است که واقعیت اجتماعی دارای ویژگی های یک نظام است؛ یعنی اینکه واقعیت مورد مطالعه دارای ویژگی های زیر است:

«۱. واقعیت متشکل از عناصری است که با یکدیگر ارتباط متقابل دارند.

۲. کلیت متشکل از مجموع عناصر قابل تبدیل به «جمع» عناصر نیست.

۳. ارتباط متقابل عناصر و کلیتی که از آن منتج می‌شود، تحت قوانین و ضوابطی جریان دارند که می‌توانند با تعابیر منطقی بیان شوند.»[۱]

با چنین فرضی واقعیات اجتماعی جز در یک شکل نظام‌یافته قابل تحلیل نیستند. در این‌گونه بررسی، روش تحلیل از اهم مسائل است، به‌نحوی که جریان جامعه را به صورت عوامل متقابل و پیچیده‌ای ببیند، به‌طوری که تغییرات ایجاد شده در یکی از عناصر موجب تغییر در عناصر دیگر گردد. و در نهایت فعل و انفعال و انطباق عناصر را بر یکدیگر ملاحظه کند و همین‌طور بفهمد که هر یک از عناصر تشکیل‌دهندهٔ حیات جمعی به سهم خود دستاوردی در کل نظام و مجموعه دارد که در تغییرات بعدی آن اثر می‌گذارد.

بررسی مجرد یکی از اجزاء و عناصر تشکیل‌دهندهٔ یک فرهنگ، روشی عقیم و سترون است. بررسی یکی از ابعاد آن‌هم به‌نحو مجزا و با روش عاطفی و احساسی، روشی عقلانی و علمی نیست. نه تنها این روش

در راه تحمیق ملتی است که «به اصطلاح روشنفکران» هَم و غم خود را در راه بیداری آن ملت به‌کار می‌برند، بلکه اگر مشکوک و بدبینانه نگاه کنیم، آبشخورش از همان جاهائی است که می‌بایست ریشه‌هایش کنده شوند.[۲] اگر این‌گونه تحلیل‌ها ناآگاهانه باشد، نشانهٔ فکری عقیم است که از لعن و نفرین و دعا و صلوات می‌طلبد که جایگزین نقص فکری ـ علمی او شده و جبران فقدان تحلیل‌های عمیق را بنماید. این نوع نگرش کار کسانی و فرهنگ‌هائی است که برای رهایی از تضادها و گرفتاریها و عقب‌ماندگی در حیات ملی و بین‌المللی، راهی جز افزایش «مایه‌های عاطفی» به جای تحلیل واقعی در مبارزه ندارند. یکی از علل وجود استبداد و استعمار و فقر و فلاکت، دانش طبقهٔ متفکر جامعه‌ای است که خودش به‌نوبه خود مبارزه با استبداد را مشکل می‌کند. کم نیستند روشنفکران و اندیشمندان قَدَر این مرزوبوم که استبداد کهن را عامل بدبختی همه چیز می‌دانند و اولین و آخرین توصیهٔ آنها این است که آن را ریشه‌کن کنند تا از دوباره به‌وجود آمدن آن جلوگیری شود. بررسی پدیده‌ی اجتماعی استبداد، به‌صورت مجرد و ذهنی، امکان‌پذیر نیست، همان‌طور که با این شیوه به جنگ استعمار نیز نمی‌توان رفت. این هر دو پدیده بر سر روابط متقابل اجتماعی و ضعف فرهنگ و عناصری از آن به‌وجود آمده و تا زمانی‌که عناصر و اجزاء نظام اجتماعی ما اقدام به رفع و طرد عناصر استبدادپذیر و استعمارپذیر نکند، این دو پدیده، در لباس‌ها و شکل‌های مختلف، حیات اجتماعیِ ملی ما را تهدید می‌کنند. هم‌چنان‌که تاریخِ گذشته گواهی می‌دهد، هر بار که تنها با ظاهر این دو پدیده برخورد شده، چون بستر زایش آن وجود داشته، دوباره هر دو پدیدار شده‌اند. زمانی می‌توان با این مسئله به‌صورت جدی برخورد کرد که ریشه‌های اصلی آن را در بستر تولیدش یافت و از بن خشک کرد. با این دید می‌توان مشکلات فعلی جامعه را بهتر و عمیق‌تر دید و ریشه‌های کهن آنها را و عناصری را که درحیات آنها به‌صورت فعال شرکت می‌کنند از هم بازشناخت. مجموعه‌های فرهنگی تصادفی به‌وجود نمی‌آیند، عناصر و

اجزاء متشکلهٔ فرهنگ اجتماع نیز از نظر جامعه‌شناختی «بی‌فایده» و تصادفی ظهور نمی‌کنند. استبداد، استعمار، بافتِ تجارت خارجی، ناهنجاری‌هایی مانند بی‌قانونی و هرج و مرج، اینها همه حاصل فعالیت اجتماع است و بیگمان به‌علت نیاز بخشی از عناصر اجتماع به‌وجود آمده‌اند و پاسخگو به پاره‌ای از خواسته‌ها هستند. اگر آن خواسته‌ها ریشه‌کن شوند، یا مسیر رشد یا موضوع آنها تغییر یابد، بیگمان در مجموعه بر روی عناصر دیگر تأثیر می‌گذارند و موجب تغییر در نوع حاکمیت سیاسی یا بافت اقتصادی می‌گردند.

در نوشتهٔ حاضر ادعایی به بررسی همه جانبهٔ مسائل مطروحه نیست، لکن سعی می‌شود که لایهٔ عمیق‌تری از جامعهٔ ملی و سیاستِ اقتصادی خارجی و عملکرد نخست‌وزیران آن مورد تحلیل قرار گیرد، ضمن اینکه بیشتر توجه بر روی سه شخصیتی است که این کتاب برای اولین بار دست‌های آلوده اجتماعی را در کشتن آنها برملا کرده است. کتاب سعی می‌کند عملکرد متقابل نظام سیاسی حاکم و جامعه را ببیند و نقاط فساد و ضعف را به‌صورت عمیق‌تری مشاهده کند و عامل اصلی بدبختی را نیز در لابه‌لای بافت اجتماعی ایران در پانصد سال گذشته جست‌وجو نماید. به امید آن‌که این ملت در مبارزات آینده علیه پایگاههای احتمالی جور وستم داخلی و دشمنان خارجی شناخت بهتر و استقامت بیشتری داشته باشد. نویسنده در هنگام نوشتن این مطالب به مطلوب‌های خود فکر می‌کرد که سر همه دوست‌داشتنی‌های آن وطن اسلامی و مردمان این سرزمین هستند و اسلام که دین آنها است.

علی رضاقلی (والا)
۱۳۶۷/۱۰/۱۱

ویژگی فرهنگ اقتصادی ایران

با کمی اغماض می‌توان گفت که تمامی مشکلات اقتصادی ـ سیاسی ـ اجتماعی ایران و آنچه در مجموع عقب‌ماندگی نام گرفته است ریشه‌های تاریخی دارند، و رفع یا تخفیف آن مشکلات هم بدون مراجعه به ریشه‌های تاریخی و شناخت دقیق آنها به احتمال زیاد غیرممکن است. فعالیت‌های اقتصادی یکی از فعالیت‌های اصلی بشر در عرصه زندگی اجتماعی است. اول اجتماعی است و سپس اقتصادی. فعالیت‌های اجتماعی نیزکم و بیش همه هویت جمعی و تاریخی دارند، به‌عنوان مثال بهره‌وری پایین یا آنچه در زبان عامیانه کم‌کاری و تنبلی و عدم خلاقیت یا ... نامیده می‌شود، هم ریشه‌های رفتاریِ هنجاریِ سنتی دارد و هم علل اجتماعی ـ سیاسی ـ اقتصادی دارد و هم ریشه‌های معرفتی در نظام‌های معرفتی گذشته از جمله کلام و اخلاق که آشنایی با آنها کمک کار ارائه راه حل برای اصلاح آن است. بررسی مشکلات امروز که قسمتی از آن ناشی از برخورد با تمدن صنعتی غرب است مراجعه به تاریخ ایران و شناخت بافت اقتصادی ـ سیاسی ـ اجتماعی آن را الزامی می‌کند و نیز مستلزمِ مراجعه به تاریخ جوامع صنعتی و شناخت علل و آثار آن و همچنین چگونگی برخورد آن با تمدن سنتی ایران است. جلال آل احمد که روشنفکری بابصیرت بود[۳]، مسئلهٔ «غرب‌زدگی» را مشخصه دورانی می‌دانست که با پول نفت آغاز شده و مصرف کالای غربی و ارسال مواد خام و آماده‌خوری از اوصاف اصلی آن است. واقعیت این است که این دوران بسیار طولانی‌تر از زمانی است که جلال عنوان می‌کند. برخورد نظامیِ دو تمدن در سال ۱۵۰۷ به صورت جدی نمایان می‌شود ولی اوصاف فکری و هنجاری اجتماعی آن تقریباً در تمامی طبقات از دولتیان گرفته تا دیگر طبقات و مردم از زمان‌های پیش مشهود است. در نظام

فکری به صورت ذهن مشترک و جمعی شکل گرفته و مفاهیم آن پرداخته شده و نظم نظری پیدا کرده و در رفتار جمعی نیز خود را نشان داده است.

«فرهنگ اقتصادیِ» پانصدساله اخیر ایران ویژگی خاصی دارد. خطوط کلی آن، یعنی اهرمهای فرماندهی در داخل نظام اقتصادی ایران، طی این مدت، فرق چندانی نکرده‌است. هر چند تحولاتی در شکل و برخی در محتوا مشاهده می‌گردد، لیکن بنیان‌های اصلی و بافت سنتی آن تغییر نکرده‌اند. اهرمهایی که در نظام اقتصاد صنعتی عمل می‌کنند، نه در اقتصاد سنتی قبل، و نه در اقتصاد از هم پاشیدهٔ فعلی، به‌چشم نمی‌خورند. در طول این زمان پانصدساله، گه‌گاهی، تحولاتی کوتاه‌مدت رخ می‌دهد، و دوباره حیات اقتصادی جریان مستمر و کهن خود را ادامه می‌دهد.

ویژگی اقتصادی این دوره چنان است که در مقابل ماشین (اعم از ساده و پیچیده)، که نسبت به رفتار اقتصادی ـ اجتماعی «پس آینده» است، دست بسته، تن به قضا و قدر داده‌است. ذوق مصرف آن‌را به رنج تولیدش ترجیح داده، هر چند به تحقیر حیثیت ملی ـ اسلامی بینجامد. فرایند مصرف ارضاء را به دنبال دارد، درحالی که در فرایند تولید، ارضاء مشابه نیست و انگیزه‌ها و اهدافی دیگر در کار است؛ رضا به اولی دادن و فاقد دومی بودن و حاصل این علمکرد محرومیت از قدرتی است که از پیشرفت و صنعت به‌دست می آید و در نتیجه مجذوب محورهای دارنده قدرت شده‌است. این فرهنگ، پس از تحولات صنعتی جدید، سعی و تلاش قابل توجهی در راه کسب آن نکرده‌است. راه‌های انحرافی راکه در واقع نوعی «باژگونه خوانیِ» فرهنگ اقتصادی است، به‌صورت مبهم و گنگ، اصیل پنداشته است.

با توکلی سردرگم به آینده‌ای که نه گذشته و نه حال آن را می‌شناسد، زمان خود را سپری نموده‌است. بدان سبب این شیوه را انتخاب نموده که از درگیری «عقلانی» طاقت‌فرسا با دشواری‌ها شانه خالی کند. جهان

محل تلاش و سختکوشی و درگیری است، در این‌گونه مواقع، به‌عوض تهیهٔ وسایل «نبرد» و. پناه به خلاقیت و کار، به انتظارِ الطاف و امدادهای خفیه مانده‌است تا به‌عنوان «گلِ سرسبدِ موجودات» بدان نواخته شود. چون زندگی فکری و علمی خود را هنوز شروع نکرده و در تاریخ اندیشه در حال سکرات فرار از زندگی غیرعقلانی و احساساتی دست و پا می‌زند، نمی‌داند که صنعت و پیشرفت و توسعه و رفاه اجتماعی و دفاع ملی به چه قیمت قابل دسترس است. تا به‌حال تلاشی متناسب با اوضاع جهان برای تأمین وسایل دفاع و کسب مواد ضروری برای ادامه حیات ننموده و روزگار را به‌صورت روزمرگی سپری کرده‌است. در فکر «سیادت» نیست، چراکه لازمه‌اش رنج است. به آمالها و آرزوهای بلند ملی ـ اسلامی، فقط به‌حد عاطفی ـ احساسی دلخوش کرده تا از رنجِ تعقل و تلاش در امان باشد. از دست دادن حاکمیت ملی و تحقیر حیثیت ملی ـ اسلامی به صورت جدی وی را نگزیده است، به‌همین جهت برای مقابله با استعمار آن‌قدر نکوشیده که بتواند آن را ریشه‌کن نماید. در نهایت ضعف و قدرت خود، به یکی از قطب‌های قدرت جهانی، به‌تناسبِ جذابیت، تن سپرده‌است.

در طول تاریخ گذشتهٔ خود، همیشه با نظریه‌های نارس و با انبوه عواطف و احساس به جنگِ دشمن رفته و پس از سرخوردگی، با لعن و نفرین، ملتمس دعا گشته است.

تجارش همان تفکر را دارند که مردم‌اش. دولتمردان همان خصلت را داشته‌اند که متفکرین‌اش.

روح کلی حیات اجتماعی چنان شکل گرفته‌است که تمام اجزاء و عناصر خود را در مسیر این «وابستگی» یکپارچه وهماهنگ نموده‌است. این فرهنگ ترجیح داده تا انگل‌وار از دستاورد دیگران در تمام زمینه‌ها استفاده نماید. در انواع مقولات مادی و معنوی از علوم تا ادبیات، هنر، صناعت، تجارت و... این اندیشه را بسط داده‌است.

مأموریت این رساله بررسی مختصر و تاریخی ـ تحلیلی همین ویژگی است.

دورهٔ مغولان و ریشه‌های وابستگی

جامعه و فرهنگ مغولان سخت قبیله‌ای بود و از جامعه شهری و صنعت هرچند ابتدایی فاصله‌های عظیم داشت.

رفتار اقتصادی این زمان چیزی خلق‌الساعه نبود، بلکه درتمام وجوه خود برآمده از ایام پیشین و آغشته به تفکرات و روح کلی جامعه بود. سیاستهای اقتصادی ـ سیاسی آن دوره عبارت بودند از مالیات‌های سنگین به ضرر هرگونه فعالیت اقتصادی، تجارت‌های انحصاری دولتی و طرفداران و وابستگان به دولت، عدم امنیت اجتماعی ـ اقتصادی، اِعمال حاکمیت سیاسی با خشن‌ترین چهرهٔ آن یعنی «اجبار بی‌ضابطه و خودکامه»، ایجاد کم و بیش صنایع دستی صرفاً دولتی ، امرار معاش دولت از طریق دست‌اندازی در تجارت وصناعت و نه از طریق توسعه فعالیت‌های اقتصادی و گرفتن مالیات و جهت‌دادن به کوشش‌های مردم و... اینها که خود به تنهایی قاتل هرگونه فعالیت اقتصادی ـ اجتماعی است و منافات کلی با توسعه و پیشرفت و صنعتی‌شدن دارد، نمونه‌هایی است که شما، به‌راحتی سوابق‌اش را، در ایام مغولان و جانشینان آنها می‌یابید.

در این زمان ابریشم محصول عمدهٔ تجارتِ خارجیِ ایران را تشکیل می‌دهد. انحصار تجارت آن با ونیزی‌ها است. اینان سودی کلان از این تجارت می‌بردند، ایرانیان خود قادر به تسلط بر بازار فروش نبودند. برای این منظور ونیزی‌ها در تبریز و در گیلان کنسولگری داشتند.

به‌علت عدم تحرک و پویایی در تجارت خارجی، و در نتیجه عدم تسلط بر بازارهای بین‌المللیِ آن‌روز، ایران سلطهٔ تجارت خارجی را پذیرفته بود. والا قادر نبود به نحو موثر با خارج دادوستد نماید.

در سال ۱۳۲۰م/۷۱۸ق میان سلطان ابوسعید بهادرخان، سلطان

ایران، و میشل دولفینو سفیر دولت ونیز قراردادی بسته شد که قرارداد تجاری ضمیمه قرارداد ترکمانچای را به‌خاطر می‌آورد. به موجب این قرارداد تجاری اهالی ونیز حق داشتند در سراسر قلمرو دولت ایلخانی مسافرت و تجارت نمایند. راه‌داران موظف به حفظ جان و مال آنها بودند. به هر کاروان سفارشنامه‌ای برای راه‌داران و مقامات محلی داده می‌شد، که به‌موجب آن این تجار حتی در مقابل جنایات و جرایم نیز آزاد بوده‌اند و کسی حق مجازات آنها را نداشته است. در کنسولگری تبریز به‌تقریب نوعی مصونیت سیاسی ـ قضایی داشتند.[۴]

روابط خارجی در این ایام، که مصادف است با دوران انقلاب اقتصادی ـ اجتماعی اروپا، با برتری اروپا ادامه می‌یابد.

سرزمین تیمور لنگ به‌دست قراقویونلوها و آق‌قویونلوها افتاد و نفسی محتضرانه می‌کشید تا به چنگ شاه‌اسماعیل اول افتاد. دورانِ حکومت این سلسله مصادف با جان گرفتن عثمانی‌ها در غرب ایران است. دولتی مقتدر که بارها حیات سیاسی ایران را به خطر انداخت.

درست شانزده سال قبل از به حکومت رسیدن مقتدرترین شاه سلسلهٔ آق‌قویونلو بود که قسطنطنیه پایتخت روم شرقی به دست ترکان سقوط کرد و جدی بودن خطر ترکان برای ایرانیان محرز شد.

اوزون حسن (حکومت ۸۸۲ـ۸۷۳ ق) پادشاه مقتدر این سلسله، برای اولین‌بار در تاریخ ایران، از ترس یک دشمن خارجی به دامن غرب پناه برد. وی برای مبارزه با عثمانی‌ها صلاح خود را در التجاء به ونیزی‌ها دید. غرب نیز برای از میان برداشتن حریف مقتدر خود که به‌زودی اروپاییان را از شمال آفریقا بیرون می‌راند و در دروازه‌های وین در قلب اروپا حیات اجتماعی آنها را به خطر می‌افکند و راه تجارت با شرق را بر آنها می‌بست، صلاح در آن دیدند که توسط ایرانیان خنجری از پشت در پهلوی عثمانی فرو کند.

اوزون حسن، برای تقویت ایران!، سنگ بنای «باژگونه‌خوانی فرهنگ

صنعت» را در ایران بنا نهاد. فرهنگی که پس از ۵۱۵ سال از هیچ باد و باران و حمله و یورشی گزندی ندیده‌است! در مجموع فرهنگ آن روز ایران (سال ۱۴۷۳ م / ۸۷۷ ق) چاره را در آن دید که به جای یافتن سازوکار قوی‌شدن وتسلط به ابزار، دست به دامن ونیزی‌ها بزند. ازاین‌رو از دربار سلطان کیوان شوکت قدر قدرت و ظل‌الله فی الارض سفیری به دریوزگی جهت تأمین اسلحه و مهمات جنگ راهی دیار کفر شد و این اولین ارتباط از نوع انتقال تکنولوژی و صنعت بود. از آن‌روز تابه‌حال این بافت ارتباطی، هم از نظر کیفیت و هم از نظر کمیت، به‌شدت بر ضرر ما ادامه داشته است. اروپا رو به توسعه بود. از اختراع چاپ چند سالی می‌گذشت. ایران همچنان درجا می‌زد. از آن زمان تا به امروز، جز تلاش‌های گسیخته و ناهماهنگ، درهیچ موردی و در هیچ زمانی فرهنگ کلی جامعه ایران، راه‌های کارآمد توسعه را به نحوی که بر بخش قابل ملاحظه‌ای از جامعه مسلط و تبدیل به الگوی فکری و رفتاری اجتماعی شود نیافت.

در آستانه قرن شانزدهم

قرن شانزدهم در جهان تقریباً با ویژگی خاصی شروع می‌شود. از پیِ انقلابِ اقتصادی ـ اجتماعی، اروپا از قدرت صنعتی ـ تجاری نسبتاً قابل ملاحظه‌ای نسبت به نقاط دیگر جهان برخوردار می‌گردد. فرهنگ و روحیهٔ سرمایه‌داری که اساس پیشرفت صنعتی است کم‌کم شکل می‌گیرد. تغییرات قبلی در طرز تلقی از جهان و چگونگیِ یافتنِ رموز طبیعت، کم‌کم صورت جدی به‌خود می‌گیرد. در زمینهٔ دانش‌های اجتماعی نقطه‌های عطفی چون پیچ‌های بزرگ تاریخ به چشم می‌خورند. ماکیاولی باکتاب *شهریار*، عصر جدیدی در نگرش به «قدرت» سیاسی را اعلام می‌کند.[5] کالون و لوتر به کمک او می‌آیند و در اوایل همین قرن، تغییرات فکری در حال ظهور را به صورت تئوریک درآورده سعی

می‌کنند نکات اشتراک آن را با مذهب سازمان داده و نکات مورد اختلاف آن را تأویل کنند[۶] و تحولی عظیم را موجب گردند. از این پس دنیا جیفه نیست بلکه کار وتلاش و ریاضت در حرفه و زحمت پیداکردن غموض و رموز طبیعت، نزدیکی به خدا محسوب می‌گردد. از طرف دیگر توماس‌مور از این‌همه تغییرات به وحشت می‌افتد و به نفع دیانت مسیح در پی به‌تصویر کشیدن شهر ایده‌آل خود است.[۷] اگر از بُعد جامعه‌شناسی معرفت به آرمانشهر او نگاه کنیم، از لابه‌لای صفحات کتاب، روحیهٔ صنعتی و جسارت زندگی و ماجراجویی فکری را به خوبی می‌بینیم. آنجا که می‌گوید مردم آرمانشهر قادرند با اتکا به قدرت خلاقه خود به جهت تقلیل هزینهٔ حمل ونقل جنگلی را از منطقه‌ای بکنند و در نزدیکی رودخانه یا دریایی غرس کنند، که در واقع برداشتی از سخت‌کوشی انگلیسی‌های زمان خود او بود.

از طرف دیگر، در لابه‌لای اجزا و عناصر و بافت اجتماعی ـ اقتصادی اروپا تحولات عظیمی به چشم می‌خورد. اصلاحاتی که یکی بعد از دیگری در ابزارها و نوع بهره‌برداری از ثروت طبیعت به‌وجود می‌آید همه نشانگر این است که این موجود مصمم است در آینده بر امواج و بادها فرمان براند و طبیعت را پاره‌پاره کند و به زیر فرمان کشد و جسورانه پای بر افلاک نهد.

اروپاییان یا آرمانشهریان توماس مور، یا واقع‌بینان ماکیاولی و خداپرستان اهل ریاضت در حرفه و کار کالون، در اوایل این قرن، کماوبیش در تمام نقاط شناخته‌شدهٔ آن روز دنیا و همین‌طور کشورهای اسلامی پیاده شدند. هم در الجزایر و هم در ایران و هند و دیگر نقاط. حدود سالهای ۱۵۰۰م آمریکا را کشف کردند و به گرد آفریقا گشتند و از طریق دریا به خلیج فارس و هند آمدند.

ایران در این روزها، روزگار ناامنی و وحشت و غارت و تخریب شهرها را پشت‌سر می‌گذاشت که یک‌مرتبه باکشتی‌های جنگی اروپاییان روبه‌رو شد.

اولین برخورد اروپاییان تسلط آنها بر تجارت خارجی ما بود و این خود قرنی به‌طول انجامید و حال آنها قوی‌تر شدند و با ابزار جنگی تصمیم گرفتند در محل منابع ثروت حاضر باشند.

در این زمان شیوهٔ زندگیِ اقتصادی ـ اجتماعی ایران از نظر نظام فرهنگ اجتماعی فرق چشمگیری با زمان قبل از اسلام ندارد، هیچ تحولی در هیچ زمینه‌ای به‌چشم نمی‌خورد. در حالی‌که در طرف دیگر دنیا در حال خلق دستاوردهایی هستند که در زندگی هفتاد هزار ساله بشر(عمر شناخته شده تاریخی) برای اولین بار، بدیع می‌نماید.

حضور اولین دست‌آوردهای صنعتی

پرتغالی‌ها با سلاح جدید، شش کشتی و چهارصد و شصت مرد جنگی در ۱۵۰۷، یعنی شش سال پس از استقرار دولت صفویه، با سی هزار مرد جنگی ایرانی در هرمز در آویختند و حاکم هرمز را تحت قیمومت درآوردند و در تمام جزایر دریای جنوب به کشتار و غارت پرداختند. قرار بر این شد که حاکم هرمز سالی پانزده هزار اشرفی به عنوان خراج به پادشاه پرتغال بپردازد و کالاهای پرتغالی نیز از پرداخت کلیه عوارض گمرکی و حقوق متفرقه معاف باشند.[۸] این جنگ، اولین جنگ به‌منظور تحمیل سیاست اقتصادی «درباز» بود و نقطه عطفی در تاریخ تجارت و صناعت ایران. آخرین جنگ از این سلسله جنگها که نهمین جنگ نیز هست، به منظور نگه‌داری از همان نظام و بافت است و هنوز بعد از پانصد سال ملت ایران موفق به دسترسی به راه حل «اندیشیده‌ای» برای این کار نشده است.

از آن تاریخ خلیج فارس و دریای عمان به زیر سلطه غربی‌ها درآمد و تا به امروز منطقهٔ دست‌نشانده سیاست آنهاست. تجارتی که به‌علت ناتوانی و عجز و پوسیدگی فرهنگ ایران در آن روز به این کشور تحمیل شد روزبه‌روز دامنه نفوذ خود را توسعه داد و به‌قول آن مرحوم: «جراحت

در جوارح بر سرایت خود می‌افزاید.»

شاه اسماعیل نماینده خود را به بندرعباس فرستاد که مالیات بگیرد، پرتغالی‌ها «توپ»ی بدرقهٔ او کردند. نماینده شاه از ترس می‌گریخت و چون صدای توپ نشنیده بود سخت به وحشت افتاده بود.

زمان جلوس شاه اسماعیل اول، بنیانگذار سلسلهٔ صفوی، مقارن است با سال ۹۰۷ق/۱۵۰۷م و روزی که افغانها تاج از سر شاه‌سلطان‌حسین برداشتند مصادف است با ۱۱۳۵ق/۱۷۲۲م. در این ۲۲۰ سال، صرف‌نظر از زمانهایی مثل زمان شاه عباس اول و شاه عباس دوم که نظم و قراری در داخل همان نظام اقتصادی سنتی حاکم شد و رونقی به چشم آمد که باز هم از فرهنگ کلی تأثیر کامل داشت، در بقیهٔ ایام، تقریباً یک نوع یکپارچگی بر جامعهٔ ایران حاکم است که با کمی اختلاف دارای خطوط ویژه همان زمان قبل و بعد از صفویه است.

از تحولاتی که در اروپا شاهد آن هستیم و تغییراتی که پی‌درپی در مردم آن مرزوبوم صورت می‌گیرد هیچ نشانی در این دیار نیست، برای آن «شبه تغییرات» می‌بایستی قرنها منتظر ماند. در فاصله زمانی حکومت صفویه در ایران، اروپا در زمینه‌های مختلف شگفتی‌های عظیمی به خود دید که از همه مهمتر می‌توان از ماشین بخار نام برد که نوع «نیوکامن» آن در ۱۷۱۲ یعنی ده‌سال قبل از سقوط شاه‌سلطان‌حسین از تخت سلطنت [پدید آمد] و آخرین مدل آن در ۱۹۳۶ بازنشسته شد. قدرت جدید که یک قاره لشگریان «عقل‌گرا» و ماجراجو و شیفته قدرت و تسلط بر طبیعت و ... در خدمت داشت، خود را آماده کرد و در قرن بعد به همه دنیا هجوم آورد و هیچ‌کس را یارای مقاومت در مقابل او نبود و همه تسلیم شدند.

در این زمان در مباحث علوم انسانی پیشرفت‌های زیادی به‌دست آمده است. رشد علوم انسانی با بافت تحولات اجتماعی رابطه‌ای دقیق دارد. تغییراتی بنیادی در طرز نگرش به جهان به‌وجود آمد. و در

زمینه‌های دیگر علمی نیز تحولاتی رخ داد. زمین از مرکز جهان پایین کشیده شد و انسان بر مرکز آن نشست و دنیا را خادم خود خواند.

در ایران هیچ تحولی به چشم نمی‌خورد. نه در زمینهٔ علوم انسانی که هر چه بود دنبالهٔ گذشته بود و نه در زمینهٔ علوم دیگر. این خود نشانهٔ سکون و ادامهٔ حیات گذشته است. و این سکون نشان می‌دهد که نیاز جدیدی حس نمی‌کند و از تحولات نقاط دیگر جهان بی‌اطلاع است. عملاً دنیا را خلاصه در همان فرهنگ و اقتصاد بستهٔ خود می‌دید. در صناعت و تجارت داخلی همان بافت کهن را حفظ کرده‌بود، تغییراتی که در تجارت خارجی به‌چشم می‌خورد این بود که واردات کم‌کم به سمت تولیدات صنعتی اروپا جهت می‌گرفت. لیکن صادرات همچون گذشته بود.

عدم امنیت

اگر تو از آن سگی که به درک رفت بهتر حکومت نکنی ترا به سخت‌ترین شکنجه به قتل خواهم رسانید.

امنیت قضایی-اقتصادی-سیاسی-اجتماعی، یا به عبارت دیگر حاکمیت نظم و قانون، موجب امید به آینده و در نتیجه موجب رشد فعالیت، تلاش و خلاقیت انسان می‌گردد. این ویژگی از شرایط و لوازم ضروری هر گونه رشد وتوسعهٔ اقتصادی است. حاکمیت قانون و خود قانون، برخلاف تصورایرانیان، نه خریدنی است و نه واردکردنی. قانون از نظر «تکنیکی» نسبت به روابط اجتماعی افراد «پس‌آینده» است. یعنی ابتدا جامعه می‌بایستی در تحول روابط متقابل خود به ضوابطی برسد و سپس این ضوابط، توسط حاکمیت سیاسی، از نظر شکلی تنظیم شود و شکل مواد قانونی به خود بگیرد. صرف اینکه در جایی قانونی خوب عمل کرده‌است، هیچ‌گونه تضمینی نمی‌دهد که در جای دیگر که روابط اجتماعی دیگری حاکم است خوب عمل کند. ضوابطی که جامعه

به‌صورت «خودجوش» خلق می‌کند، قادر است قدرت حاکمه سیاسی و قانون مکتوب را بشکند. حاکمیت‌های سیاسی، همیشه در تصرف و تسلط به «حقوق خودجوش» شکست خورده‌اند. ابتدا حقوقی به‌وجود می‌آید، مثل فعالیت‌های سندیکایی و حقوق خودجوش ناشی از آن یا فعالیت‌هائی برای الغاء بردگی و حقوق ناشی از آن و سپس حاکمیت سیاسی به آن چهرهٔ قانون دولتی می‌دهد. فرهنگ ایران، همان‌طور که در فرهنگ اقتصادی حالت «باژگونه خوانی» دارد، در زمینهٔ امنیت اجتماعی نیز مسائل امنیت اجتماعی را باژگونه‌خوانی می‌کند.

مردم و حاکمیت «امنیت اجتماعی» به‌معنی وسیع کلمه را، با نظمیه، امنیه، کلانتری، دادگاههای کیفری، زندان، شکنجه و کشتار عوضی گرفته‌اند. مردم از آن جهت در اشتباه‌اند که هربار که می‌خواهند از «ناامنی اجتماعی» خلاصی یابند و بر آن بشورند، ابتدا به اینها حمله‌ور می‌شوند، در حالی‌که اینها خود معلول عوامل اجتماعی‌اند. حاکمیت نیز از آن جهت در اشتباه است که می‌خواهد با این وسایل امنیت برقرار کند. آنچه تاریخ گذشته ما گواهی می‌دهد، نه آن موفق شده‌است و نه این.

> **حقوق چیزی نیست که حقوق‌دانان از آن صحبت می‌کنند، بلکه مفهوم آن از مفهوم فرهنگ جامعه غیرقابل انفکاک است و فرهنگ نیز عبارت از مجموع الگوهای رفتاری وفکری یک جامعه است که اعضای آن موظف به انطباق خود با این الگوها هستند. شکل‌پذیری رفتار در داخل این الگوها است که به رفتار آدمی در جامعهٔ خاص معنی می‌دهد.**[۹]

قانون در رابطه با تعهد معنی می‌یابد؛ یعنی تعهد افراد جامعه در سرسپردن به فلان قانون. و این تعهد نیز قبل از اینکه بتواند به ضرب تیر و تفنگ و دشنه بر مردم حاکم شود، در مردم *ایجاد* می‌گردد. و زمانی که از داخل روابط متقابل مردم بجوشد، خود مؤثرترین ضامن اجرای آن خواهد بود. دومین ضامن اجرای آن خود فرد است، فردی که به‌صورت

خلاق در خلق روابط اجتماعی سهیم بوده است. سومین و آخرین ضمانت اجرای قانون «اجبارِ» دولتی، یعنی پاسبان، دادگاه، زندان و ... است. واین سومین از غیرمؤثرترین و کم ارزش‌ترین و ناکافی‌ترین ضامن‌های اجرای قانون است.

در کشورهایی که امنیت اجتماعی به معنی وسیع کلمه از متن و بطن روابط اجتماعی جامعه شکل گرفته باشد، حمایت از آن نیز توسط خود افراد تضمین می‌شود.

برعکس در کشورهایی که این امنیت به‌معنی فوق وجود نداشته باشد و آن را بیشتر به‌صورت وارداتی تلقی کنند وضع به‌گونه‌ای دیگر است؛ یعنی «ناامنی اجتماعی» حاکم بر شکل قانون دولتی می‌شود و آن را می‌شکنند. و اولین شکنندگان آن خود مردم هستند. در این گونه جوامع روابط اجتماعی اولین عاملی است که خود برای فرار از قانون وسایلی را تعبیه می‌کند. مردم علاوه بر اینکه از این امر شرمنده نمی‌شوند، آن را نوعی «زرنگی» تلقی می‌کنند. در این‌گونه کشورها که بافت بوروکراسی اداری با فرهنگ اجتماعی مردم انطباق دارد، خود نظام بوروکراسی که مسئول تحقق آرمانهای قانون است فرار از آن را تسهیل می‌کند. و به‌صورت غیرمستقیم در تخریب قانون شرکت فعال دارد.

> **بدین اعتبار، حقوق (به معنی عام) یکی از عناصر فرهنگ جامعه است، فرهنگی که بر اساس تعریف تایلور، مردم‌شناس معروف آمریکایی، دربرگیرندهٔ شناخت‌ها، اعتقادات، هنر، حقوق، اخلاق، سنن و هر گونه قابلیت‌ها و عاداتی است که انسان به‌عنوان عضوی از اعضاء جامعه آن را کسب می‌کند.**[۱۰]

اینجا دامنهٔ حقوق، به‌معنی خاص قانون، مشخص می‌شود. و نابهنجاری آن در جامعه‌ای که اعتقادش از رفتار اجتماعی و کنه فرهنگش ریشه نگرفته برملا می‌گردد. روابط و اعتقادات جامعهٔ قبیلگی با روابط و اعتقادات جامعهٔ صنعتی و دیگر جوامع با یکدیگر فرق می‌کند و قانونی

که بر روی کاغذ درج شده‌باشد بدون مبنای اجتماعی کارایی ندارد. مرکب است بر روی کاغذ. هرقدر که بتوان به «مرکب» برای تأمین عدالت در جامعه دل بست، به این‌گونه قوانین نیز می‌توان دلبستگی پیدا نمود. قانون اساسی مشروطه چه کرد؟ قوانین اساسی دنیای سوم که مبشر آزادی و عدالت‌اند چه می‌کنند؟ مسئله عمیق‌تر و ریشه‌دارتر از هوچیگری سیاسیون و لفاظی روشنفکرانه است.

عموماً دیده می‌شود آنها که سنگِ اجرای قوانین و عدالت اجتماعی را به سینه می‌زنند نمی‌دانند از چه دفاع می‌کنند. و آنها که آن را رد می‌کنند نمی‌دانند چه چیز را رد می‌کنند و آنهایی هم که می‌خواهند اصلاح کنند نمی‌دانند چه چیز را می‌خواهند اصلاح کنند. در نتیجه، در دنیای سوم، ما شاهد کارهای پرهزینه کارشناسی در حوزه حقوقی و پارلمانی هستیم که پس ازتصویب یکسره به زباله‌دان می‌روند. و اگر هم تلاشی در اجرای آن بشود جز نکبت چیزی حاصل نمی‌شود.[۱۱]

گفتیم که وجود و حضور امنیت به اعتبار جامعه‌شناسی آن از لوازم فعالیت اقتصادی است. جوامعی که به رشد صنعتی رسیده‌اند این امنیت را به صور مختلف تأمین نموده‌اند. و این در حالی است که معمولاً در کشورهایی مشابه کشور ما این امنیت تحقق نیافته‌است.

در اروپا، که قبل از همهٔ جهان صنعتی شد، این امنیت به‌صورت نسبی و متناسب با زمان وجود داشته‌است. خصوصاً زمانی که در ایران یک «امنیت چماقی» بر همه امور استیلا داشته‌است، در اروپا «متقابل بودن حقوق و تعهدات قراردادی طبقات مختلف، دولت و پایگاه فئودال ـ آریستوکراتیک آن وجود داشته است. و در حالی‌که قدرت سیاسی در دست دولت بوده‌است (که اشراف فئودال را نیز دربرمی‌گرفته) اِعمال قدرت از طریق قرارداد، «قوانین»، سنت‌ها، رسوم و جز اینها انجام می‌شده‌است. ازاین رو قدرت خودسرانه عمومیت نداشته‌است. قانون ممکن بوده یک مرغ دزد را اعدام کند، ولی اجازه

نمی‌داده است که یک دهقان را برای لذت شاه یا ارباب بکشند یا مثله کنند (چه رسد به قتل یا مثله‌کردن یکی از اشراف). قانون می‌توانسته به ارباب اجازه دهد یا حتی تشویق‌اش کند که با نوعروسان رعایایش مدتی مشخص همخوابه شود، اما بسط دلبخواه این دوره با تجاوز خلق‌الساعه به زنان روستایی به هیچ‌رو مجاز شمرده نمی‌شده است.»[۱۲]

وضعیت ایران مقارن با تحولات اروپا

تمامی تاریخ ایران شاهدی است بر تجاوزهای متعدد و مداوم به جان و مال مردم. گذشته از غصب مال و اموال مردم، ایران کشوری بود که در آن شاهان و شاهزادگان نه فقط به وسیله دشمنان بلکه توسط بستگان خود نیز به قتل می‌رسیدند و یا کور و اخته و... می‌شدند. شمار شاهزادگان ساسانی که در حین شکار برای همیشه مفقود (یعنی «درمرداب غرق») شدند یا به دست بستگان خود کور شده و به قتل رسیدند قابل ملاحظه است.

«در ایرانِ بعد از اسلام و طی قرن‌هایی که به متحدشدن دوباره ایران در دوره صفوی انجامید، همین سنت برقرار بود. تاریخ صفویان نیز سرگذشت بی‌پایانی است از قتل و کورکردن اعضای خاندان سلطنتی بگذریم از دیوانیان و مردم عادی. برای نمونه اسماعیل دوم به وسیله بستگانش به قتل رسید، محمّد خدابنده را کور کردند و عباس اول حتی یکی از پسران خود را سالم نگذاشته بود که بتواند به‌عنوان جانشینش بر تخت بنشیند. نادرشاه افشار، غلام اسیر یکی از ایلات، که بعدها به راهزنی پرداخت، سپس سردار بزرگ و بنیانگذار سلسله افشار شد، فرزند خود را در یک حمله عصبی کور کرد. آغامحمدخان قاجار، شاهرخ را (که به دست دیگران کور شده بود) برای افشای محل اختفای گنجینه‌هایش چنان وحشیانه شکنجه کرد که به رغم اعتراف زنده نماند. خود آغامحمدخان در نوجوانی و در پی شکست طایفه‌اش در جنگ با

قبیله‌ای دیگر اخته شده‌بود. هنگام فتح کرمان، او آن قدر مردم آن شهر را کور و اموالشان را غارت کرد که عواقب مخربش هنوز گریبانگیر آن منطقه است. «سلاطین» زندیه که سرانجام به وسیله آغامحمدخان سرنگون شدند، برخلاف افسانه رایج، در برادرکشی و خیانت به اعضای خاندان خود مهارت بسزایی داشتند. دامنهٔ این پدیده حتی به اواسط قرن نوزدهم میلادی هم می‌کشد. عباس میرزای ملک‌آرا پسر دوم و محبوب محمدشاه، نزدیک بود در سن یازده‌سالگی به دست برادر بزرگش، ناصرالدین که بعدها به تخت نشست به قتل برسد. عباس میرزا جان خود را مدیون مداخله سفرای مهم خارجی و دولت‌های متبوعشان می‌داند. اما ضمناً اموال شخصی‌اش مصادره شد. و لوازم خانه‌اش را ماموران برادرش غارت کردند. سرنوشت اهل دیوان خود فصل بزرگ دیگری است. سرانجام دهشتناک وزیران اعظم، مجدالملک یزدی، خواجه شمس‌الدین جوینی (که خود در به قتل رساندن اولی سهیم بود) و خواجه رشیدالدین فضل‌الله به دست ایلخانان مغول چندان معروف است که احتیاج به توضیح ندارد. این در مورد فرمان شاه صفی مبنی بر قتل عام خیانت‌بار خاندان امام قلی‌خان (سردار بزرگ صفوی که جزیره هرمز را دوباره تصرف کرد و حاکم فارس شد) نیز صادق است. همین‌طور سرنوشت وحشتناک حاج ابراهیم کلانتر، اعتمادالدوله! به دست فتحعلیشاه و نیز قتل قائم‌مقام و امیرکبیر به فرمان محمدشاه و پسرش ناصرالدین شاه، قتل تیمورتاش و سردار نصرت‌الدوله و دیگران به فرمان رضاشاه پهلوی از جمله این موارد است. از این گذشته، این واقعیت که ماموران دولت، از وزیر اعظم تا درباریان را بدون اجازه قبلی و یا حتی برکناری از مقامشان در ملأعام فلک می‌کردند، شاهد دیگری است بر اینکه نه تنها هیچ اشرافیت و شهروندی وجود نداشته بلکه هیچ‌گونه چارچوب قانونی و اصول سنتی در میان نبوده‌است.»[۱۳]

قضاوت اینکه از این امنیت چه تراوش کند با خود خواننده. اما

فراموش نشود که این امنیت برخاسته از متن فرهنگ جامعهٔ ایران است و اگر بد است و مشئوم و اگر مقصری دارد، خود جامعهٔ ایرانی است. و اما پاره‌ای وقت‌ها هم که به عبارتی امنیت برقرار بود، به ابتکار شخص فرمانروا و آن هم تنها با ابزار «خشن‌ترین چهره اجبار» بوده است، که خود موجب ناامنی حیات اجتماعی می‌شده است و تنها ترس بوده و نه امنیت اجتماعی ناشی از قانون و روابط اجتماعی.

یک نمونه می‌آوریم:

از جمله گفته‌اند... در زمان شاه صفی وقتی‌که حاکم قم که مرد نجیبی بود برای تعمیرات قلعهٔ قم و مرمت پل رودخانه و بعضی مخارج دیگر از این قبیل بدون اینکه به شاه بنویسد و اجازه بخواهد، به حکم شخصی خود یک عوارض مختصری به سبدهای میوه که وارد شهر می‌شد بسته‌بود، خبر به شاه رسید (۱۶۳۲م/۱۰۴۲ق) شاه به‌قدری متغیر شد که حکم کرد حاکم را با زنجیر به اصفهان بردند. پسر این حاکم از محارم شاه بود و توتون و چپق مخصوص به شاه می‌داد، شاه صفی حکم کرد تا پسر سبیلهای پدرش را بکند، بعد بینی او را ببرد، بعد گوش‌ها و چشم‌ها و دست آخر سر او را از تنش جدا کرد. بعد از این کار، شاه، پسر را به‌جای پدر حاکم قم کرد و پیرمرد عاقلی را به نیابت او مقرر داشت و او را با حکمی بدین مضمون به‌قم فرستاد: «اگر تو از آن سگ که به درک رفت بهتر حکومت نکنی ترا به سخت‌ترین شکنجه خواهم کشت.»[۱۴]

تجارت و صناعت داخلی

در زمان صفویه تجارت و صناعت عمدهٔ داخلی، عموماً انحصاری بود و بی‌ثبات. تجارت عمده توسط شاه و وابستگان درباری انجام می‌گرفت و صناعت نیز تقریباً به همین نحو بود. چون شاهزادگان و رجال ثباتی نداشتند، تجارت و صناعت آنان نیز دستخوش تحولاتی می‌شد که برای

این نوع فعالیت سودمند نیست و به‌علتناامنی و فساد اخلاق مدنی، مردم نیز قادر به فعالیت چشمگیر و شرکت در اقتصادی فعال و متحول نبودند. درنتیجه در دورانی که بیش از همیشه نیاز به تحرک مدام بود، ایران از حمایت مردم خود محروم گردید. در این فاصلهٔ زمانی که کشور کم‌وبیش توسط قزلباشان نظامی شده بود، ثروت مملکت کم‌کم به دست قزلباشان افتاد. البته می‌بایستی بعضی دوره‌های کوتاه را مستثنا کرد، که ثباتی فراهم آمد و فعالیت‌های اجتماعی تاحدودی سامان یافت، لیکن شرایط تحول و جهش آن و نیاز بدان هرگز احساس نشد. این شرایط نیز بر اثر ابتکار شخصی شاهان و به‌کمک همان زورِ موصوف انجام می‌گرفت. در هر صورت، زمانی که ثروت تولید شده جهت سرمایه‌گذاری مجدد به کار نیفتاد، از دایره فعالیت اقتصادی خارج شده تبدیل به کاخ تجملات و اشیاء زینتی گردیده و جهت اشباع روانی قزلباشان به‌کار گرفته‌شد. و این کاخها نیز به‌طور معمول و پی‌درپی مصادره و به دیگران بخشیده می‌شد. محمدبیک مامور دولتی می‌خواست صدوسی و هفت کاخ مصادره‌ای اصفهان را بفروشد و کسی از ترس نمی‌خرید. سپاهیان ایران در دوران شاه‌طهماسب به یکصد و چهارده هزار نفر می‌رسیدند، و به مدت چهارده‌سال قبل از وفات شاه طهماسب حقوق دریافت نداشته و به‌کسی نیز اعتراض نمی‌کردند. حال می‌توان به‌این نکته پی‌برد که این جماعت چگونه به ثروت و اموال مردم دست یافته بودند که هیچ نیازی به حقوق دولتی نداشتند. از طرف دیگر همه‌ی صناعت و تجارت بزرگ نیز توسط آنها یا بستگانشان انحصاری شده‌بود. و هیچ جنبنده‌ای در کار سودآوری نمی‌توانست فعالیت کند مگر اینکه به طریقی به یکی از این «رجال!» وصل شود.

از جمله آورده‌اند:

انحصار و امتیاز بیشتر حرفه‌ها به‌دست وابستگان دولت و سلطنت افتاد و انحصار تجاری، عرصه را بر مردم تنگ کرد. یک فرمان

شاه طهماسب در اواخر عمرش ۱۵۷۳م/۹۸۱ق می‌گوید: «عمال صابونخانهٔ نی‌ریز پیه و مواد اولیه صابون را به بهای کم می‌خریدند و صابون را به بهای گزاف می‌فروختند، و قدغن می‌کردند که هیچ آفریده‌ای صابون نریزد و خرید و فروخت ننماید. اگر کسی به عمل می‌آورد او را مجرم داشته جریمه از او می‌گرفتند.» شاه طهماسب سه سال قبل از مرگش، این انحصار را لغو و ثواب آن را به حضرات عالیات مقدسات مطهرات چهارده معصوم هدیه کرد.[۱۵]

درآمد اصلی دولت از اراضی بود، اراضی که به‌صورت مختلف از بزرگان مصادره شده‌بود و بصورت خالصه درآمده‌بود. و همین‌طور از مالیات بر زراعت. منبع دیگر درآمد گله‌های گوسفند دولتی و انحصار عمده ابریشم ایران بود. ابریشم در انحصار شاه بود. ضبط املاک و مایملک بزرگان از سنن دیرینه بوده‌است که بعد از صفویه نیز همچنان ادامه داشته‌است.

دوران عظمت ایران در تجارت و صناعت همان چند دهه زمان شاه‌عباس اول و دوم بود که ایران در داخل به یک ثبات نسبی و در نتیجه به رونقی اقتصادی دست یافته‌بود و آنچه از آثار اصفهان شاهدید، نشانه‌ای از رونق آن ایام است. این رونق نیز، رونقی از جنس اقتصاد سنتی بود، هیچ‌یک از اهرمهایی که اجازه شکستن اقتصاد سنتی و رفتن به سوی اقتصاد صنعتی را بدهد موجود نبود.

اخلاق مدنی حکایت از فساد بی‌حساب داشت و به‌ویژه رشوه بیداد می‌کرد. ظلم و تعدی به رعیت از طرف عمال حکومت از حد خارج شده‌بود. گویا ملک ایران آفریده شده‌بود که چنین روابط اجتماعی را بیافرینند. شاردن می‌نویسد: «ایرانیان خیلی علاقه به دلالی دارند و دوست می‌دارند که کالا را بخرند و استفاده‌ای گرفته بفروشند.»

البته این شیوه رفتار اقتصادی، نشان بی‌اعتمادی و عدم امنیت

اجتماعی است. سرمایه‌گذاری تولیدی مستلزم امید به آینده است، و ناامنی قاتل این امید است. دلالی، رشوه، فساد، تعدی، ویرانی و ... این کارنامه عمومی صفویان است. از جمله عللی که برای فساد اجتماعی آورده‌اند، یکی نیز این بود که ایرانیان که از غارت و چپاول کردن روزگار سپری کرده بودند، در زمان قدرت گرفتن بی‌میل به رفتن به گرجستان نبودند. به‌دلیل اینکه مردم در آنجا مسیحی بودند، و به‌عنوان کافر به سلطان صفوی این جواز داده می‌شد که به اموال و زنان و دختران آنها تجاوز کنند. در زمان صفوی، ایرانیان مکرر به گرجستان لشکر کشیدند و صدها هزار اسیر از زن و دختر و پسر آن مردم را به ایران آوردند و فروختند. که این تعداد افراد به نوبهٔ خود در وضع فساد شهرها بی‌تأثیر نبوده‌اند. از جمله آورده‌اند:

> **فواحش را رواج و رونق تمام بهم رسیده و در حجرات خانات و محلات به شغل مقرر و معاضدت ابالسه که دشمنان جبلی بنی‌آدمند علانیه اشتغال داشتند. ... جمعی کثیر... گردآمده، هر یک مبلغی خطیر به‌عنوان «ترجمان» می‌رسانیدند... مشعل‌دارباشی ناظر و حامی اماکن فساد و نوازندگان و شعبده‌بازان بود و مالیات آنان را دریافت می‌کرد.[۱۶]**

> **خدمتگزاران قهوه‌خانه‌ها گرجی و بچه‌های ده تا شانزده‌ساله‌ای بودند که به طرز شهوت‌انگیزی پوشاک به تن می‌کردند و زلفان آنان بمانند دختران بافته شده بود... دختران روسپی‌خانه‌ها بیشتر گرجی و سخت زیبا و خوش قد و قامت بودند، محلهٔ روسپی‌ها از سه کوچه و هفت باب کاروانسرای بزرگ به‌نام کاروانسرای لختی‌ها بود، طبق دفاتر رسمی، مالیات فواحش سالی ده‌هزار تومان بود که شش‌هزار تومان آن فقط از اصفهان جمع‌آوری می‌شد و این مالیات بین ۱۵۰۰۰ [؟] روسپی اصفهان سرشکن می‌شد.[۱۷]**

یک نمونه از داستانهای آن روز می‌آوریم که هم بیانگر فساد است و هم بیانگر کیفیت قوانین حکومتی و روابط اجتماعی و ... که داستان را از جوانب مختلف می‌توان مطالعه کرد و به کنه روابط اجتماعی پی برد.

ساروتقی در زمان شاه‌عباس بزرگ حکمران گیلان بود و یک غلام بچه امرد خوشگلی داشت که با عنف او را مالک شده بود، به قول شاردن، بر اثر تجاوز به طفل، مورد خشم شاه قرار گرفت.

آن جوان برای کشیدن انتقام به اصفهان رفت. پس از آنکه شاه‌عباس اظهارات او را شنید حکومت گیلان را به آن جوان داد و حکم داد که به محض رسیدن به گیلان سر ساروتقی را به توسط صاحب منصبی که همراه او می‌فرستد به اصفهان بفرستد.

ساروتقی که متوجه شکایت شده بود، برای پیش‌گیری از خشم شاه، خیالش به جایی نرسید جز اینکه آلتی راکه با آن مرتکب این کار شده بود تماماً قطع نمود! و با همان حالت خراب در تخت روانی نشسته از بیراهه متوجه اصفهان شد و با همان حالت نقاهت به اصفهان رسید و یک راست وارد دربار شد و پس از تحصیل اجازه، آلت گناهکار خود را با عریضه درخواست عفو در سینی طلایی گذارده به حضور شاه رفت! شاه چون دید او خود را در کمال سختی تنبیه کرده‌است... از تقصیر او درگذشت و او مجدداً به حکومت گیلان رسید... این شخص در زمان شاه صفی به صدارت عظمی رسید. بر اثر این جراحت، به قول شاردن، ساروتقی تا پایان عمر چکمه می‌پوشید تا ادرارش در آن ضبط شود.

«ساروتقی بالاخره به‌دست شاه عباس دوم به قتل رسید. شاردن بهانه قتل او را این می‌داند که چون به علت پیری سواره به کاخ می‌آمد و اسبش را کنار اسب شاه می‌بست، مورد خشم قرار گرفت و به تحریک جانی بیک به قتل رسید.»

اما ظاهراً علت این قتل جنبهٔ مادی داشته، شاردن می‌گوید: «ساروتقی از نقیر و قطمیر عایدات دولت و درآمد شاه اطلاع داشت ... او حتی از

عایدات کلیه بزرگان مملکت آگاه بود و می‌دانست که چه اندازه مردم را می‌چاپند و حتی چقدر خرج می‌کنند.»[۱۸]

نمونهٔ دیگری می‌آوریم: «بیشتر اعیان و پولداران به مخدرات و مکیفات معتاد شده، در قهوه‌خانه‌ها مقیم بودند. فلونیا[۱۹] را به‌صورت حب‌هایی ساخته بودند که هم در جیب آقا و هم در کیف خانم جای می‌گرفت.» *تاریخ سیستان* در یک واقعه با کمال سادگی می‌گوید: «والده حمزه میرزا با پسر خود گفت: عموی خود را بگوی، ما عورات همه تریاک همراه داریم، هر کدام پنج شش مثقال می‌خوریم و چادرها در سر کشیده خود را به دریا می‌اندازیم» (البته قرار بود دشمن به خانم‌ها حمله کند و اینها نگران غیرت خود بودند). فروش مفرحیات و معاجین و تراکیب در تمام نقاط ایران شیوع داشت.

و حاصل این حکومت نیز این‌گونه خلاصه شد که «... نخستینِ آن بی‌اعتباری پول و تورم و رکود اقتصاد دوران سلطنت شاه‌عباس دوم است که نتایج آن در زمان شاه سلیمان آشکار می‌شود...»[۲۰]

بافت تجارت خارجی و زمینه وابستگی

جامعهٔ ایرانی، در کلیت روح جمعی خود، با آن‌همه سابقه و دبدبه و کبکبه، به‌علت بی‌لیاقتی، ناتوانی ودرماندگی کم‌وبیش مزمن، در تمام زمینه‌های زندگی جمعی و نداشتن روحیهٔ سخت‌کوشی، نوآوری، خلاقیت، بلندپروازی و... قادر به تأمین مبانی لازم جهت رشد صنعت و توسعه و پیشرفت در زمینه‌های مختلف نگردید. با توصیفی که از وضع داخلی شد، می‌توان به حرکت‌های آتی اقتصادی ـ اجتماعی پی برد. بیش از صد سال پرتغالی‌ها در جنوب ایران بودند، در حالی‌که این جامعه به‌فکر تعبیهٔ ابزاری برای راندن آنها نیفتاد. و این عجز از مشخصات روحیهٔ ایرانی گردید و با تمام نیرویی که داشت باز هم نتوانست با تعدادی کم از تبعه پرتغال از در رقابت درآید و لذا تسلیم شد. و هیچ‌وقت نیز مثل

ملت‌های زندهٔ دنیا نخواست باور کند که این *«پیکار است که نامش زندگی است»* و دنیا در حیطهٔ زندگی مادی چیزی جز کارخانه‌ای نیست و هر کس تولید نکند خود تبدیل به مواد اولیه برای هاضمه مولدان دیگر خواهد شد. به همین دلیل بود که حاکم هرمز پذیرفت غرامت جنگ بپردازد و سالی پانزده هزار اشرفی به عنوان خراج بدهد. و این وضع ما را به یاد سخن اسکندر می‌اندازد، زمانی‌که نمایندهٔ دارا شاهنشاه ایران جهت گرفتن خراج به یونان رفته بود. یونانیان قبل از اسکندر سالیانه خراج به صورت «خایه‌های زرین» می‌پرداختند. اسکندر در جواب فرستاده ایران گفت: «آن مرغ که خایه زرین می نهادی مرد.»

شمارش معکوس فرهنگ ایران دوباره شروع شد. پرتغالی‌ها از پرداخت هرگونه عوارض گمرکی بر کالای خود معاف شدند و پرداخت کلیه عوارض و حقوق گمرکی را نیز بر حکمرانان محلی تحمیل کردند. دیری نگذشت که تجار عرب و ایرانی و هندی یا نابود شدند یا به‌زیر یوغ پرتغالی‌ها رفتند و الگوی تجارتی آنها را پذیرفتند. و در حالی‌که به حج می‌رفتند و تابعیت پادشاه اسلام پناه صفوی را داشتند، در عمل در خدمت استعمار بودند. هر کس سر تسلیم فرود نمی آورد می سوخت و به قعر دریا می‌رفت. زمانی‌که نماینده شاه‌اسماعیل برای گرفتن خراج رفت «توپ»ی به پیشوازش درکردند و سرافکنده روانهٔ درگاه قبله عالم شد. این همان توپی است که چهارصد سال بعد در جنگ جهانی دوم در بوشهر بدرقهٔ تیمسار ایرانی گردید و در حالی‌که فرار می‌کرد صدای آن را نمی‌شناخت و می‌پرسید که چیست؟

مردم انگلیس که در این هنگام مصداق گفته توماس مور[۲۱] بودند، گوی سبقت را از عالمیان ربودند. مور در مورد آنها در ۱۵۱۶ چنین نوشت:

> **تنشان چالاک و شاداب است و نیرومندتر از آنند که قامتشان می‌نماید [خیلی پرمعناست]. اگر چه خاکشان چندان بارور نیست و هواشان پاکترین هوا نیست، خود را با زندگی معتدل از**

آسیب‌های هوا در امان می‌دارند و خاکشان را با کار و کوشش بهبود می‌بخشند، چنانچه هیچ‌جا بازده غله و گاو و گوسفندان ایشان را ندارد و هیچ‌جا مردمی قوی‌تر از ایشان یا مانند ایشان در امان از بیماری‌ها وجود ندارد. می‌توان ایشان را دید که با چه کوششی با مهارت و کار به بهکرد خاک‌های کم‌توان می‌پردازند و چه بسا جنگلی را از جایی برمی‌کنند و در جای دیگر می‌کارند... این کار را برای باروری نمی‌کنند بلکه برای کاستن ترابری می‌کنند، و برای آنکه هیزمشان به دریا و رودخانه‌ها و یا شهرهاشان نزدیک‌تر باشد ....[۲۲]

در پیگیری امور عقلی خستگی‌ناپذیرند ... این کار معجزه‌آسا به‌نظر می‌رسد ... در کمتر از سه سال می‌توانستند آثار بهترین نویسندگان یونانی را به آسانی بخوانند.[۲۳]

از مطالعه رازهای طبیعت نه تنها لذتی شگفت می‌برند، بلکه برآنند که او نیز، همچون دیگر سازندگان، این چرخ کیهان را تنها در برابر نظر انسان گسترده است، زیرا انسان است که می‌تواند در آن به تأمل بنگرد... ذهن آنها هنگامی که با دانش برانگیخته شود، در کار اختراع‌هایی که بر آسایش زندگی می‌افزاید تیزی شگفتی دارد، بخشی از دو اختراع، چاپ و کاغذ را به ما مدیون‌اند ... ورود هر که را که مهارتی ویژه یا دانشی در باب راه و روش‌های ملت‌های بسیار داشته باشد به کشور خویش خوشامد می‌گویند، زیرا مشتاق آنند که بدانند در هر جای جهان چه می‌گذرد. در باب صادرات بهتر آن می‌دانند که این کار را خود انجام دهند، تا اینکه به دیگران واگذارند. بدین‌سان می‌توانند ملت‌های همسایهٔ خود را بشناسند و بر مهارت خود در دریانوردی بیفزایند....[۲۴]

اخراج پرتغالی‌ها توسط انگلیس و ادامهٔ سیاست اقتصادِ «درِ باز» یا اقتصادِ «بدونِ در»

با این توصیف مشخص است که انگلیس در آیندهٔ نزدیک به اقصی نقاط جهان سرازیر خواهد شد و دنیا را انبار خود خواهد کرد. و شواهد زندگی کاری آنها نیز همین را به اثبات رسانید. ایرانیان که از درک بافت صنعت و قالب‌های اجتماعی آن عاجز بودند موفق نشدند «ارباب ابزار» شوند و آن را به کمک خود بخوانند، ناگزیر از ساختن آن وا ماندند و به هیچ‌وجه قادر به مبارزه و بیرون راندن پرتغالی‌ها نشدند تا اینکه بالاخره قدرت پچیده‌تر و زورمندتری در تاریخ ۱۰۳۱ ق/۱۶۲۲م یعنی بعد از صدوپانزده سال استقرار بیگانه در بندرعباس، جهت حفظ و تأمین منافع خود با شاه عباس اول قراردادی بست. این قرارداد استعماری بود. و در قبال این قرارداد بود که انگلیس حاضر شد امامقلی خان، سردار ایرانی، را کمک کند تا پرتغالی‌ها را از بندر گمبرون و هرمز براند (که به‌علت همین فتح نام آن را بندرعباس گذاشتند). و پاداش این سردار بزرگ نیز آن بود که در زمان شاه صفی، خود و فرزندانش پس از سی سال خدمت، به قتل برسند.

تجارت خارجی ایران، در دست ارامنه، هلندی‌ها، انگلیسی‌ها و فرانسوی‌ها بود. انگلیسی‌ها همانهایی هستند که یکصدوشش سال قبل از این قرارداد، توماس مور درباره‌شان گفته بود

> در باب صادرات بهتر آن می‌دانند که این کار را خود انجام دهند تا آنکه به دیگران واگذارند. بدین‌سان می‌توانند ملت‌های همسایه خود را بشناسند و بر مهارت خود در دریانوردی بیفزایند.

البته باید به این نکته افزود که بعدها، این مردم با آن ویژگی‌ها، صادرات کشورهای دیگر و حتی تبدیل مواد خام آنها و حتی سیاست‌گذاری اقتصادی بخش عظیمی از جهان را به‌عهده گرفتند. و آمریکاییهایی که امروز همان کار دیروز انگلیسی‌ها را می‌کنند، با همان چند خط مور،

توصیف شده‌اند. چون بیشتر ورثهٔ آنها و از همان نژادند.

ابریشم که عمده‌ترین کالای تجارت خارجی ایران را تشکیل می‌داد، در انحصار شاه بود. شاه به تولیدکنندگان اجحاف می‌کرد. انگلیسی‌ها، ابریشمی راکه از ایران به هشت شیلینگ می‌خریدند در انگلستان به سی شیلینگ می‌فروختند. در آن زمان ارزش صادرات ایران دو پنجم ارزش صادرات انگلیس بود، حالا، با این «مفت خَری» می‌توانید حدس بزنید که به چه میزان تجار خارجی سود می‌بردند و موجب تقویت اقتصاد آنان می‌شد، و ایرانیان چه منافعی را از دست می‌دادند. صادرات ایران مواد خام بوده است، لیکن واردات را از آن زمان کم کم، مصنوعات دربرمی‌گرفت که ارزش افزوده آن نصیب صاحب کالا می‌شد.

شاه عباس ارامنهٔ ایران را به نفع کمپانی هند شرقی زیر فشار گذاشت، چون از آنها رشوه می‌گرفت. این خصیصه از دولت مردان ایران هرگز قطع نشد. آخرین شاه ایران به «ژنرال پنج درصد»[۲۵] معروف شد چون از هر معامله بزرگی رشوه می‌گرفت. از آن زمان انگلیسی‌ها ترجیح دادند مشکلات خود را با دولت‌های ایران حل و فصل کنند و با گروه خاصی از هیئت حاکمه ایران علیه کل جامعه ایرانی توطئه را سامان دهند. در زمان‌های حاد، این ویژگی بهتر به چشم می‌خورد. قائم‌مقام، امیرکبیر و مصدق در همین راستا از پا درآمدند.

انگلیسی‌ها در این زمان، به‌عنوان پاداشِ راندن پرتغالی‌ها نیمی از عواید گمرکی هرمز را می‌گرفتند. از این تاریخ شروع به فروش منسوجات «بنجل» خود به ایرانیان کردند.

از این زمان ترکیب صادرات و واردات بیش از پیش شروع به تغییر می‌کند؛ بیشتر صادرات همچون گذشته شامل مواد خام است. در میان واردات مصنوعات صنعتی دیده می‌شود. به این طریق بافت مصرفی ایران شروع به تغییر می‌کند. این در حالی است که تحولاتی عمیق در تولیدات کشور صادرکننده پیدا می‌شود. کالاهای صادراتی نشان‌دهنده‌ی

«کار و کوشش و اختراعی» است که در کشور مبدأ انجام شده است و این در ضمن بیانگر «پیگیری خستگی‌ناپذیر در امور عقلی» بوده است. در فهرست واردات ایران شاهد پارچه‌های رنگارنگ، قلع، سرب، ساعت، فنجان، نعلبکی، ظروف، شکر، روغن نارگیل و ... هستیم، فهرستی که در قرن بعد (قرن هجدهم)، جام‌های آئینه، شیشهٔ پنجره، مصنوعات فلزی، ماهوت، چراغ و کاغذ تحریر[۲۶] بر آن افزوده می‌شود. انگلستان در این زمان تعدادی جوان انگلیسی به ایران فرستاد تا زبان ارمنی و فارسی یاد بگیرند که بعدها بهتر بتوانند سیاست اقتصادی خودشان را سامان دهند.

هلندی‌ها نیز که معتقد بودند هر کس بر دریاها حاکم باشد بر تجارت حاکم است و هر کس بر تجارت حاکم باشد ثروت ملل در اختیار اوست، قراردادی با شاه عباس بستند و اجازهٔ تجارت با ایران را به انضمام مصونیت‌های سیاسی و معافیت‌های گمرکی (اقتصاد بی‌در) به‌دست آوردند. و همچنین اجازهٔ صدور بخشی از ابریشم خام ایران را تحصیل کردند. دولت ایران روز به روز بیشتر در اختیار قدرت‌های خارجی و منافع اقتصادی آنها قرار گرفت. کار تا بدانجا پیش‌رفت که زمانی شاه‌سلطان‌حسین برای پرداخت حقوق و مواجب سربازان خود مبلغ ۱۷۰۰۰ تومان از هلندی‌ها گرفت، و از این هم بیشتر، اولین قرضه را از هلند گرفتند. هلندی‌ها به ازاء پنجاه تا هفتاد هزار تومان که به شاه وام دادند، بیست و پنج هزار تومان جواهرات سلطنتی را، به عنوان وثیقه، به گرو گرفتند.[۲۷]

وضع روس‌ها نیر بدتر از این نبود. از طرف تزار روس در سال ۱۶۶۴ میلادی دو سفیر و تعداد زیادی تاجر به ایران آمدند، پنج هزار تومان به شاه پیشکش کردند (شاه عباس دوم) و اجازهٔ تجارت دریافت داشتند، در مقابل این پنج هزار تومان فقط، هشتاد هزار تومان پوست خز و سمور در اصفهان فروختند. و چندین برابر آن پنج هزار تومان که به شاه رشوه داده بودند سود بردند.

واردات ایـران از روسـیه و صـادرات ایـران بـه روسـیه، هـم‌بافت بـا صادرات و واردات با دیگر کشورهایی بود که رو به صنعتی شدن گذاشته بودند و از نظر سیاست تجاری نیز وضع مشابهی داشت. صادرات روسیه به ایران دربردارندهٔ انواع خز و چرم خام و چیت و ماهوت، پارچه کتانی، آهن، مس، مصنوعات فلزی، شیشه، مصنوعات شیشه‌ای، کاغذ تحریر، اسلحه آتشین و ... بود.

این نوع کارها همیشه با هدایا (رشوه و حق و حساب) امکان‌پذیر بود. روس‌ها به شاه هدایای زیادی دادند که از جمله یک کالسکه شش اسبه بود. به‌علت نبودن جاده، آوردن کالسکه به داخل اصفهان بـا مشکـلات زیادی روبه‌رو شد و چون امکانات جاده‌ای در اصـفهان نـبود، کـالسکه عاطل و باطل ماند. کالسکه دوم هم که پادشاه انگلیس برای گول زدن این بچه‌ها به‌عنوان اسباب‌بازی فرستاده بود، به مصیبت کالسکه اولی دچار شد.

وضع روابط تجاری ایران و فرانسه نیز از این بهتر نبود. از طرف فرانسه مصنوعات صنعتی و کمک‌های نظامی و تهیه و تأمین ضـروریات مـورد لزوم سپاه قول و قرار می‌شد، و از طرف ایران نیز انواع معافیت‌ها.

سوابق انتقال تکنولوژی

بد نیست که نامه‌ای از شاه سلطان حسـین و هـمچنین نـامه‌ای مشـابه از شاهقلی خانِ اعتمادالدوله صدراعظم وی به لویی چهاردهم بیاوریم و شما مفاد تقاضاهای آنها را با مفاد مطالبی که کارشناسان عالی ما اکنون در مـورد انـتقال تکـنولوژی مـی‌گویند مـقایسه کـنید. نگـاه مـا بـه بـافت اجـتماعی ـ فکـری ـ عـقلانی است کـه آن تـقاضا و ایـن «مـنحنی‌های کارشناسانه!» را تنظیم می‌کند. این نامه در اواخر کار صفویه و به‌احتمال در حدود سال ۱۷۲۰ میلادی تنظیم شده است. در فرمانی که شاه سـلطان حسین جهت تجارت با فرانسویان صادر کرد، آمده بـود «تـجار خیریت

آثار»[۲۸] فرانسه «با اطمینان و پشتگرمی به ممالک محروسه، به رسم تجارت، آمد و شد کنند.» و در نامه‌های مذکور جهت اخذ کمک نظامی آمده بود «چون استادان و اهل صناعت ولایت آن پادشاه والاجاهی معروف و مشهورند، و تفوق ایشان بر اهل صنعت ایران که در اکثر فنون مهارت دارند معلوم رأی انور ماست، آن پادشاه والاجاه مقرر دارند که از استادان توپ‌ساز، خمپاره‌ساز و تفنگ‌ساز و سازندگان سایر اسباب جنگ و جدال و صاحبان صنایع دیگر از قبیل لندره‌باف و ساعت‌ساز و سنگتراش و جماعتی که صنایع غریبه از ایشان متمشی گردد، چند نفر به درگاه معلی بفرستند که در این ولایت به امور مزبوره قیام کنند....»[۲۹] و همچنین برای چندمین بار تقاضای اعزام مهندسینی برای منفجر کردن تونل کوهرنگ در نزدیکی اصفهان کردند.

و اما سوابق انتقال تکنولوژی برای تونل کوهرنگ: ازدیاد آب زاینده‌رود یکی از مسائل شهر اصفهان است. و برگرداندن آب از طریق تونل کوهرنگ از مسائل اولیه دوران سلطنت صفویه است و چون فرانسوی‌ها در کندن تونل تبحری داشتند و آبراهه‌های زیادی در فرانسه و در دنیا حفر کردند، از جمله آبراهه‌ی سوئز و پاناما، بدین جهت از همان ایام شهرتی به هم رساندند. و پادشاهان صفوی نیز کم و بیش برای این‌کار فعال بودند. مقداری از مسائل مربوط به آن و مفاسدی که مانع انجام کار می‌شد در *سیاست و اقتصاد عصر صفوی* درج است. در هر صورت سابقه این تونل به اوایل صفویه می‌رسد. و چندین سلسله از شاهان در این طرح به مدت چهارصد سال وقت سپری کردند تا بالاخره قسمتی از آن در زمان پهلوی شروع و در زمان جمهوری خاتمه یافت.

افشاریه

سرانجام دولت صفویه به علت انحطاط شدید اخلاق مدنی و فساد درباری و ازهم‌گسیختگیِ سپاهی، در ۱۷۲۲ میلادی (۱۱۳۵ قمری)

سقوط کرد و همین آرامش نسبی نیز تا روی کار آمدن قاجاریه به هم ریخت.

ایران در حساس‌ترین لحظات تاریخ، پایکوبِ سُمِ ستوران ایلات خود بود و در احتضار فرهنگی خود برای مرگ لحظه‌شماری می‌کرد. و برای نجات خود قادر به تهیهٔ هیچ‌گونه وسایل و لوازمی نشد.

اما ایران از زمان سقوط صفویه (سال ۱۱۳۵ قمری) تا تاجگذاری نادرشاه افشار (۱۱۴۸ قمری) یکپارچه در قتل و غارت می‌سوخت. در دوازده سال حکومت نادر نیز (تا سال ۱۱۶۰ قمری) هر چه آبادانی در ایرانِ بود زیرِ سُمِ ستوران نادر تخریب شد و قدرت نظامی و اقتصادی ایران از داخل رو به تحلیل رفت. اگر نمونه‌ای از کارهای نادر بیاوریم، بدون اینکه متعرض وضع اجتماعی، اقتصادی و سیاسی بشویم، همه چیز خود به خود برملا خواهد شد. از جمله آورده‌اند: «... امروز چاپار کرمان از راه رسید و اعلام داشت که هفت روز پیش شاه از شهر عزیمت کرده و از طریق کویر به مشهد رفته است. نادر در کرمان جماعت زیادی را کشته یا کور کرده است، تنها بدین دلیل که پول کافی برای پرداخت مالیات‌های سنگینی که بر آنها بسته شده است نداشته‌اند، برخی از اهالی مجبور شدند که برای تأمین عوارض شاقی که بر آنها تحمیل شد، زنان و فرزندان خود را به بهای پنج یا شش روپیه به سربازان تاتار اردوی نادر بفروشند...» و در جای دیگر می‌خوانیم «... نادر در هویزه قتل عام کرد و سه روز مردم شهر را به سربازان خود بخشید....» یا «نادر مردم شوشتر را به سربازان خود بخشید تا سه روز هر چه می‌خواهند بکنند....» در کازرون گفت، جهت تنبیه، ۵۰۰ دختر باکره به سپاه مرو داده شود و اگر کسر آوردند پسر به آن اضافه کنند؛ در سیستان مردم زن و بچه خود را کشتند و تا آخرین نفس با فرستاده نادر جنگیدند. «... نادر دستور داد ۱۵۰۰ زن داغستانی را به محل بردند و نرخ ۳۰۰، ۲۰۰ و ۱۰۰ دینار برای هر شب آنها قیمت تعیین می‌کرد تا افراد اردو مشکلات خود را حل کنند....»[۳۰]

از همین چند خط می‌توان به تمام وضع زندگی مردم از جمله صناعت و تجارت آنها نگاهی کلی انداخت. از همین زمان‌ها بود که تجار ایرانیِ ارمنی، و سپس مسلمان، به‌علت ناامنی به روس‌ها و سپس به انگلیس‌ها نزدیک شدند و بسیاری از آنها، در مراحل بعدی تحت‌الحمایگی آن دو دولت را برای حفظ جان ومال خود پذیرفتند.[۳۱]

دستگاه حکومتی نادر، از نظر بافت کلی، به همان شیوه صفویه عمل می‌کرد. نادر خودش به عوضِ سامان دادن وضع صنعت نساجی که در ایران ریشه و مایه داشت، از روس‌ها خواست که برایش پارچه بیاورند. و به نفع تجار خارجی «هدیه» قبول می‌کرد، و کار می‌کرد. تنها کسی که به شهادت تاریخ در دستگاه حاکمهٔ آن روز فسادناپذیر بود، میرزا مهدی استرآبادی، منشی نادرشاه، بود. و در مورد بقیه همان رشوه و حقِ حساب بود. در این زمان «شرکت مسکوی» انگلیسیها از جنوب در ملک اقتصادی بی‌صاحب ایران تاخت‌وتاز می‌کرد. امتعه خارجی در تمام بازارهای دورافتاده ایران مثل امروز به چشم می‌خورد؛ همانگونه که امروز صابون لوکس فرانسوی با عکس طناز روی لفاف آن در «بوتیک کمیل خدامرادی» در‌ه‌شهر ایلام حتی به وقت جنگ و حصر اقتصادی جلوه می‌نماید و تعجبی هم برنمی‌انگیزد چرا که سنت چند قرنه دارد. از اواسط صفویه کالاهای خارجی بازارهای ایران را اشباع کرده بودند.

در زمان نادر چنان وضع بر مردم تیره و تار شد که دسته دسته به عراق و هندوستان و سپس به جنوب روسیه و عثمانی مهاجرت می‌کردند. او با «چماق» صنایع نظامی را به‌طور نسبی سامان داد. البته و صدالبته که هیچ نظامی با زور چماق سامان نمی‌گیرد. و بعد از فرو افتادن چماق نه تنها همه چیز از هم می‌پاشد، بلکه بافت اجتماعی در مسیر انهدام آن خود به تلاش می‌افتد. تنها و تنها چیزی در جامعه ماندگار خواهد ماند که از میان فرهنگ مردم و روحیهٔ اجتماعی و روحیهٔ کلی و خلاقیت خود توده به مرور شروع به زایش کند و به تَبَعِ نیازهای اجتماعی تبدیل به یک نهاد

گردد. این همان چیزی است که در مورد تشکیلات نظامی نادر وجود نداشت. و به همین دلیل، بعد از قتل او که شب هنگام رخ داد، تمام تشکیلات او تا سحرگهان از هم پاشید. در زمان نادر توپ‌ریزی در اصفهان و مرو و تولید گلوله و ساختن تفنگ در قورخانه‌های دولتی (روزی پانزده عدد) شکل گرفته بود. تعداد توپ‌های ایرانی به اضافه توپ‌هایی که نادر از هند آورده بود به پنج هزار می‌رسید. در یکی از حملاتی که علیه عثمانی‌ها کرده بود، روس‌ها توپ قلعه‌کوب در اختیار او می‌گذارند. ولی چه فایده که هیچ سامانی برای رشد اقتصادی وجود نداشت.

انگلیسیها، روسها، هلندیها و ... در این ایام با رشوه‌ای که به همه می‌دادند، هر گونه فرمانی که می‌خواستند می‌گرفتند و هر کاری می‌خواستند می‌کردند. هرگونه مصونیت و معافیتی را که مورد نظرشان بود با پول تأمین می‌کردند. کالای خود را خوب می‌فروختند و کالای ایرانی را ارزان می‌خریدند.

زندیه

از سقوط صفویه تا تسلط قاجار، که حدود هشتاد سال طول کشید، اوضاع بسیار پرهرج و مرج بود. روسها وانگلیسیها امتیازات فراوانی از کریمخان گرفتند. کریمخان و اطرافیان او اشتیاق به واردات داشتند. وی، در مبادلات تجاری، تسهیلات فراوانی برای فرانسوی‌ها در نظر می‌گیرد و در مقابل از آنها تعهد می‌گیرد که سالی ۲۰,۰۰۰ توپ پارچه برای سربازان وی بیاورند. از صنعت جز تکه پاره‌ای خبر دیگری نیست. بافت صادرات و واردات به همان روال گذشته ادامه می‌یابد. کریمخان چون از سیاست انگلیس در هند مطلع شده بود، از انگلیس دل خوشی نداشت. مکرر می‌گفت که انگلیسی‌ها می‌خواهند ایران را همانند هند کنند. به همین دلیل در اوایل کار دستوراتی جهت محدود کردن فعالیت‌های آنان صادر

کرد. انگلیسی‌ها برای وادارکردن کریمخان به تسلیم از دو شیوه استفاده کردند. شیوه‌هایی که همچنان ادامه دارد. اول اینکه توسط سرسپردگان خود در جنوب مشکلاتی برای کریمخان به‌وجود آوردند که کریمخان در حل آن مشکلات سیاسی ـ نظامی عاجز ماند؛ و از طرف دیگر با «رشوه» جلو آمدند. هم به خود وی رشوه دادند و هم به اطرافیان او، در نتیجه کریمخان تسلیم شد. قراردادهایی که در زمان کریمخان بسته شد از نظر ماهیت کار تجارت، انحصاری و بسیار خطرناک‌تر و پرضررتر از قراردادهای گذشته بود.

اما از رشوه چنین یاد می‌کنند که انگلیسی‌ها به کریمخان ۲۰۵۰۰ روپیه دادند (فهمیده نشد که شاهی که همه مملکت ملک طلق او بود رشوه را برای چه می‌خواست که علیه خود اقدام کند!) ابوالفتح‌خان ۷۰۰۰ روپیه، برادران کریمخان جمعاً ۳۰۰۰ روپیه، شیخ علیخان عموزادهٔ وکیل ۳۰۰۰ روپیه و بالاخره فراهانیِ وزیر ۲۰۰۰ روپیه گرفتند.

حاصل این توپ و تشر و حق و حساب، کارساز بود و عبارت از امضای قرارداد انحصاری تجارت پارچه ابریشمی به انگلستان همراه بسیاری از معافیت‌های گمرکی، حق استخدام ایرانی‌ها، حق داشتن پایگاه با توپخانه به نام تجارتخانه در هر کجا که بخواهند و بالاخره دولتی در داخل دولت ایران.[۳۲]

توسعهٔ اروپا در زمان قاجاریه، مبانی و قالب‌های اجتماعی آن

شروع اسب‌دوانی قاجاریه در چراگاه اختصاصی فلات ایران، بدیُمن‌ترین خرچرانی‌های ایلی طوایف مختلف است که هر کدام به نوبه خود ایامی را در این سرزمین به چرا و شکار مشغول بوده‌اند.

یمن بد از آنجا بود که در آغاز این حکومت (حدود ۱۸۰۰ میلادی / ۱۲۰۰ قمری) همزمان در اروپا قوای طبیعت مسحور آدمیان شد، اروپاییان آن را مهمیز زدند و به فرمان خود درآوردند و قوی‌تر و قوی‌تر

شدند. ایرانیان نیز همچون گذشته به ادامه زندگی ایلی در بیابان‌ها و شهرها خوگرفته، به ویژگی های هیئت حاکمه خود با اقتصاد و فرهنگِ بسته و با استبداد روزگار سپری کردند.

در اروپا، با روحیه‌ای که پیش از این توماس مور وصف کرده بود، به قول پی‌یر روسو فورانی از اکتشافات و اختراعات به منصه ظهور رسید. ملاحان‌شان به کمک پارو و بادبان تمام جهان را چرخیدند. سیاحان و تجارشان به‌علت غرور ناشی از قدرتشان جهان را ملک خود می‌پنداشتند. در صناعت و تجارت و «اسباب جنگ و جدال و صنایع غریبه» چنان استاد شدند که این استادی گستاخ‌شان کرد. قدرت اقتصادی‌شان به علت کار و تراکم سرمایه از حد متعارف جوامع ایلی در گذشت.

کشتی سازی و استفاده از قطب‌نما، روحیهٔ ماجراجویی و سودجویی و دهنه بر دنیا زدن و بر اریکهٔ قدرت و قوت تکیه کردن، از ماشین بخار کار کشیدن، معادن را زیر و رو کردن، آهن و چدن را ابزار کردن، مطبوعات را وسیله نشر افکار و ترقی دانش عمومی دانستن و ... را اروپاییان هم تجربه کردند و هم احساس. چیزی که هنوز زیر دندان بنگی‌های دنیای سوم، ذائقه آنها را تحریک نکرده است. چون از «مخدرات و مکیفات و تراکیب و معاجین» نیست، بلکه از «محرکات و مشوقات» است. در اروپا ساعت‌سازی رونق یافت؛ نقشه‌برداری از دریاها و خشکی ها در مسیر پیشرفت افتاد؛ سرعت‌سنج کشتی اختراع شد؛ افرادی چون کپلر، نیوتون و گالیله دانش نجوم و ریاضی را تکمیل کردند و زمین را از مرکزیت آسمان انداختند و انسان را مرکز آن قرار دادند.[۳۳]

بر اثر رونق اقتصادی، مبادلات تجاری هم رونق گرفت «کسانی که واسطه این مبادلات بودند ثروت‌های هنگفت به‌دست آوردند و به‌کار قرض دادن پول و صرافی و بانکداری پرداختند. در این هنگام در مجاورت نجبا و روحانیان و رعایا و حتی طبقهٔ کاسب‌کارِ معمولی، طبقهٔ

جدیدی در اجتماع ظهور کرد. [که اصالت داشت و بر اثر سرازیر شدن 'درآمد نامحصل' نبود.] طبقه‌ی جدید عبارت بود از گروه سرمایه‌داران که آن‌قدر قدرت یافته بودند که به سلاطین پول قرض می‌دادند و زیباترین قصرها و فاخرترین فرش‌ها و جواهرات را برای خود تهیه می‌کردند. فی‌المثل فوگژر (Fugger) که بانکداری از اهالی اوگسبورگ بود در سال ۱۵۱۹ در انتخاب شارل کن پادشاه اسپانی اعمال نفوذ کرد و هوخشتر که در سال ۱۵۲۶ پادشاه جیوه لقب گرفت، ضرب مسکوکات را در تمام خاک اروپا اداره می‌کرد.»[۳۴]

«افزایش تقاضا برای محصولات ساخته شده، سرمایه‌داران بزرگ اولیه را واداشت که تولید را از وضعی که داشت خارج کنند و مؤسسات صنعتی بزرگ را جانشین کار صنعتگران کوچک کنند. از این پس در مشاغلی از قبیل چاپ کتب، فلزکاری، ابریشم‌بافی، استخراج مواد معدنی که وجود ماشین‌های بزرگ و پیچیده را ایجاب می‌کرد کار به صورت دیگری پیشرفت نمی‌نمود.»[۳۵] و از طرف دیگر علوم مربوطه نیز به تناسب آنها رو به پیشرفت گذاشت، برای نمونه «اگریگولا رئیس معدن شهر شمنتس کار استخراج معادن را در کتابی به نام *اشیاء فلزی* (۱۵۵۶) شرح داده است.» صاحبان این حرف و صنایع و علوم روز به روز هم‌پای ساختار اجتماعی ـ اقتصادی، گسترش یافتند و تبدیل به طلبکاران پاپ‌ها و پادشاهان شدند و فکر واقع‌بین اقتصادی خود را به‌کار انداختند و به «مباحثات اسکولاستیک دانشمندان رسمی مکتب بیزانس به‌نظر بازی‌های کودکانه نگریستند.»[۳۶]

کوره‌های مرتفع و روش کوبیدن مواد روز به روز نوتر می‌شد. فنون نظامی پی در پی تکمیل و لوازم جنگ و جدال کارسازتر شده، نقش تعیین‌کننده‌تری می‌یافت.

قانونمندی طبیعت را بشر با محدود کردن فکر خود در شناخت رابطه اشیاء کشف کرد. عقل جست‌وجوگر خستگی‌ناپذیر می‌نمود. همت طایر

قدس بدرقهٔ تلاش زمینیان شده بود. وسائل مکانیکی یکی پس از دیگری پا به عرصهٔ وجود و ظهور می‌گذاشتند. در کنار این پیشرفت، مدرسه‌های فنی ـ مهندسی رشد و توسعه یافت، کتاب‌های مختلفی در فنون مختلف نوشته شد و مکرر چاپ شدند مثل کتاب *فن آتش* (۱۵۴۰)، کتب قدما پا به عرصه وجود نهادند و مکرر چاپ خوردند. کارخانه آهن سفید نورنبرگ در ۱۵۵۲ شروع به‌کار کرد، دستگاه ضرب مسکوکات در ۱۵۳۰ مورد بهره‌برداری قرار گرفت و در سال ۱۵۷۸ ماشین حدیده برای ساختن سیم‌های فلزی ساخته شد. «بر همه این اختراعات باید انتقال حرکت ماشین‌ها راکه برای تبدیل حرکت مستقیم به حرکت دورانی و بالعکس به‌کار می‌رفت افزود....»[۳۷] پشم‌ریسی و کارخانه‌های منسوجات و دستگاه‌های آن پی‌درپی تکمیل و توسعه یافتند. تلمبهٔ آتش نشانی (۱۵۱۸)، ماشین برش علوفه (۱۵۲۴)، کشتی پره‌دار (۱۵۳۴)، تفنگ چخماقی (۱۵۲۵)، پل معلق (۱۵۵۰)، مدادهای مغز سربی (۱۵۶۵) به‌اضافهٔ اندیشمندانی چون توماس مور، لوتر، کالون، ماکیاولی، همه و همه محصول اروپا در نیمه اول قرن شانزدهم است؛ یعنی حدود زمان شاه طهماسب صفوی و اوج قدرت قزلباشان و جامعه قبیلگی. اروپا به دنبال «فایده» می‌رفت، چیزی که بتواند نتیجهٔ آن را در زندگی این جهان ببیند. و آن را هم در فرهنگ کار و تلاش شبانه روزی و عقلانی‌کردن آن و توسعه صنایع که همه ابزار قدرت‌اند می‌دید. «اروپایی در این راه متوجه شد که مراجعه به ارسطو کار او را نمی‌گشاید، از این‌رو همه را کنار گذاشت.» علم از این پس ابزار کار بود و نه وسیله تفنن فلاسفه، به همین خاطر نیز به خدمت زندگی عمومی آمد و همه‌جایی شد.

از طرف دیگر بین این صنایع و قالب‌های اجتماعی آن و قدرت دولت (به معنی حاکمیتِ صرف سیاسی) به جهات مختلف ارتباطی عمیق پیدا شد و چنان شد که دولت‌ها حیات خود را در نظم صنعتی و حمایت از ساختار آن دیدند. و نمونه‌های زیادی امثال کلبر و ریشیلیو در جهان غرب

پیدا شدند که در پی ورزیده کردن مردم در «کار» بودند. کلبر سیاست خود را بر پایهٔ «ورزیده کردن مردم در کالای کار»[۳۸] گذاشته بود. و منظور وی این بود که هم در نفس کار کردن و [هم در] تولید مردم را ورزیده کند. آن «کار و صنعت» را نیز محصولی فرض می‌کردند که به‌طور شبانه‌روزی و با قانونمندی می‌بایستی در پی کسب آن بود و به همین جهت سیاست دولت را در مسیر رشد صحیح آن قرار می‌دادند. خود کلبر که نخست وزیر لویی چهاردهم و هم‌دورهٔ شاه‌سلطان‌حسین بود و همین طور ریشیلیو، روزانه ۱۶ الی ۲۰ ساعت کار مفید عقلانی می‌کردند که حاصل آن به‌طور مشهود در افزایش ثروت ملت فرانسه دیده می‌شد.

فوران اختراع و اکتشاف و مبانی اجتماعی آن

تفنگ کم‌کم تکمیل شد و به صورت مسلسل درآمد. هم دقت و هم بُردِ آن زیاد شد. توپ نیز با کالیبرها و بُردِ متفاوت در حال تکمیل شدن بود. توپخانه در سال ۱۶۷۰ جزء سازمان ارتش فرانسه شد. کارخانه‌های اسلحه‌سازی شکل و شمایل جدید به خود گرفتند و هم از نظر کمی و هم از نظر کیفی در حال رشد روزمره بودند. همراه با اینها کشتی‌رانی و آبراه‌سازی رو به توسعه و پیشرفت بود. در سال ۱۶۳۸، در فرانسه، کشتی‌ای به آب انداخته شد که هفتاد متر طول و پانزده‌متر عرض داشت و هفتادودو توپ را حمل می‌کرد. و مجموع مساحت بادبان‌های آن پانزده‌هزار متر بود.

کشتی‌های خروشان اقیانوس‌پیما، با مردانی جسور، ماجراجو و بی‌باک پا به عرصه گذاشتند که به دنبال اسم و آوازه و قدرت و ثروت به هر سو روان بودند. از طرف دیگر حمل و نقل زمینی و جاده‌سازی به صورت جدی جزئی از مشغولیات فکری و عملی دولت‌های اروپا شد و آن را از ابزارهای رشد و قدرت توسعه اقتصادی و نظامی خود می‌دانستند. این کار بیشتر از طریق فشار به مردم و بیگاری گرفتن از آنها

صورت می‌گرفت. در راه پیشبرد اهداف خود از به سختی افتادن ملت که لازمهٔ توسعه بود ابایی نداشته بدان شایق بودند. کالسکه‌سازی و حمل ونقل زمینی با دلیجان رو به توسعه نهاده و توسعهٔ پست که نشانی از توسعهٔ فعالیت‌های اقتصادی است به‌طور جدی شروع شد. در زمینهٔ کشاورزی و مواد غذایی توسعه‌های چشمگیری به‌وجود آمد. در قرن هفدهم اختراعات گذشته ادامه یافت. در شیشه‌سازی، آینه و بلور کریستال، فرش‌بافی و ... پیشرفت‌های پی در پی انجام گرفت. اروپاییان باور کردند که ترقی فنی مساوی است با ثروت و قدرت. (چیزی که دنیای سومی‌ها هنوز نفهمیده‌اند و می‌خواهند آن را با پول بخرند و بیشتر آن را باژگونه می‌فهمند، یعنی پول معادن را که خود نحوهٔ تولید و استخراج آن مدیون تلاش دیگری است بدهند و صنایعی بگیرند و صنعتی شوند و با صاحبان آن درآویزند و بالاخره خودشان نشسته و آقایی کنند.) از اینجا نیاز غرب به کشورهای دیگر برای فروش مصنوعات و خرید مواد اولیه جدی می‌شود. در اینجا دست‌اندازی‌ها به نقاط دیگر جهان شکل می‌گیرد. صنعتگر غربی که نیاز به بازار خرید و فروش داشت خود را در صحنه خارجی در این منطقه رقیب صنعتگر هندی و ایرانی یافت. نیاز به بازارهای مواد اولیه او را رقیب تولیدکنندگان قرار داد. و چون برای ثبات کار خود نیاز به سیاست‌گذاری در مبادله تولیدات جهانی داشت تصمیم گرفت با دانشی که در این زمینه جمع آورده بود، به طرق مختلف نظر خود را بر سیاست‌های محلی تحمیل کرده و دولتمردان محلی را ابزار کار خود کند. و این زمانی بود که به‌صورت مدام از پشت جبهه تقویت می‌شد.

کم‌کم ماشین بخار قدرت غیر قابل تصوری به پشت جبههٔ او روان کرد و در مراحل بعدی الکتریسیته به‌عنوان انقلاب دوم کار او را تسریع کرد. همزمان ماشین‌های خودکار در تمام اقطار اروپا دودکش‌های خود را بر زمین کوفتند. مدیریت جامعه در تمام ابعاد رو به اصلاح می‌رفت، روش‌های تجربه‌پذیر و عقلانی کردن کار توسعه می‌یافت. تجربه تنها

ضامن تصحیح روش‌ها بود. کار در معادن و کارخانه حداقل پانزده ساعت در شبانه‌روز بود. برای اولین بار بشر یاد گرفت که تا صبح کار کند. در زمان اختراع برق، نیمی از اروپاییان شب را تا به صبح کار می‌کردند. کارخانه‌ها و معادن از نیروی کار زن و بچه، در شب و روز، بی‌نیاز نبود.

پیشرفت‌های زیادی در چاپ و تولید مرکب و کاغذ به‌وجود آمد و روزنامه و کتاب به‌عنوان بازار انتقال اطلاعات در جامعه سنتی، گسترش عمومی یافت. انتقال دانش در جامعهٔ صنعتی از ضروریات تشخیص داده شد. آموزش عمومی بالا گرفت و زندگی اجتماعی تخصصی شد. بدیهی است برای اداره بخش‌های پیچیده زندگی صنعتی نیاز به آموزش مدام و همگانی جزو اجزای لاینفک جامعه است. اینها در حالی بود که زغال‌سنگ و کک به کمک فولادسازی آمدند. بانک‌های بزرگ به کمک سرمایه‌داران شتافتند. فولاد و چدن به یاری بازوان توانا و افکار خستگی‌ناپذیر روان شدند و آنها را به تخت سلطنت و قدرت رساندند و بافت اجتماع صنعتی را با مفتول‌های خود محکم کردند. از طرف دیگر اروپا برای تغذیه این صنایع، که همچون اژدها از هر گوشه‌ای سر در می‌آورد و تمام فنون و علوم را می‌بلعید، وابستگی‌اش هر لحظه به دنیای جدید بیشتر می‌شد.

ظرفیت ناوگان دریایی انگلستان در ۱۵۸۵ به میزان یکصد هزار تن بود که در ۱۷۶۰ به ۳۲۵ هزار تن رسید. در اواسط قرن هیجدهم ناوگان تجاری انگلیس متشکل از شش هزار کشتی به ظرفیت پانصد هزار تن بود که صد هزار جاشو در آن مشغول به‌کار بود و این درست زمان کشمکش زندیه بر سر تاج نادر بود. در ۱۷۲۰، یعنی دو سال قبل از سقوط شاه سلطان‌حسین، انگلستان سالانه ۵۰,۰۰۰ تن[۳۹] آهن مصرف می‌کرد، که، اگر جمعیت آن روز انگلستان ۱۰,۰۰۰,۰۰۰ نفر باشد، مصرف سرانه آهن پنج کیلو در سال بوده است، در حالی‌که در سال ۱۹۸۸ ایرانیان به کمک پول نفت تولید سرانه‌ای معادل ۱/۵ کیلو داشته‌اند.[۴۰] تولید آهن

انگلستان در ۱۷۸۰ به حدود ۱۰۰،۰۰۰ تن در سال می‌رسد.

بین سال‌های ۱۷۰۰ تا ۱۷۵۰ صنایع داخلی انگلیس ۷٪ و صنایع صادراتی تا ۷۶٪ رشد داشته‌اند.[۴۱] این رشد بین سال‌های ۱۷۵۰ تا ۱۷۷۰، یعنی زمان کریمخان زند، به ترتیب ۷٪ و ۸۰٪ بود.

در قرن نوزدهم، یعنی قرنِ اول حکومت قاجاریه، صادرات آهن انگلیس به ۱۳/۲ میلیون پوند و فولاد به ۳۷/۴ و پنبه به ۷۷/۴ میلیون پوند می‌رسد و بین سال‌های ۱۸۳۰ تا ۱۸۵۰، یعنی زمان محمد شاه و حاج میرزا آقاسی، بیش از ده هزار کیلومتر راه‌آهن در انگلستان کشیده می‌شود. تولیدات انگلیس مطابق ارقام زیر رشد داشته است[۴۲]:

سال	تولید آهن	تولید فولاد	تولید زغال‌سنگ
۱۸۵۰	۲۲۵۰*	۴۹	۴۹۰۰۰
۱۸۸۰	۷۷۵۰	۱۴۴۰	۱۴۷۰۰۰

* ارقام به هزارتن

کارگران تعدادشان افزایش یافت و کار سخت بود، مدیران سخت‌کوش و عقلانی بودند، کوچکترین بی‌دقتی و سستی مساوی با از بین رفتن در دنیای رقابت بود. به قول پل والری، اروپا در یک چیز خلاصه می‌شد و آن به‌کارگرفتن «حداکثرها» بود: به‌کارگرفتن حداکثر نیروی فکری و جسمی آدمی؛ به‌کارگرفتن حداکثر نیروهای طبیعت و بالاخره «هر جایی که روحیه اروپایی حاکم است، آنجا حداکثر نیازها، حداکثر کار، حداکثر سرمایه، حداکثر بازدهی، حداکثر بلندپروازی، حداکثر قدرت، حداکثر دستکاری در قوای طبیعت خارجی و حداکثر مبادلات به ظهور می‌رسد. این حداکثرها یعنی اروپا یا تصویری از اروپا.»[۴۳]

و اما برای تحقق آن، روشنفکران شب و روز با حداکثر توان کار می‌کردند و دولتمردان در کارکردن دست کمی از دیگران نداشتند. غیر از

نمونه‌های مذکور، از پیت اول و دوم نخست‌وزیران انگلیس می‌توان نام برد که به توصیفی که پیش از این از مردم انگلیس شد باز هم قانع نبودند و می‌گفتند «شما هم ملتی بشوید، همه چیز را فراموش کنید جز منافع عموم را.»[۴۴] و هر دو سَمبُلِ کار و فداکاری بودند و دوران نخست‌وزیری آنها مصادف با رشوه‌گیری سلسلهٔ زندیه از انگلستان و سامان دادن تجارت آنهاست.

در این برهه از زمان، انسان خود تبدیل به کالایی شد که در بازار رقابت خود را عرضه می‌کرد و به میزانی که خاصیت تولیدی داشت ارزش داشت و مزد می‌گرفت، اینجا بود که حمل و نقل و فروش انسان نیز به‌عنوان کالا مطرح شد.

کار مزدوری به نحوی در جهان صنعتی سامان گرفت و با چنان فرهنگی عجین شد که هنوز که هنوز است در کشورهای دنیای سوم سراغی از آن نمی‌توان گرفت. دنیای سومی‌ها که بیشتر به‌عوض کار کردن از فروش منابع تغذیه می‌کنند و گرسنگی را تحمل کرده‌اند، کار سنتی و بدون رقابت و بدون بهره‌وری را کار صنعتی تلقی کرده و بر این گمان‌اند که با این نحوه کار کردن می‌توانند گرهی از مشکلات خود بگشایند.

در اوایل رشد صنعت، همه مدیون نیروی کارند و صنعت «پس آینده» نیروی خلاق کار است. در این رابطه، همهٔ انسان‌ها به‌صورت رسمی و غیررسمی به بردگی گرفته شده و همه اجیر شده، با میخ فولادی کوره‌ها به سر چهارچوب صنعت کوبیده شده بودند. در قرن شانزدهم، دنیای رنسانس، یک میلیون برده را جابه‌جا کرده به کار گرفت. در قرن هفدهم سه میلیون، و در قرن هیجدهم هفت میلیون نفر را خرید و فروش و جابجا کردند. و این ظاهر کار بود، در عمل همه این‌گونه کار می‌کردند والا امکان نداشت انگلیسی‌ها بتوانند در دوران صفویه، با آن وضع راه‌ها و امکانات حمل و نقل، کالاهای ساخته خود را در تمام نقاط ایران و بلخ و خوارزم و بخارا به پول تبدیل کنند و طلا و نقره حاصل از آن را به اروپا سرازیر

نمایند. اریک هابزبام وضع کار را این‌گونه به تصویر می‌کشد: «... برخی دیگر به گونه‌ای روزافزون در دهکده‌های خوگرفته به توحش و جنایت‌خیز، سرشار از زنان و مردان، با ضرب پتک و میخ و زنجیر دیگر کالاها را می‌ساختند، و همه به تباهی کشیده می‌شدند. در دادلی و ورکسترشایر متوسط امید زندگی بعد از تولد در ۵۰ـ۱۸۴۰ هیجده سال و نیم بود» و از قول یک کشاورز شورشی این‌طور نقل می‌کند: «اینک منم، میان آسمان و زمین، پروردگارا به یاریم بشتاب، بهتر می‌دانم بمیرم تا این‌چنین که هستم به خانه روم، من نان می‌خواهم... این شوربختان، فریب‌خوردگان، ستمدیدگان و آدمیانی درهم خرد شده، شیارهای خون‌چکان جامعه را پوشیده بودند.» و از این نمونه بسیار است که حکایت از این دارد که مرد و زن و کودک، پیر و جوان، شب و روز به دنبال لقمه نانی در دل این کارخانه‌ها محو می‌شدند.

وکم گویا نیست این سخن جلال که در ابتدای غرب‌زدگی آورده است که:

تو شانزده تُن بار می‌زنی
و آنچه به‌جایش داری اینکه یک روز پیرتری
و تا خرخره در قرض فرو رفته‌تر
آهای پطرس مقدس
ما را به مرگ مخوان
ما نمی‌توانیم بیاییم
ما روحمان را به انبار کمپانی سپرده‌ایم
آهای پطرس مقدس
ما را به مرگ مخوان
ما نمی‌توانیم بیاییم
ما روحمان را به انبار کمپانی سپرده‌ایم

از زاویه دید معرفت‌شناسی

مردان بزرگ خلاق و مبدع نبوده‌اند بلکه به منزله قابله‌هایی بودند برای آنچه روح زمان بدان آبستن بود.[۴۵]

در جوامع صنعتی به تناسب تحولاتی که در متن جامعه در زمینه صنعت و تجارت یا به‌طور کلی توسعه و پیشرفت اقتصادی انجام می‌شد، متفکرانی نیز پدید می‌آمدند که در اوج قله دانش، مقوله‌هایی از زندگی اجتماعی را مورد بحث قرار داده و به صورتی منظم (تئوریزه) می‌کردند. کیفیت ارتباط علوم انسانی و به‌طور کلی علوم و پیشرفت آن با قالب‌های اجتماعی آن بر کثیری از دولتمردان و روشنفکران و اهل علم جوامع دنیای سوم پوشیده است.

و این امر موجب اشتباهاتی در صحنه زندگی اجتماعی این جوامع می‌گردد، که در بسیاری از موارد، خسارت آن برای جامعه جبران‌ناپذیر می‌نماید. در مرحله اول، بسیاری از روشنفکران پیشرفت اروپا را ناشی از پیشرفت علم تلقی می‌کنند و این نوعی «تلقی باژگونه» است. چنین تلقی موجب می‌گردد که این جامعه خود را به صورت ظاهر به آخرین پدیده‌های علمی مجهز کند در حالی‌که از پیشرفت اجتماعی چیزی عایدش نمی‌گردد، این به‌دلیل همان «تلقی باژگونه» است. در تمام رشته‌ها آخرین دست‌آوردهای علمی را ترجمه و به دانشگاه‌ها می‌آورند، ولی فارغ‌التحصیلش کارایی چندانی ندارد.

واقعیت آنچه در تاریخِ جوامع صنعتی رخ داد این است که پیشرفت‌های علمیِ همراه تحولات اجتماعی و در پاره‌ای از موارد متعاقب آن مرجع رفع مشکل سرمایه‌داری قرار گرفت. در علوم انسانی رابطه تنگاتنگی بین تحولات اجتماعی و تئوری‌های علمی وجود داشت. و یکی از دلایلی که این تئوری‌ها کارایی چندانی در ایران ندارند این است که بدون توجه به قالب‌های اجتماعی آنها اقدام به انتقال علوم کرده‌اند و این مسئله در مورد نهادهای اجتماعی-سیاسی نیز صدق می‌کند. در اینجا

چون لازم می آید ارتباط بین علوم، خصوصاً علوم انسانی و قالب‌های اجتماعی آنها، حتی به‌طور مختصر، مطرح گردد مسئله را از دید جامعه‌شناسی معرفت نگاهی می‌کنیم تا در مورد جامعه خود در مقابل مشکلات تا اندازه‌ای واقع‌بینانه‌تر عمل کنیم. در اینجا عصارهٔ بحث گورویچ[۴۶] را می آوریم. وی معتقد است که ارتباط کامل بین واقعیت‌های اجتماعی و نظام‌های مختلف معرفتی وجود دارد و اینکه پیشرفت جامعه بشری در بُعد مادی و معنوی حکم واحد دارد. قالب‌های اجتماعی در ارتباط تنگاتنگ با ذهن و معرفت بشرند و بدین اعتبار عقل و جامعه دارای یک ماهیت‌اند. اینکه در تمام زمان‌ها و در نزد همهٔ مردمان بین نهادهای اجتماعی و ایده‌ها و اندیشه‌ها، ارتباط دائمی و مستمری وجود دارد و اینکه ظرفیت مادی و معنوی بشر در هر جامعه‌ای برابر است. البته در مورد جوامع مصرفی مثل ایران، باید توجه به جنبه مصرفی علوم نیز داشت، که کارایی آن و ارتباط آن از مقوله مصرفی است و نه تولیدی. در این جامعه، معرفت و ساختمان آن تشابهی با معارف وارداتی ندارد، معارفی که در جامعهٔ ما کارایی عملی ندارند. در اینجا آن معرفت‌های جوشیده از متن اجتماع و در ارتباط با مردم کاربرد دارند. برای نمونه می‌توان از عدم کارایی روشنفکر ایرانی که مجهز به علمی است که با قالب‌های اجتماعی غرب ارتباط دارد نام برد، و از طرف دیگر از کارایی عملی معارف حوزه‌ای در رابطه با مردم که مثل قفل و کلید با یکدیگر سنخیت داشته و جوابگوی یکدیگرند. اگوست کنت معتقد بود معرفت، قدرت ساختن قالب‌های اجتماعی را دارد. دورکهایم بر این باور بود که حتی اندیشه‌های مجرد مربوط به زمان و فضا در هر مرحله از تاریخ خود ارتباط با ساختمان اجتماع دارد. اگر بخواهیم از این مختصر نتیجه بگیریم باید بگوییم معرفتی که در اروپا فوران می‌کرد در رابطه با فوران و جوشش اجتماع بود و معرفتی که در ایران طی دوران مورد بحث در جریان بود ناشی از رکود بطن و متن اجتماع بود. از طرف دیگر، از

حدود زمان میرزا تقی‌خان به بعد، علم و معرفت، وارداتی و مصرفی است نه تولیدی، و حاصل آن هم در عملکرد همه مشهود است. مگر نه این است که همگان معتقدند که در عمل می‌توان نظام اقتصادی جدید را با پول نفت و معدن خرید؟ این مگر بازتاب آن علم وارداتی و مصرفی نیست؟ و این مگر بازتاب آن «تلقی باژگونه» نیست؟ اینها که در فکر انتقال تکنولوژی هستند مگر نمی‌دانند که معرفت تکنیکی یکی از ابعاد معرفت علمی است؟ آیا به کنه گفته گورویچ پی برده‌اند که «معرفت تکنیکی شناختی ساده از ابزار برای رسیدن به اهداف مطلوب نیست»؟ به‌راستی در شناخت این نکته ظریف مانده‌ایم که: «...معرفت تکنیکی معرفتی کاربردی هم نیست ... معرفت تکنیکی آغشته به میل تسلط بر جهان و دستکاری آن، و به‌کارگرفتن و فرمان راندن بر آن است. معرفت تکنیکی عبارت از هر گونه تصرّف و تسخیر کارآمد نیروهای طبیعی و فرمانبر است. این معرفت حریص به دستکاری در هر چیز است و میل به نوآوری در آن متبلور می‌باشد. دانش آن ملهم از تسلط بر دنیاهای طبیعت و انسان و جامعه به‌منظور تخریب، نگهداری، سازمان‌دهی، برنامه‌ریزی و ارتباط و انتشار است.»[۴۷] این فرهنگی که به توصیف گورویچ همراه علم و معرفت تکنیکی است از قالب‌های جوامع صنعتی برمی‌خیزد و زمانی که دانش و تکنولوژی منتقل می‌شود، این قالب‌ها و فرهنگ آن در جامعه صنعتی می‌مانند و بدیهی است که در این انتقال، علوم و تکنیک و صنایع و تکنولوژی جوامع صنعتی، با قالب‌های جوامع کهن و سنتی همخوانی ندارند، به همین جهت عقیم می‌شوند و از کار می‌افتند.

اگر این ارتباطِ نظامِ معرفتی را با نظام اجتماعی بپذیریم که پذیرفتنی است، آن سخن هگل راست می‌آید که نوابغ قابله‌های روح اجتماعی زمان خود هستند. درواقع سخن گورویچ، اگوست کنت و دورکهایم و دیگران با سخن هگل هم معنی است. و همه در محتوا قابل انطباق کامل با این سخن ویل دورانت هستند که «در هر دوره‌ای افکار حاکم بر عصر،

محصول جزء به جزء مردمی بود که کم و بیش در گمنامی می‌زیستند، ولی این عقاید و افکار منتسب به کسانی می‌شد که آن راروشن کرده و متوافق ساختتند.»[۴۸] از طرف دیگر این سخن ناصرالدین‌شاه، که اعتمادالسلطنه نقل می‌کند، نیز خوب معنی می‌یابد که گفته بود «من وزیری می‌خواهم که فرق بین کلم و استکهلم را نفهمد» و در اواخر سلطنتش هم که مشکلات به او هجوم آورده بود گفت که «من پادشاه ده میلیون رعیت ایران نیستم، بلکه پادشاه شپش‌ها و قورباغه‌ها و گنجشک‌ها هستم.»[۴۹]

آنچه در اندیشهٔ نوابغ می‌گذرد به تعبیری انعکاس آن چیزی است که در جامعه می‌گذرد. پس می‌بینیم در اروپا ریشه‌های علوم امروز و ارتباط آن با جامعه چگونه شکل گرفت.

نهضت عقلانی و بذر تردید در عقاید کلیسا

به‌طور بسیار مجمل گفته‌هایی از ویل دورانت در جلد سیزدهم تاریخ تمدن می‌دهیم: «در جنگ‌های صلیبی و قبل از آن روابط شرق و غرب موجب بیداری غرب شد. شکست عیسویان در [جنگهای] صلیبی دوم ۱۱۴۸ میلادی موجب شد که اینجا و آنجا شکاکیون جمهوری اصول و مبانی کلیسا را مورد سؤال قرار دهند. بذر تردید در اذهان مردم عادی بارور گردید. اضمحلال جنگ‌های صلیبی ۹۱ـ۱۱۲۱ میلادی هیچگونه تسلی خاطری برای دیانت کلیسا نبود. متفکرین در توضیح این فقره ممارست فراوانی داشتند که به چه دلیل خداوند راضی به شکست مدافعین یک چنین امر مقدسی گردید و فقط توفیق را نصیب مردم شرور کرد. شکاکیونِ گستاخ مدعی شدند که قصور در جنگ‌های صلیبی کذب دعاوی پاپ را می‌رساند، که خود را حاکم مطلق روی زمین می‌داند.»

تضعیف معتقدات بی‌پایه از طرفی و آشنایی با صناعت و بازرگانی و تحولات اقتصادی از طرف دیگر، شروع به لرزاندن ستون‌های کاخ کلیسا کرد. و این زمانی اوج گرفت که ظاهراً کلیسا از همه وقت ابزارهای قدرت

را بیش از پیش در انحصار دستان بی‌کفایت خود داشت و بیش از همه‌وقت نیز به هراس افتاد. پنج قرن از عظمت بلامنازع کلیسا می‌گذشت. راجر بیکن که منادی رجوع به عقل و مشاهده و تجربه بود، چنین نوشت: «هرگز جهل به این اندازه نبوده است ... در این زمانه معاصی به‌قدری حکمفرما گردیده که در هیچ‌یک از اعصار گذشته نظیرش دیده نشده است ... فساد ... هرزگی و شکم‌بارگی را نهایتی نیست... در عین حال ما از تعمید و مکاشفهٔ عیسی برخورداریم ....» و همین‌گونه اعتراضات در گوشه و کنار بچشم می‌خورد. و زمانی که گستاخی به اینجا رسید پاپ نیکلاس سوم نیز در مقابل، در ۱۲۸۰م چنین دستور صادر کرد: «ما عموم ملاحده، مانند پیروان فرقهٔ کاتاری، پاتارین، گدایان لیون و امثالهم ...را لعن و تکفیر می‌کنیم.» البته اینها کسانی بودند که در اندیشه‌های کلیسا بذر تردید می‌پاشیدند. در مورد کسانی که اینان را اجازه دفن و کفن دهند، گفت: «... محکوم به حکم تکفیر خواهند شد مگر آنکه به‌خوبی رضایت خاطر کلیسا را جلب نمایند. چنین کسانی مورد بخشایش قرار نخواهند گرفت مگر آنکه با دستان خویش ابدان به‌گور سپردهٔ آن اموات را از زیر خاک بیرون آورند و به دور افکنند ....» بالاخره پاپ از ابدان و گورها نیز نگذشت و از کشتن و زندان ابد و زنده در آتش کردن دریغ نکرد. همان‌طور که پاپ مجازات‌ها را به اوج می‌رساند قدرت‌اش رو به زوال می‌رفت و هر چه مردم را از بحث «دربارهٔ مسائل مرتبط با آیین کاتولیک بازمی‌داشت» و عاملین آن را می‌کشت، دایره آتش اعتراض گسترده‌تر می‌شد. و بالاخره متفکرین و توده مردم راه خود را تغییر دادند. مردم فرانسه از فیلیپ چهارم علیه پاپ حمایت کردند و متفکرین نیز یکی پس از دیگری هیزمی به خرمن آتشی انداختند که قصر پاپ را به تل خاکستر تبدیل کرد![۵۰] و به مرور از دامنهٔ کار کلیسا کاسته بر وسعت کار تجربه و مشاهده امور تعقلی دنیایی افزودند. ماکیاولی سیاست را از اخلاق جدا کرد. لوتر و کالون مردم را به دنبال کار فرستادند و به‌مرور که در ساختمان

اجتماع اروپا تغیرات حاصل می‌شد بر فراز قله‌های معرفت نیز، تک ستاره‌هایی، فرهنگ آنها را به‌صورت تئوریک منسجم می‌کردند.

فرانسیس بیکن (۱۶۲۶ـ۱۵۶۱) با این جملات پایان تفکر کلیسا را اعلام داشت: «اگر انسان هوش و ذهن خود را به ماده صرف کند، در آن کار می‌کند و از حدود آن تجاوز نمی‌نماید.»[۵۱] این «تواناترین مغز قرون» اعلام کرد اروپا به سن بلوغ رسیده است، در پس تفکرات او انگلستانِ عهد الیزابت بود و سیطرهٔ بلامنازع انگلیس بر تجارت خارجی و دریاها و آن هم پس از شکست اسپانیا (۱۵۸۸).

وی ذهن را مأمور یافتن روابط اشیاء از طریق تجربه کرد و اعلام داشت که داشتن طلا ارزشی ندارد، چون هر کس آهن و پولاد بیشتری داشته باشد این طلاها را خواهد گرفت، او ذهن را متوجه نیرومندی و قدرت اقتصادی از طریق دسترسی به معادن و استفاده از آن نمود. به بشر آموخت که رنج، تحمل، دقت، تکرار، نوآوری و خلاقیت رمز پیروزی است. آموزش کلیسا را از آنجا مردود می‌دانست که روحیه شکاکیت و نوآوری را عرضه نمی‌داشت، بلکه پیروی صرف شاگردان از استادان را می‌خواست. او بود که گفت میان علم و عمل و مشاهده فرقی نیست. و می‌گفت که نمی‌خواهد آیینی نو بیاورد بلکه در صدد گشودن راه «فایده و قدرت» است.[۵۲]

اینجاست که برای اولین بار صدا و آهنگی نو به‌گوش می‌خورد: «نمی‌توان بر طبیعت مسلط شد مگر اینکه طبیعت به فرمان ما باشد.»[۵۳] بیکن آرزومند این بود که 'بخت'، 'شانس'، 'تصادف' و 'اتفاق' از قاموس فرهنگ حذف شود. «ما نیازمند انقلاب بی‌رحمانه‌ای هستیم که باید در زمینهٔ افکار و روش و تتبعات ما صورت گیرد.»[۵۴] اما انسان به‌عنوان مدیر و مبین طبیعت آن اندازه از نظم طبیعت می‌تواند آگاه شود که مشاهدات او به وی اجازه می‌دهد، ولی بیشتر از آن نه می‌داند و نه شایسته دانستن است.

گویا بیکن می‌دانست که تا ۴۵۰ سال بعد هم گفته‌هایش برای مردم جهان سوم تازگی دارد و از فهم و تحقق آن عاجزند که در وصیتنامهٔ خود نوشت

«من روح خود را به خدا، جسم خویش را به گور و نام خویش را به قرن‌های بعد و اقوام جهان تقدیم می‌کنم.»

بعد از این، متفکرینی مثل دکارت و گالیله سعی کردند قوانین ریاضی و مکانیکی را، به استثناء خدا و روح، بر عالم حاکم بدانند، و به کمک آن تفسیر کنند. همهٔ جهان را به مثابه ماشینی می‌دانستند که اگر رموز کار کردن آن را بدانند می‌توانند سوار آن شوند. ویکر و اسپینوزا با یک ظرافت خاصی قدس آسمان را از طبیعت خاکی جدا کردند. و با وضع علل اولیه و ثانویه، که اولی ناشی از مشیت الهی و دومی حاکم بر جریان زندگی خاکی است، تکلیف خاکیان را روشن نمودند. اسپینوزا عقیده داشت که اولین هدف باید عبارت از «درک اعمال انسانی باشد، نه گریستن بر آنها یا منفورداشتن آنها.»[۵۵] وقتی که اسپینوزا قدس آسمان را از طبیعت خاکی جدا می‌کند و تعابیر و تفاسیر جدیدی از سیاست و اخلاق و اجتماع و قانون می‌کند، در تمام نوشته‌های او روح پویایی زمان منعکس است. او همه دنیا را به صورت مکانیکی تفسیر می‌کرد. مجامع دینی یهود تحمل چنین گستاخی و تهوری را نیاورد و او را لعن و نفرین کرد و در لعنت‌نامه وی نوشت، ما تمام لعنت‌های سِفر* احکام و قوم یهود را نثار او می‌کنیم و به این بسنده نکردند و به نام فرشتگان و اولیاء دین و در حضور کتاب مقدس او را تفسیق و تکفیر کردند و از حواله کلیه بلیات سماوی و ارضی بر او ابایی نداشتند.

بعد از این، جمع‌بندی افکار و اعمال مردم اروپا به‌عهدهٔ ولتر (۱۷۷۸ـ۱۶۹۴) واگذار می‌شود. وی در آستانه انقلاب صنعتی گفت «اشتغال نداشتن به کار با زنده نبودن یکی است.» «همه خوبند جز مردم تنبل»[۵۶] و «به ملت کار بیاموزید تا شریف و نجیب شوند.»[۵۷] او فقط به «وقت» خود بخل می‌ورزید.

---

* کتاب، هر فصل از کتاب تورات.

آخرین نماز در بامداد جنگ

مبانی و شکل جامعه صنعتی در حال تحکیم است. ولتر چنین نتیجه‌گیری می‌کند: «آنکه می‌خواهد زندگی را در این جهان بر خود هموار سازد باید تا آنجا که می‌تواند کار کند... هر چه سن من بیشتر می‌شود، بیشتر به لزوم کار پی می‌برم، کار در طول جریان خود بزرگترین سرگرمی می‌گردد و جای همه آرزوها و احلام و رویاهای زندگی را می‌گیرد ... اگر نمی‌خواهید خودکشی کنید همیشه خود را با کاری سرگرم کنید.»[۵۸]

و این نمازی بود که ملت فرانسه در بامداد جنگ خود خواند و بعد از آن جهان را، و از آن جمله جهان اسلام را، مورد هجوم قرار داد. چند دهه بعد از استماع سخنان ولتر که به پشتیبانی ملت فرانسه گفته شده بود، کشورهای اسلامی یکی پس از دیگری در مقابل فرانسه به زانو درآمدند. و با شلاق آن رام شده آن را به تخت روان گذاشتند و خواسته‌هایش را تأمین کردند. واقعی‌ترین تحلیل جامعه‌شناختی معرفتی دربارهٔ ولتر در گفتهٔ ویکتور هوگو نهفته است که «نام ولتر مشخص و مبین تمام قرن هیجدهم است.»

کشیدن سنگ زیربنا

در تمام مباحث این قرن عقل‌گرایی، علم، پیشرفت و ترقی پای ایمان را به صور مختلف به میان کشیده بود. طرفداران هر طرف در تلاش بودند تا سنگ زیربنای تفکر طرف مقابل را بکشند و اگر بتوانند بنای فکری حریف را از بُن برکنند. هر کدام از این جناح‌ها در این فکر بودند که بنای اندیشهٔ خود را بیش از پیش مستحکم کنند. جنگی که در ساختمان و بافت اجتماع در جریان بود و داشت بافت کهن را درهم می‌ریخت و بافتی نو جایگزین می‌کرد، در عالم افکار منعکس شده بود. این مباحث در مجموع هنوز در ایران شروع نشده است و نظام اجتماعی دچار لرزش جدی نشده و هنوز آتشی به خرمن آن افکنده نشده، هر چند احتمال آن می‌رود که

طلیعه آن درگیری فکری در همه ابعاد آغاز به کار کند.

به هر جهت، در این قرن، برکلی، روسو، لاک، هیوم و ... هر کدام دیدگاهی خاص دارند. روسو هیچ علاقه‌ای نداشت شاهد پیشرفت عقلانی و علمی باشد، چون آن را سخت بی‌رحم، حسابگر، خشک، دقیق، کوبنده، مخالف احساس و ویرانکننده می‌دانست که بر بزرگ و کوچک رحم نخواهد کرد. علم را بدان سبب دوست نمی‌داشت زیرا رقابت تا بن دندان مسلح را تجویز می‌کرد. وی کارش به‌جایی رسید که گفت «انسان متفکر حیوان فاسدی است.»[59] وی آرزو می‌کرد که پیشرفت علم متوقف شود. البته این تعابیر روسو (۱۷۷۸-۱۷۱۲) قبل از تئوری‌های داروین، مالتوس و هربرت اسپنسر بود. در زمان اینان، اروپا هم در تئوری و هم در عمل، دوران وحشت را می‌گذراند. این زمان مصادف با ایامی بود که اروپاییان با بی‌رحمی تمام به همهٔ جهان حمله‌ور شدند. در ایران قتل قائم‌مقام، امیرکبیر، و قراردادهای ترکمانچای و جنگ هرات، بازتاب وضع اخیر اروپا است.

اما در طرف مقابل، «عقلیون» بر این عقیده بودند که به کمک عقل خواهند توانست مشکلات بشر را مرتفع کنند. اینها کار را به جایی کشاندند که شاهدیم.

کانت حدود کار عقل را مشخص کرد. در مورد کتاب او که دویست سال بعد به فارسی ترجمه شد، نوشتند «*نقدِ عقل محض* (یا سنجش خرد ناب) اعتماد عالی قرن هیجدهم را به عقل و علم نشان می‌دهد و برای مدینه فاضله راهی جز تعلیم عمومی نیست.»[۶۰]

فعالیت‌های بشر در تمام زمینه‌ها مبتنی بر روابط اجتماعی خاص، سر و سامانی جدید به اروپا داد. علماء در زمینه‌های مختلف آن رفتارها و پندارها را تنظیم کردند. آن اعمال با این پیشرفت علوم تلفیق شد و خدای کلیسا را همراه با خانواده بوربون‌ها از تخت سلطنت فرانسه در ۱۷۸۹ به زیر کشیدند و آن را متلاشی کردند. کفر چنان باب روز شده بود که

کشیشان را نیز دلباخته خود کرده بود. و این حملات به حصار ایمان مرسوم، چیزی برای آن به‌جا نگذاشته بود. حال نوبت این رسیده بود که خود این عقل که این چنین بی‌باک به همه صحنه‌ها می‌تازد مورد ارزیابی قرار گیرد. حال «عقل» را که تمام امیدهای کهن را به دادگاه کشید و اعدام کرد، می‌بایستی به محکمه کشید. کانت به داد عقل و ایمان هر دو رسید و میزان توانایی و زمینه هر یک را روشن کرد.

از طرف دیگر اصحاب دایرةالمعارف، عقل‌گرا و محصول عصر روشنگری بودند. اینان موظف به تئوریزه‌کردن این بخش از تفکرات جامعه بودند که هدف اعمال انسان جست‌وجوی لذت است و عقل وی را در این زمینه راهنماست. «در این آشفته بازار» «کانت هم ایمان را از دست عقل نجات داد و هم علم را از دست شک و تردید» رها ساخت. وی راه تجربه و آزمایش را از راه اخلاق تفکیک کرد. و همین‌طور راه فلسفیات را نیز مجزا نمود. کانت زمانی که می‌گفت باید بدانید که همهٔ پیام‌ها که وارد ذهن می‌شود مقبول نمی‌افتد، بلکه پیام‌هایی مقبول می‌افتد که با وضع فعلی ما سازگار باشد، درواقع این نکته را بیان می‌کرد که تمام آن مباحث علمی، ناشی از تحولات اجتماعی تودهٔ گمنامی است که نسج آن را می‌بافتند.

زمانی که وی می‌گفت «محسوسات و تصورات مثل خادمان گوش به‌فرمان ایستاده‌اند و فقط هنگامی می‌آیند که ما به احضار آنان ضرورتی احساس کنیم»، در واقع این نکته را یادآوری می‌کرد که علت هجوم مردم اروپا به این مباحث عقلانی، ظنون و شکوکی است که مردم اروپا بر پیکر زندگی زده‌اند و دیگر حاضر نیستند با تسلیم به فرمان‌های اسرارآمیز عاطفی از حل و فصل امور بمانند و گشاد و بست آن را به مبدأ دیگری حوالت کنند، بلکه خود خواهان درک و تصرف در آن‌اند. زمانی که در غرب قدرت، ثروت، لذت، توانایی، پیشرفت، ترقی و رفاه مقصد است، طبعاً محسوسات و علومی احضار خواهند شد که به این اهداف جامهٔ

عمل بپوشانند. و از بقیهٔ اسرار و پیچیدگی‌ها و رموز که به کار این‌گونه فرهنگ نمی‌خورد چشم‌پوشی، بلکه از جلوی راه آن برداشته می‌شد. زمانی که کانت می‌گفت: «... این محسوسات از هزاران راهِ مختلف با یک کثرت در هم برهمی به‌ما می‌رسد و ما این بی‌نظمی گیج‌کننده را بر طبق اغراض و مقاصد خود منظم می‌سازیم... و وحدت می‌بخشیم، پس ما و ذهن ما و شخصیت ما بر این دریای پر هرج و مرج پرتو نظم و ترتیب می‌افکند.»[۶۱] به‌راستی برخورد فرد اروپایی را با جهان خارج بیان می‌کرد که در حال نظم بخشیدن و تنظیم امور جهان صنعت و تکنیک و کشف رموز طبیعت بود. در لابه‌لای این گفتار بزرگان و آن رفتار اجتماعی جامعه، قدرت صنعتی و توسعه اقتصادی آینده را می‌توان دید. می‌توان به راحتی به جهالت و سخافت رأی کسانی زهرخند زد که قدرت اقتصادی غرب را ناشی از درآمد نامشروع استعماری آنها می‌دانند (هرچند که دارای اهمیت است).

مسئلهٔ بسیار جالب و نکته‌یابِ وی در رساله‌ای است که وی به طنز «صلح پایدار»ش نامید. وی در این رساله می‌گوید: «تنازع لازمهٔ پیشرفت است.» کم و بیش بزرگان علوم انسانی در غرب، به صراحت، متعرض این تنازع به عنوان واقعیتی غیرقابل اغماض شدند، که باز این خود نشانی است از آنچه در جامعه می‌گذشت. همگان به مرور نگاه عمیق‌تری به «روح جمعی جامعهٔ اروپا که حیات خود را در تنازع می‌دید» انداختند. کانت تنازع را وسیله‌ای دانست که طبیعت برای پیشرفت و تکمیل استعداد مخفی حیات به‌کار می‌برد «... مخلوطی از روح فردی و رقابت لازم است تا انسانیت به بقا و پیشرفت خود ادامه دهد... پس باید از این روح انفرادی و رقابت و خودخواهی و از این میل غیراجتماعی به تملک و قدرت سپاسگزار بود... انسان آرزومند اتفاق و یگانگی است، ولی طبیعت بهتر می‌داند که برای پیشرفت انواع چه لازم دارد. طبیعت خواهان تنازع است تاانسان مجبور شود نیروهای خود را از نو به‌کار اندازد و

مواهب و استعدادهای خود را به‌کار برد ...»[۶۲] روحیهٔ مردم آلمان را از لابه‌لای گفتار کانت می‌توان دریافت.

بعد از کانت سلطان بلامنازع فلسفه در اروپا تا سال فتح الجزایر (۱۸۳۰ میلادی) هگل است. در این زمان قدرت‌طلبی، زیاده‌خواهی، کار، انضباط، تنازع، رقابت و... به اوج خود می‌رسد. هگل باید همهٔ اینها را تلفیق کند. انقلاب فرانسه پشت سر گذاشته شده بود. «ناپلئون منادی دور ریختن کفش‌های کهنهٔ افکار دوران طفولیت و شستن تشکیلات بی‌حاصل در حمام انقلاب بود.» هگل همهٔ جهان را در اضداد خلاصه کرد. وی می‌گفت در فکر، روح، اشیاء و دستگاه اجتماعی ـ اقتصادی این تضاد است که حاکم است. «نزاع و شرّ، امور منفی، ناشی از خیال نیستند بلکه امور کاملاً واقعی هستند و در نظر حکمت، پله‌های خیر و تکامل‌اند، تنازع، قانون پیشرفت است، صفات و سجایا در معرکهٔ هرج و مرج و اغتشاش عالم، تکوین و تکمیل می‌شوند و شخص فقط از راه رنج و مسئولیت و اضطرار به اوج علوّ می‌رسد. رنج هم امر معقول است و هم علامت حیات و محرک اصلاح می‌باشد.» ربط این سخنان و جمع‌بندی بین آن و حیات جمعی آلمانی حاکی از روحیه‌ای به‌شدت جسور است که شرور را مبارک می‌داند و همه چیز را در دنیا به دوئل و مبارزه فرامی‌خواند. آنچه بدین نحو، در مجموع در اروپا سراغ گرفتیم در دنیای اسلامی آن روز هرگز و در هیچ بعدی نمی‌توان سراغ گرفت. در حالی که صنعت چیزی نیست جز برآمدن اجسام مادی از این کیفیات روحی، کیفیاتی که به نوبهٔ خود در ارتباط وثیق با جامعه است. و به همین دلیل بود که گفتیم «صنعت در رابطه با اجتماع پس‌آینده است و نمی‌بایست از آن تلقی باژگونه داشت که بسیار مخرب است.» و به همین دلیل بود که گفتیم «صنعت خریدنی نیست» بلکه خلق‌کردنی است.

هگل می‌افزاید: «تاریخ جهان صحنهٔ سعادت و خوشبختی نیست، دوره‌های خوشبختی صفحات بی‌روح آن را تشکیل می‌دهد، زیرا این

دوره‌ها، دوره‌های توافق بوده‌اند. و چنین رضایت و خرسندی گرانبار، سزاوار یک مرد نیست ... تناقضات عالمِ واقع به‌وسیلهٔ پیشرفت و تکامل حل شده است....»

بعد از هگل، و همزمان با او نوبت به شوپنهاور رسید؛ او گستاخی ملت آلمان را جلوتر برد. او زندگی را یکسره شرّ دانست، و گفت «این شرور، از قبیل مبارزه و تنازع، از لوازم حیات‌اند. و گفت اگر شرور از میان برخیزد و مبارزه و تنازع به پایان رسد، ملالت و کسالت همچون رنج و درد غیرقابل تحمل می‌گردد. بنابراین زندگی همچون پاندولی میان رنج و کسالت در حرکت است ... پس از آنکه انسان تمام رنج‌ها و شکنجه‌های خود را در توهم دوزخ خلاصه کرد برای بهشت چیزی جز کسالت باقی نمی‌ماند ....»[۶۳]

از این حرف‌ها چه می‌فهمیم؟ روحیهٔ اروپای صنعتی، قالب فرهنگ و نبردهای استعماری و دیگر نبردهای آیندهٔ اروپا در این سخنان خلاصه شده‌اند. حالا اروپا به‌جایی رسیده است که جهنم را بر بهشت ترجیح می‌دهد. چون زندگی همه در آتش و خون خلاصه شده بود؛ فرانسویان روزه گرفته بودند تا سربازان در جبهه غذا داشته باشند. کفش بر پای فرانسویان تحریم شده بود تا سربازان ناپلئون در جبهه کفش داشته باشند. و اگر کفشی به پای کسی یافت می‌شد، به نفع سربازان مصادره می‌شد.[۶۴] در عین حال قورخانه‌های فرانسه در حدود سال‌های ۱۸۰۰ سالیانه ۲۰,۰۰۰ توپ می‌ساخت. یکی از جرایم دانتون، که از رهبران انقلاب بود، این بود که خوب خورده است و خوب زندگی کرده است. به‌قول خودش او را با «فضیلت‌های منفی» محاکمه می‌کردند، وی در دادگاه در جواب کسانی که به اتهامات او رسیدگی می‌کردند می‌گفت «...اگر مردی معدهٔ ناسالم و امیال سرکوفته داشته باشد و اگر با اندکی پنیر زندگی کند و در یک بستر ناراحت بخوابد، اسمش را می‌گذارید فسادناپذیر و این کلمه او را از شهامت و عقل معاف می‌دارد. تقوا و فضیلت آن است که انسان

برای خود و برای وطنش بزرگوار و راد باشد. وقتی که این سعادت شامل حال می‌شود و در میان خود مردی بزرگوار و راد دارید، چگونگی امرار معاش‌اش را بر او خرده می‌گیرید. نیازها، تمنیات، ایثارها همه در وجود او گونه‌ای دیگر جلوه می‌کند، تا در وجود دیگران. «آشیل» یک راسته گاو را در یک وعده می‌خورد. اگر برای یک «دانتون» یک پشته غذا نیاز است تا کورهٔ شکم او را بتاباند، بی‌حساب و چشم‌داشت، جلوش بریزید: «اینجا، آتشی شعله‌ور است که زبانه‌هایش شما را از حیوانات درنده وحشی که در کمین 'جمهوری' هستند محافظت می‌کند.»[۶۵] اروپا در خون و آتش می‌جوشد. پیشرفت صنعت در کار شبانه‌روزی، مردن در معدن، گرسنگی، رنج و شرور و تنازع خلاصه شده بود. و به قول ویل دورانت: «بالاخره نژاد بشر پس از محکوم ساختن انواع دیگر، جهان را کارخانه‌ای می‌پندارد که فقط به منظور استفادهٔ اوست.» با این‌همه حتی نژاد بشر نیز با وحشت بیشتری این مبارزه را دنبال می‌کند و این نزاع حیاتی در خود او نیز صورت می‌گیرد تا آنجا که به گفتهٔ مثل لاتینی، «انسان گرگ انسان است.»[۶۶]

از طرف دیگر سوسیالیست‌ها نیز، اعم از اخلاقی و غیراخلاقی، با توجه به اینکه از پی حمایت ضعفا آمده بودند، عصارهٔ این افکار را در خود به خوبی نشان می‌دادند. سن سیمون می‌گفت: «جهان به مثابه کارخانه»[۶۷] است. از طرف دیگر همزمان با آغاز صدارت میرزا تقی‌خان امیرکبیر اتابک اعظم، *مانیفست* مارکس منتشر شد. و مارکس تمام موجودات عالم و اقشار جامعه و اندرون ذهن را به تعارض و تضاد و مبارزه کشید. این همان سخن هگل است که «شرور» را «مبارک» می‌دانست و همان سخن شوپنهاور که می‌گفت «بدون شرور جهنم بهشتِ کسل‌کننده خواهد شد.» اینها همه آینه‌ای بودند که روح جمعی اروپا را نشان می‌دادند.

اما طرف مقابل را می‌توان در سخن امین‌السلطان خلاصه کرد. وقتی

که از روس برای مخارج سفر و عروسک خریدن وام گرفت و بخشی از ایران را گرو گذاشت بهِ او گفتند تو هر ایرانی را به یک قران به روسیه فروختی، در جواب گفت: «ساکت، اگر روس‌ها شما را می‌شناختند اظهار غبن کرده و معامله را فسخ می‌نمودند.» این سخن پر بیراه نبود، اگرچه منزجرکننده است، کسانی که نمی‌پسندند، به اظهار تأسفی متألم نشوند، رفتار خود را عوض کنند. این سخن‌ها جزء متون کتاب فرهنگ ذلت ایران است و آن سخنان مقدمه کتاب بمب هیدروژنی و لیزری و جنگ ستارگان و تولید و ... .

قرار بر این شده بود که اروپاییان دنیا را به‌دیده علم نگاه کنند و حیات جمعی را نیز تحت مطالعه درآورده، ضوابط ترقی و تکامل و پیشرفت و انحطاط آن را بیابند. فکر ترقی و پیشرفت از ذهن هیچ متفکری بیرون نمی‌رفت. سن سیمون، افکار ترقی‌خواهانه تورگو و کندرسه را به منشی‌اش اگوست کنت منتقل کرد. اگوست کنت جامعه‌شناسی را بر قلهٔ علوم نشاند و برای پیشرفت و انحطاط جامعه طرح‌ها ریخت. وی علوم تحققی یا تحصلی در جامعه‌شناسی را ضابطه‌مند کرد و گفت پدیده‌های اجتماعی قانونمنداند، و پیشرفت و انحطاط اجتماعات قابل مطالعه.

انگلیسیها روحیه کاسبکارانه و بازرگان مسلک و واقع‌بین‌تر داشتند، به همین جهت تئوری‌هایی را ارج نهادند که با روحیه منفعت‌طلب آنها سازگارتر بود. نظرات اگوست کنت را از آن جهت ارج نهادند که با روحیه آنان بیشتر سازگار می‌افتاد. انگلیس و به تعبیری اروپا و در نتیجه جهان در اواسط قرن نوزدهم عملاً پایکوب سم ستوران سپاه نظریهٔ «تحول از راه انتخاب طبیعی یا بقای اصلح در تنازع برای بقاء» بود. این تئوری آنچه را که در حال تحقق بود به هم می‌بافت. اروپاییان، هم در داخل و هم در خارج، جهان را یکسره کرده و تحت فرمان بقای اصلح درآورده بودند. مالتوس در جمعیت‌شناسی می‌گفت هر که نان ندارد بمیرد؛ جمعیت زیادی با جنگ و مرگ و میر باید کنترل شود. انگلیسی‌ها در آنِ واحد در

همه‌جای جهانِ شناخته شدهٔ آن روز پیاده شده و تسمه از گرده کسانی که به «بقای اقبح» تن در داده بودند کشیدند. قرن نوزدهم، قرن یکسره کردن کار بود. کارِ ایران را همان‌گونه یکسره کردند که هند را، و هند را چنان دست‌آموز کردند که چین را و امریکای لاتین در پس همه افتان و خیزان می‌آمد. آفریقا یکسره به کام بردگی فرو رفت و ... .

علوم انسانی موظف بودند این رفتار داخلی و خارجی را به سامان تئوریک برسانند. علوم انسانیِ جدید، که با ذره‌بین دقت و عقل خشک حسابگر، یعنی آنچه مورد نفرت روسو بود، ضابطه‌مندی این رفتار را در ترازوی تجربه می‌سنجیدند. در انگلیس این کار به‌عهده هربرت اسپنسر گذارده شده بود. بررسی اسپنسر محصور در تحول انواع از سافل به عالی نبود، بلکه این تحول و تطور تمام زندگی را دربرمی‌گرفت. زمانی که داروین اندیشهٔ کهن را به لرزه درآورد، مصادف با ورقی از تاریخ فرهنگ تمدن ایران بود که ایرانیان با انتخاب «بقای اقبح» میرزا تقی‌خان امیرکبیر را، در آستان حضور موجودی قوی‌تر و ثروتمندتر و تواناتر قربانی کردند. کتاب *اصل انواع* داروین در زمانی که «چاکر آستان ملائک پاسبان ... فراشباشی شهریاری ...» تیغ بر رگ حیات فرهنگ ایران می‌زد، منتشر شد.[۶۸] در سال بعد، اسپنسر رساله‌ای «در باب نفوس» نوشت و در این رساله اعلام کرد که «مبارزه برای حیات منجر به بقای اصلح می‌گردد.»[۶۹] روح اسپنسر با روح عصر اروپا در سنخیت کامل بود. هم او بود که نوشت «یک موجود زندهٔ اجتماعی مانند یک موجود زندهٔ فردی دارای خصوصیات زیر است: نمو می‌کند، در حال نمو به تقید و پیچیدگی خود می‌افزاید، پس از پیچیدگی، روابط اجزاء آن به هم بیشتر می‌شود، طول حیات آن بسته به حیات و چگونگی ترکیب اجزای تشکیل‌دهندهٔ آن دارد.» این سخن در مورد اروپا به خوبی صدق می‌کرد و با حیات جمعی آنان سر سازگاری داشت. معدن با کارخانه، کارخانه با کارگر، کارگر با قانون کار و همه اینها با نظام سیاسی، جمع اینها با طیف روشنفکری و

دانشگاه‌ها، همه با یکدیگر و با فرهنگ کلی و روحیه علمی، بلندپروازیها، حساسیتهای اخلاقی و عاطفی و ... همه با هم در تناسب بود.

در مقابل، در نزد ایرانیان نیز همه چیز با یکدیگر مجموعه و نظام فرهنگی همسازی را به تصویر می‌کشید. کم کاری با ضعف تولید، صناعت بی‌جان با تجارت، روحیهٔ غیرعلمی با تولید سنتی، همه اینها با روابط خارجی، همه و همه با فرهنگِ ملیِ غیرخلاقِ اندیشه‌سوزِ عاطفیِ گنگِ قضا-قدریِ منفی در تناسب کامل بود. اینها دو الگوی سراسر متفاوت‌اند؛ ایرانیان می‌خواستند دست‌آورد الگوی غرب را (توسعه اقتصادی، پیشرفت فنی و...) بر الگوی سنتی خود سوار کنند. نه قالب های اجتماعی صنایع غرب را خوب می شناختند و نه تاریخ تحلیلی خود را، در نتیجه هرج و مرج بی حد و حصری بر زندگی اجتماعی-سیاسی-اقتصادی آنها سایه افکند.

اسپنسر در حالی که واقعیت منفوری را به رشتهٔ تحریر کشیده می‌گوید: «تاریخ چیزی جز دزدی و خیانت و قتل نفس و خودکشی ملت‌ها نیست.» حال چه ساده‌اند آنهایی که به این باورند که این تلخی را با اوراد می‌توان شیرین کرد. و این دنیای سومی‌ها هنوز «شکر مسموم» را با اشتیاق و اشتها می‌خورند. «امکان تحقق یک جامعه عالی بسته به از میان رفتن جنگ است، و امید وصول به این نتیجه در ایمان و عقاید قلبی مردم نیست، بلکه در پیشرفت و تکامل اجتماعات صنعتی است.»[۷۰] «کیفیت ساختمان صنعت، کیفیت ساختمان جهان و قانون تغییرناپذیر تتابع علت و معلول را به مردم یاد می‌دهد. به‌جای تفسیر ساده و آسان حوادث از راه دخالت قوای مافوق طبیعی، تتبع صحیح علل طبیعی اشیاء جایگزین می‌شود.»[۷۱] اسپنسر از بن مخالف دخالت دولت برای اصلاح وضع مردم بود و معتقد بود که همه چیز بر اساس قانون تطور شکل می‌گیرد. این خلاصه‌ای از آن چیزی بود که در اروپا می‌گذشت و در ایران به‌صورت جدی نتایجی به بار می‌آورد. از طرف دیگر ما پیش از این از آنچه تا اوایل

کار قاجار در ایران گذشته بود گفتیم، حال دنبال رشتهٔ آن سخن را می‌گیریم.

دنباله فرهنگ ایران در قرن نوزدهم

گفتیم که بعد از جنگ‌های صلیبی، راجر بیکن به شیپور اروپا دمید و به همگان هشدار داد که «عقل» مصمم است که بر تخت سلطنت و اریکه قدرت جلوس نماید، پس همگان جهت تهنیت و درود او آماده شوید و به فرمان او به تمام رموز طبیعت حمله کنید و میزان کارایی او را در تجربه و آزمایش به عرصه تحقیق و ظهور بنشانید. همزمان با او در شرق و به‌ویژه ایران جریانی دیگر در حال مردن بود. بعد از آن همه پیشرفت و تعالی و عظمت که در پس تلاش مسلمین خفته بود، فساد و تباهی حاکم شد. فرمان خفتن صادر شد. مسلمین و ایرانیان از این زمان مسیر دیگری را برای زندگی خود انتخاب کردند. خفت امروز دنباله دیروز است. تاریخِ فرهنگِ فکریِ ایرانیان حاکی از این است که از آن زمان، به تبعیت و هم‌سنخ با ساختمان اجتماعی خود، در پی توجیه نشاندن سفاکی به جای سفاک دیگر بودند و خرافه‌ای را به لباس «علم» درآوردن و عطر اسلام بدان زدن! هر چه خرافه داشتند و هر چه از آن زندگی جمعی منحط می‌تراوید را با لباس اسلام پوشاندند و هر چه از «رسالت پیامبر و محتوای آن» بیشتر فاصله گرفتند، آن را نابتر جلوه دادند. مسئولیت جمع‌بندی همه اینها به‌ظاهر به عهده خواجه‌نصیرالدین طوسی بود. این عالم بزرگ و سیاستمدار توانا با تمام توان، روحِ زمان را در شیپور خواب دمید که «خدای تعالی چنگیزخان را قوت داد و پادشاهی روی زمین او را مسلم کرد و کسانی که ایل او شدند بنواخت و کسانی را که بر او یاغی شدند مانند خانان ترکستان و ختا و سلطان خوارزم همه نیست کرد.»[۷۲]

انحطاط مسلمین آغاز شد، انحطاطی که نطفهٔ آن قبل از حمله مغول بسته شده بود به ثمر رسید. از نظر فکری، کار تبیین حیات جمعی، روابط

اجتماعی، و بهبود، پیشرفت، تکامل، ترقی و انحطاط جامعه، همه به دست قوای ماوراء طبیعی سپرده شد. نکبت‌ترین نوع برداشت از حرکت جامعه یعنی قضا و قدری منفی، به‌کارآمدترین وجه، توجیه و مورد قبول واقع شد. ما نمونه‌هایی از زمان مغولان، صفویه، افشاریه و زندیه به قید اختصار آوردیم. کار که به زمان قاجاریه رسید از آن هم منحط‌تر شد. چنگالی که جامعهٔ صنعتی غرب در گلوی فرهنگ ایران فروکرده بود چند قرنی وی را به حالت احتضار نگاه داشته بود، لیکن او را با سقوط احمد شاه از تخت سلطنت خفه‌کرده به‌گور سپرد و دست‌نشاندگان «مدرنی» را که مورد نیازش بود به جای سران قبایل و ایلات قبلی نشاند. کسانی که قادر بودند روابط ایلی را فراموش کرده و «شبه مدرنیسم» را به جای «مدرنیسم غرب» به همراهی ملت ایران بهتر و بیشتر ببلعند.

عقل و علم و کار و خلاقیت که در غرب به هم گره خورده بود، تحرک بسیار شگرفی به جامعهٔ غربی داد. در حالی که ما به مرور به خواب عمیق‌تری فرو می‌رفتیم، آنها آرام آرام به کشورهای دیگر از جمله ایران آمدند و در پی تنظیم و تهیه مقدمات لازم برای هجوم آخر بودند. حرکت آنها با جمع‌آوری اطلاعات و تجارت شروع شد. ضمن اینکه نقاط ضعف ما را نشان می‌کردند، آب به پشت دیوارهای چینه‌ای صنایع و تجارت خواب‌گرفته انداختند تا به مرور تخریب شود و اگر هم نشد، چنان سست شود که با یک حرکت فرو بریزد. کم‌کم شدت فوران اختراعات بیشتر شد و غول‌ها از پس غول‌های دیگر سربرآوردند. کوره‌ها هر چه می‌خوردند نه سیر می‌شدند و نه آرام می‌گرفتند و معادن هر چه پس می‌دادند بسنده نمی‌افتاد و کسی احساس سیری نمی‌کرد. قرن هفدهم و هیجدهم پی در پی گذشت. تلاش‌ها و تولیدات و غنائم قبلی به‌خوبی هضم شد و حاصل داد. کشتی بخار، ارابهٔ بخار، کارخانه‌های خودکار همین‌طور قوی‌تر و تندتر اروپا را توانا ساخت. قرن نوزدهم آغاز شد و این قرن آغاز کار قاجاریان است. شیطان در کالبد اروپا فرو رفته او را به فزون‌خواهی هرچه

بیشتر تشویق می‌کند. بدان‌گاه که همهٔ نیروهای جهنمی در اختیار این غول مدهش پنهان در این سیمای آراسته قرار می‌گیرد، همهٔ هیجان‌ها و توان‌ها به‌سختی به طبل جنگ می‌کوبند و عصر خونین‌تری را برای جهان اعلام می‌کنند. قرن نوزدهم قرنی است که عقل و علم و کار و تلاش، کار جهل و خواب و انحطاط را یکسره می‌کند. در این قرن داس مرگ در چهار فصل سال محصولات خود را درو می‌کند.

نیچه با استعداد و توانایی‌اش، در حالی که اروپا در حال حمله و تصرف و کشتار بود، به بهترین حالت صحنهٔ اجتماع جهان را نقاشی کرد و به تصویر کشید که: «این پیکار است که نامش زندگی است، آنچه لازم است توانایی است نه نیکی، غرور است نه تواضع، تدبیر است و نه نوع‌دوستی .... آنچه اختلافات را فیصله می‌دهد و سرنوشت را تعیین می‌کند قدرت است نه عدالت ....» و از طرف دیگر بیسمارک می‌گفت، «در میان ملت‌ها نوع‌دوستی معنی ندارد و مسائل جدید با رأی و خطابه حل نمی‌شود، بلکه با خون و پولاد و توپ فیصله می‌یابد....»[۷۳]

و نیچه اضافه کرد: «خوش‌بینیِ غم‌انگیز حال آن مرد توانایی است که در جستجوی خطر و شدت است، گرچه به قیمت درد و رنج باشد. چنین کسی از دریافتن اینکه پیکار قانون زندگی است خوشحال است...»[۷۴] و از قول زرتشت به آن آدم جسور می‌گوید، «چون تو پیشهٔ خود را در خطر برگزیدی، من باید با دست خود تو را (پس از اینکه مرده بود) در خاک کنم و بعد: «همواره در خطر بزی ...»[۷۵] روحیهٔ فرهنگِ صنعت اروپا در این نوشته خوب به‌چشم می‌خورد، همان روحیه‌ای که دنیا را به تیغ مصقل کشیده خود می‌برید. و عن‌قریب بر سر قاجار فرود می‌آمد: «شهرتان را در کنار آتش‌فشان بنا کنید، کشتی‌هاتان را به دریاهای دوردست بفرستید، همیشه در حال جنگ باشید، به خاطر داشته باش که همیشه بی‌ایمان باشی، تمام خدایان مرده‌اند و اکنون در انتظاریم که مرد برتر بیاید ....»[۷۶] «... مرد آن است که از خود پا فراتر خواهد نهد ... آنچه مرد را محبوب

می‌کند این است که او انتقال و تخریب است من آن کسانی را که زندگانی را در مهالک می‌دانند دوست می‌دارم ... من تحقیرکنندگان بزرگ را دوست می‌دارم، زیرا آنها ستایندگان بزرگ هستند ... من آنهایی را دوست دارم که خود را فدای زمین کنند. مدتی است که برای سعادت خود مبارزه نمی‌کنم فقط برای کار خود مبارزه می‌کنم.»[۷۷] «... مردان قوی سعی ندارند که امیال خویش را با روپوش عقل و استدلال بپوشانند، تنها دلیل آن است که من *می‌خواهم*. «در قدرتِ سالمِ یک روحِ مسلط، مقام حقیقت خود را دارد، و وجدان و رحم و پشیمانی در چنین روحی اجازهٔ دخول ندارد.»[۷۸] «خصال شر نیرومندان به اندازهٔ صفات نیک ناتوانان برای جامعه ضرورت دارد.»[۷۹] «حرص و رشک و کینه برای ادامه پیکار و بزرگی و بقاء ضروری است.» «اگر شر، خیر نبود تا به‌حال از بین رفته بود.» «مرد باید بهتر و شریرتر گردد.»[۸۰] «خوب چیست؟ آنچه در مرد احساس و ارادهٔ قدرت و خود قدرت را افزایش دهد. بد چیست؟ آنچه از ضعف برخیزد. شاید بهترین نشانهٔ مردِ برتر عشق به خطر و مبارزه باشد....»[۸۱]

بالاخره اروپا با این روحیه و به‌قول نیچه «گروهی از درندگان موبور، از نژاد فاتحان و مهتران، با تشکیلات جنگی و قدرت سازماندهی، پنجهٔ بی‌رحمانه خود را بر قومی که از حیث شمار بی‌شمارند می‌افکند ....»[۸۲]

و این‌چنین جنگ آغاز شد. مسلمین در تمام جبهه‌ها عقب‌نشینی کردند. ایرانیان در اولین حملهٔ «درندگان موبور» به مساجد خزیده و پناه گرفتند که: «ربنا اطمس علی اموالهم و اشدد علی قلوبهم انزل علیهم بأسک و نقمتک، اللهم شتت شملهم و فرق جمعهم و....»[۸۳] و این بود مبارزهٔ ایرانیان با روس و انگلیس که در زمان قاجاریه و پس از شکست‌های متوالی از پس نماز می‌گفتند که: «خدایا تو اموال آنها را نابود کن و بر آنها سخت گیر. خدایا تو بر آنها ترس و عذابت را فرو ببار، ایشان را پراکنده کن و جمعیتشان را متفرق فرما ....» و این‌چنین ملت مسلمان ایران بعد از ششصد سال، گفته‌های خواجه نصیرالدین را در مقدمه «زیج

ایلخانی» گرامی داشت و ثابت کرد که خلف صالح اوست.

آغاز قرن نوزدهم

قرن نوزدهم با سرخوردگی ایرانیان از انگلیس و سپس روس شروع می‌شود. اروپا با تمام حواس مواظب ناپلئون است. ایرانیِ بی‌اطلاع از اوضاع جهان به سمت او روان می‌شود و با التماس و الحاح قرارداد ۱۸۰۷ میلادی (۱۲۲۲ قمری) را با ناپلئون می‌بندد. وی دوبار در نامه‌هایش به فتحعلیشاه تذکر می‌دهد که با این طرز زندگی قبیلگی قادر نخواهید بود به زندگی در جهان ادامه دهید و از او می‌خواهد که تغییرات جدی در وضع پوسیده ایران بدهد. فتحعلیشاه نیز همچون گذشته از او توپ و تفنگ و مهندس و کارشناس می‌خواهد وبه قول امروزی‌ها به دنبال انتقال تکنولوژی و دانش آن می‌رود. ناپلئون به اومی‌گفت که ایران در صورت ادامه این وضع قادر به ادامه حیات خود نخواهد بود، ولی گوش کسی بدین مطالب بدهکار نبود. درگزارش‌های آن زمان آمده است که ایرانی‌ها کارهای سخت و مبارزه و هرگز کار را دوست نمی‌دارند. دوست دارند کار نکرده درآمد داشته باشند و به همین خاطر دلالی را پر دوست می‌دارند.[۸۴]

بعد از مکاتبات لازم، قراردادی بسته شد. در قرارداد این‌طور آمده بود که ناپلئون ارتش ایران را به شیوهٔ ارتش اروپا تسلیح و تجهیز کند و آموزش دهد. و ایران نیز قول و قرارهایی مبنی بر عبور ارتش فرانسه به سمت هند را داد. و در ضمن یک قرارداد تجاری امتیازاتی به وی داد که مشکل است اصطلاح ویژه‌ای برای توصیف آن پیدا کرد. ایرانیان از «ذوق» ابزارهای جنگی که از اروپاییان می‌گرفتند همهٔ منافع خود را زیر پا می‌گذاشتند.

به‌هر جهت دیری نگذشت که جنگ ایران و روس در گرفت (۱۸۱۲م /۱۸۲۸ق) و بر سر ایران همان رفت که نیچه گفته بود، «ای نژاد کوته‌روزِ رقت‌انگیز، ای زادگان غم و اندوه ... بهترین تقدیر آن است که در دسترس

شما نیست، یعنی نزادن و نبودن، پس از آن بهترین تقدیر زود مردن است....»[۸۵]

پیوستِ قرارداد صلح ترکمانچای، قراردادی تجاری بود. قراردادی که حکایت از کاپیتولاسیون و تحمیل تجارت آزاد بر ایران بود. دیری نگذشت که همهٔ صنایع تعطیل شد و تجار و صاحبان صنایع متولی انتقال تکنولوژی شدند و با پیشانی پینه‌بسته تحت حمایت سفارت‌خانه‌های خارجی درآمدند (بر وجه اغلب).[۸۶]

تولید تریاک برای صدور به بازارهای فرنگ، جانشین تولید ابریشم شد.[۸۷] و این آغاز شکل‌گیری و الگوبرداری از نیاز غرب بود که به زورِ سرنیزه تحمیل شد.

بساط، همان بساط قبل بود. اجحاف به صنعتگر و تاجر ایرانی، عدم امنیت به معنی وسیع اجتماعی آن، آسایش برای بیگانه، فساد و تباهی و رشوه، تغییر مقررات به نفع خارجی و ... طولی نکشید که موازنهٔ تجارت ایران به نفع روس تغییر یافت و در سال ۱۸۳۵، یعنی سال قتل میرزا سید ابوالقاسم قائم مقام فراهانی، صادرات ایران به روس ۳۶۹,۰۰۰ فرانک و واردات ایران از روسیه ۲,۰۰۰,۰۰۰ فرانک بود. این کسری را ایرانیان با پول رایج خود که طلا و نقره بود و واگذاری امتیازات جبران می‌کردند.

قبل از قائم مقام

بنا داریم در این کتاب از تمام نخست‌وزیرانی که در ایران از اول قاجاریه تا آخر پهلوی آمده‌اند نام ببریم. و در ضمن بگوییم که این نخست‌وزیران همه از صنوف فرهنگ ایران‌اند؛ سه نفر آنها در مواقع اضطراری و خاصی با ویژگی‌های غیرتِ شدید، ایران‌دوستی، ایران فهمی و جهان‌فهمی روی کارآمدند که مورد حمایت فرهنگ کلی جامعه قرار نگرفتند.

اولین نخست‌وزیر دوران قاجاریه حاج ابراهیم کلانتر اعتمادالدوله بود که‌بنابه‌گفتهٔ محمودِ محمود به‌دسیسهٔ خارجی به‌دست فتحعلیشاه کشته شد.

نفر دوم میرزا شفیع صدراعظم فتحعلیشاه است که متمایل به انگلیس‌ها بود، به کمک عبدالله‌خان، مستوفی اصفهان، و به تحریک انگلستان از فعالیت توپ‌ریزی فابویه فرانسوی جهت ارتش ایران جلوگیری می‌کرد و این‌کار را تا آخر ادامه داد.

نفر سوم، حاج محمد حسین خان اصفهانی است که طرفدار انگلیس است و در زمان او قراردادی بین دو دولت به امضاء رسید که براساس آن شاه ۱۲۰,۰۰۰ تومان رشوه گرفت و قرار براین شد که سالی ۲۰۰,۰۰۰ تومان هم بگیرد و منافع انگلیس را در جنگیدن با روس تأمین کند. این نخست‌وزیر از انگلیس حقوق می‌گرفت.[۸۸]

نفر چهارم، آصف‌الدوله انگلیسی است که در تمام دوران زندگی خود جز خیانت به ایران کار دیگری نکرد و از انگلیس حقوق می‌گرفت.[۸۹] در زمان همین نخست‌وزیران، ایران شکست قطعی خود را تحمل می‌کند و قراردادهای معروف بین ایران و روس بسته می‌شود.

میرزا ابوالقاسم قائم‌مقام[۹۰]

زمانی که قائم‌مقام نخست وزیر ایران شد همه چیز از هم پاشیده شده بود؛ از نظر نظامی ایران از روسیه شکست خورده بود؛ قراردادی بین ایران و روس به امضاء رسیده بود که متضمن تحمیل کاپیتولاسیون و هم تحمیل تجارت آزاد و اقتصاد درباز بود؛ بنیه اقتصادی ایران قابل توجه نبود، نظام اقتصادی همان نظام سنتی بود؛ طلایهٔ اقتصاد جدید در هیچ زمینه‌ای و در هیچ‌کجا مشاهده نمی‌شد. نظام اقتصادی قدیم نیز قدرت ایستادگی در مقابل درندگان موبور را نداشت.

قائم مقام اولین نفر در سلسله نخست‌وزیران ایران بود که این مصائب را خوب می‌شناخت و بنابر آن داشت که با آنان به «مردی و نامردی» گلاویز شود. از طرف دیگر، روس و انگلیس و دربار و اقشاری که از پراکندگی قدرت و بی‌نظمی سود می‌بردند، در براندازی او دست به دست شدند.

قائم مقام در وضعی استثنایی بر سر کار آمد، چیزی شبیه وضع روی کار آمدن امیرکبیر. شاهِ پیشین مرده بود. وضع مملکت از هم پاشیده بود، هر کسی در گوشه‌ای علم طغیان برافراشته بود؛ شکست ایران از روس روحیهٔ سرخورده‌ای برای ایران باقی گذارده بود. در خزانهٔ دولت پولی برای یک مسافرت کوتاه ولیعهد از تبریز به تهران یافت نمی‌شد. کم نبودند شاهزادگانی که در خیال سلطنت بودند. مجموع این عوامل، روی کارآمدن قائم‌مقام را سرعت بخشید. همینکه محمدشاه بر تخت سلطنت قرارگرفت و تاجش از خطر دور شد و یاغیان سرکوب شدند با قائم‌مقام همان رفت که با امیرکبیر رفت.

از نظر فکری، قائم مقام در زمان خود و به نسبت فرهنگ ایران پیش‌کسوت بود. و از نظر شخصیتی چون کوه با صلابت و استوار و

فسادناپذیر بود. از حد زمان خود البته فرزانه‌تر بود. دقایق مسائل سیاسی واقتصادی را نیک می‌دانست. دست پرورده‌ٔ پدرش میرزای بزرگ (میرزا عیسی قائم مقام) پیشکار عباس میرزای ولیعهد بود. در تبریز که هم پشت جبهه ایران و روس بود و هم نسبت به نقاط دیگر ایران بر مراکز صنعتی ـ تجاری ـ سیاسی غرب نزدیک‌تر بود، رشد و پرورش یافته بود. صلابت شخصیت، او را اولین «قدیس» در جمع دریوزگانی کرد که تاریخ نخست‌وزیری ایران را به ننگ و رنگ خود آلودند.

نهاد صدراعظمی

«نخست‌وزیری»، به معنای اصیل و ایرانی آن، معنی «پیشکار» را افاده می‌کند. تا قبل از مشروطه، شاهان ایران، هم از نظر شکل سازمانی و ساختار رفتاری و هم از نظر محتوای فرهنگی به شکل و شمایل رئیس ایلات بودند. قدرتی بی‌حد و حصر داشتند و از فرهنگ اجتماعی شهری ـ صنعتی به‌شدت دور بودند. اطرافیان آنها نیز پیشکارانی بودند که علت وجودی آنها نیاز انجام فرامین شاه و رتق و فتق امور دربار بود. نخست‌وزیر و صدراعظم و ... نیز بی‌شباهت به پیشکار کل نبود که «منویات ملوکانه» را اجراء می‌کرد. به مرور، و بعد از مشروطه، شکلی از نهادهای غربی بدون توجه به محتوا و قالب‌های اجتماعی آنها اتخاذ شد، در حالی که از نظر محتوای فرهنگی همان فرهنگ قبیلگی بود که به قالب نهادهای اقتصادی ـ صنعتی جدید ریخته شد. به همین علت این نهادها هرگز کارایی خود را آن‌چنان که در غرب دارند پیدا نکردند و صد البته قادر به اجرای محتوای فرهنگی کهن خود نیز نبودند، چون دوران آن سر آمده بود.

نهادهای سیاسیِ غرب و این نظامی که به‌عنوان «دموکراسی لیبرال» معروف است حاصل تحولات اجتماعی ـ اقتصادی ـ سیاسی حداقل پنج‌قرن اروپاست. تحولاتی که اقشار ثروتمند جدیدی را جایگزین

اشراف کهن کرد. قدرت شاهان به مرور محدود شد، تا اینکه به حد سمبلیک، یعنی نمایندهٔ وحدت ملی و ... تقلیل پیدا کرد. از طرف مقابل، صاحبان صنایع، و منابع مالی و تجار به مرور که قدرتمند شدند، حق تصمیم‌گیری در سیاستهای کشور را نیز به خود تخصیص دادند.

نخست‌وزیر درواقع نمایندهٔ اجرایی پارلمان بود و برای اجرای مقاصد خود می‌بایستی با پارلمان که مجمع نمایندگان قدرت‌های اقتصادی بود تفاهم کامل داشته باشد. مسئله دیکتاتوری در اصل محلی از اعراب نداشت، مسئله تنها شایستگی در اداره امور اقتصادی ـ سیاسی کشور بود. و به همین جهت نخست‌وزیر می‌بایستی بیلان کار یکساله کشور را به صورت قانون بودجه به تصویب مجلس برساند و از پسِ سؤالات نمایندگان برآید. و به محض اینکه بی‌لیاقتی از وی مشاهده می‌شد از کار کنار گذاشته می‌شد. پارلمان به معنی واقعی، جمع صاحبان منافع کشور برای بهتر اداره کردن بود و نخست‌وزیر نیز مجری آن. به‌عنوان نمونه، زمانی که استقلال‌طلبان آمریکا استقلال امریکا را اعلام کردند، جهت تدوین قانون اساسی آن گرد هم جمع شدند. «از پنجاه و پنج تن نماینده ۲۹ تن از فارغ‌التحصیل‌های دانشگاه‌های بزرگ و سایرین در ردیف فرانکلین و واشنگتن بودند ... در میان ۵۵ عضو حاضر هیچ‌یک از طرف کشاورزان کوچک یا کارگران شهرها نمایندگی نداشت. گفته‌اند که از میان نمایندگان مجلس مذکور چهارده نفر سرمایه‌های خود را در خرید و عمران اراضی به‌کار برده، چهل تن جزء طلبکاران اتحادیه بودند (یعنی کسانی که هزینهٔ جنگ علیه انگلستان را تأمین می‌کردند) و پانزده نفر هم بردگان سیاه‌پوست در خدمت داشتند.»[۹۱] در انگلیس، فرانسه و آلمان نیز بافت سیاسی ـ اقتصادی به همین نحو بود. برای مقایسهٔ تحولات اروپا با جامعه ایرانی نمونه‌ای می‌آوریم: حزب کارگر انگلیس در سال ۱۸۰۰ تأسیس شد. بعد از یک قرن تلاش در سال ۱۹۰۰ دو نماینده در پارلمان انگلیس داشت. باید منتظر تشنجات ناشی از جنگ جهانی اول باشیم تا

این حزب برای مدتی کوتاه زمام قدرت را به‌دست بگیرد. این‌گونه تحول را مقایسه کنید با احزاب سیاسی دنیای سوم که یک‌شبه خلق می‌شوند و چندین میلیون عضو می‌گیرند و سحرگهان از هم می‌پاشند. به مثابه کشتن نادر در نیمه‌شب بود که در صبحگاه از سراپرده او حتی تیرک چادر هم به‌جای نمانده بود.

قائم مقام در حالی که پیشکار رئیس ایلات ایران بود و نام صدراعظمی داشت، هم از مسائل تجاری ـ اقتصادی باخبر بود و هم مسائل سیاسی و فرهنگی را می‌شناخت. با اغراض بیگانگان آشنا بود و با فساد اخلاق مدنی و عدم امنیت اجتماعی آشنایی داشت. از عقب‌افتادگی ایران مطلع بود. مردم از وجود او بی‌اطلاع بودند، درنتیجه از او نه حمایتی می‌کردند و نه می‌دانستند چه می‌خواهد بکند. در عین اینکه اندیشه‌های بلند در سر می‌پرورانید، هیچ‌یک از ابزارهای لازم کار خودش را نداشت. یکه و تنها بود، کسانی که قدرت سیاسی ـ اقتصادی ایران را در دست داشتند با او مخالف بودند و سفارتخانه‌ها هم از این امر حمایت می‌کردند. فتحعلیشاه حدود ۲۷۰ فرزند به‌جا گذاشته بود که همهٔ آنها، کم و بیش، داعیهٔ حکومت داشتند. در این زمان شاه به فردی مقتدر نیاز داشت که همهٔ اینها را به جای خودشان بنشاند و قائم مقام عهده‌دار این کار شد. به همین جهت تنها شاه طرفدار او بود. پیشینیان او هیچ‌یک درایت و صداقت او را نداشتند. فسادناپذیر بود، رشوه و هدیه قبول نمی‌کرد و با فساد مبارزه می‌کرد.

مالیه

قائم‌مقام برای تنظیم امور مالیِ دولت دست مفتخوران را از خزانه دولت کوتاه کرد و برای خود دشمن بی‌اندازه تراشید. این ویژگی ایرانیان است. همیشه نظام‌های سیاسی آنها به شدت به فسادهای مالی آلوده است و هر کسی نیز اقدام به سر و سامان دادن آن کند، مثل آن می‌ماند که دست در

لانهٔ عقرب کرده باشد. به‌هر جهت او از حقوق شاه و دیگران کاست و حقوق‌های بی‌مورد را حذف کرد. این تکیهٔ کلام اوست که می‌گفت «دولت سرباز می‌خواهد، دعاگو نمی‌خواهد!»[۹۲]

چون می‌دانست «تجارتِ بی‌در» موجب اضمحلال اقتصاد ایران در مقابل قدرت اقتصادی غرب می‌شود، با اجرای قرارداد کاپیتولاسیون و قرارداد تجاری ضمیمه ترکمانچای به شدت مبارزه کرد. از تأسیس کنسولخانه روس و انگلیس به هر نحو ممکن جلوگیری کرد. به وزیرمختار روس گفت که این قرارداد تحمیلی است و من به «مردی و نامردی» در تخریب آن خواهم کوشید. می‌گفت این تجارت موجب ویرانی ایران می‌شود و شمش‌های طلای ایران را به خارج منتقل می‌کند. «حکومتِ شاه در آن هنگام معتقد بود که تجارت وارداتی انگلستان مقداری طلای ایران را هر ساله خارج می‌سازد در حالی که از آن تجارت نفعی برای ایران متصور نیست. سر جان کمبل معتقد بود که نماینده مستقیم دربار لندن بیش از نماینده کمپانی هند شرقی [در هند] می‌تواند در ایران نفوذ داشته باشد. بدین لحاظ مستر الیس به‌عنوان سفیر دولت بریتانیا به ایران آمد. او مأموریت داشت که مذاکرات با دولت ایران را به منظور عقد قرارداد بازرگانی تجدید کند. اما صدراعظم (قائم مقام) هنوز از تأسیس کنسولگری در قلمرو شاه جلوگیری می‌کرد و پافشاری می‌کرد که سفیر انگلیس در این باره اصرار نورزد و آن را به موقع مناسبت‌تری بگذارد. الیس معتقد بود که مدت تعویق این موضوع درواقع نامعلوم است.»[۹۳]

«...در فهم سیاسی و پاسداری از حقوق ایران و مقاومت در برابر زورگویی‌های انگلیس و روس ... قائم مقام مقامی ارجمند دارد. در مناظره سیاسی که میان قائم مقام و سفیر انگلیس درگرفت (و انگلیسی‌ها سعی داشتند امتیازهایی نظیر قرارداد تجاری ترکمانچای برای خود به‌دست آورند) به سفیر گفت: آن تجارت، وسیله نابودی تدریجی این مملکت فقیر و ناتوان می‌گردد و عاقبتش این است که ایران بین دو شیر قوی

پنجه‌ای که چنگالشان را در کالبد آن فرو برده‌اند، تقسیم شود ... ایران به‌عنوان ملت واحدی در زیر دندان یک شیر جان به سلامت نمی‌برد، چه رسد به اینکه دو شیر در میان باشند. ایران تاب آنها را نخواهد آورد و بدون تردید تحت استیلای قدرت آن دو از پای درمی‌آید و جان خواهد سپرد.»[۹۴]

و در مقابل پافشاری انگلیس می‌گفت که «اگر انگلستان خیرخواه حقیقی ماست به کمک ایران آید تا شرایط عهدنامهٔ تجاری ترکمانچای را باطل کنیم.»[۹۵] سفیر انگلیس در گزارشات خود به لندن نوشته، آن‌قدر به صدراعظم مراجعه کرده‌ام خسته شده‌ام و او جواب رد می‌دهد.

سیاست خارجی

قائم مقام در فکر دفاع از تمامیت ارضی ایران و حفظ استقلال این مملکت بود. در فکر الحاق مناطق جدا شده ایران بود. قبل از او سپاه ایران یکسره تحت قیمومت افسرانِ انگلیسی بودند. قائم مقام کم کم آنها را کنار می‌گذاشت و مناصب جدید نیز بدانها واگذار نمی‌کرد. وابستگان داخلی انگلیس را هر کجا که می‌یافت سرکوب و از قدرتِ سیاسی دور می‌کرد. انگلیس در دربار ایران مأموران کافی داشت، قائم مقام همه را می‌شناخت و از قدرت دور کرده بود. منشی مخصوص قائم مقام از حقوق بگیران انگلیس بود، ولی چون در جاسوسی ورزیده عمل می‌کرد از چشم قائم‌مقام دور ماند. او اسناد مهم سیاسی را به اطلاع سفارت انگلیس می‌رساند. قائم‌مقام تا آنجا که برای وی امکان داشت از مداخلهٔ روس و انگلیس در ایران جلوگیری می‌کرد. شمِ سیاسی قوی داشت. در مقابل استدلال مأمور انگلیس جهت تأسیس کَنسولگری می‌گفت که کنسولخانه برای ایران زهر است. و زمانی که وزیر مختار انگلیس گفت چون روس‌ها دایر کرده‌اند کنسولگری انگلیس حکم پادزهر را پیدا می‌کند. قائم مقام در جواب می‌گفت، ایران آن‌قدر زهرخورده که دیگر رمقی برای او نمانده است.

زمانی که میرزا محمد علی آشتیانی را به مذاکرات صلح ارزنه‌الروم (۱۲۳۸ قمری) روانه کرد دستوارتی به وی داد که حکایت از قدرت دیپلماسی وی در پیاده کردن سیاست‌های مورد نظرش دارد. وی به میرزا محمد علی می‌نویسد:

... اگر خدای نخواسته، دست آن عالیجاه از دامن هر چاره و گریز کوتاه شود، تا این حد هم اذن و اجازت می‌دهم که الفاظ مبهمه و فقرات ذواحتمالین در فصلی که موقع ذکر این مطلب است به زور میرزایی و قوهٔ انشایی بگنجاند که راه سخن برای ما باقی بماند و این تصرف و تسلطی که حالا داریم سلب نشود و از روی عهدنامه بحث بر ما وارد نیاید. و این آخرالدواء و آخرالعلاج است و معلوم است هرگاه طورهای دیگر ان‌شاءالله تعالی پیش برود البته بهتر و خوبتر و با شکوه‌تر خواهد بود.[۹۶]

اما در زمینه آموزش او پیشرفت‌های فنی -علمی غرب را از زمان میرزا عیسی بزرگ، پدرش، در تبریز دنبال کرد و اقدامات زیادی جهت راه‌اندازی صنایع نو و معادن و به کارگیری صنعتگران خارجی و فرستادن دانشجو به خارج به عمل آورد.

قائم مقام در مجموع ابزار انجام کارهای مورد نظرش را نداشت. درواقع در فکر تربیت آنها بود که دشمنانش بر وی پیروز شدند. مردم عامی نیز، که ضررشان برای قائم مقام بیش از نفعشان بود، حمایتی از او نمی‌کردند. نه سیاست‌های او را می‌شناختند و نه ابزار اجرای کار به‌دست می‌دادند. در عوض به تحریک عوامفریبان برای او مسئله می‌آفریدند. برای نمونه از میرزا مهدی امام جمعه تهران نام می‌برند که مبالغی را دریافت داشته بود تا مردم را علیه قائم مقام بسیج کند. مردم ایران این ویژگی را از سالهایی که با سیاست آشنا شده‌اند همچنان دنبال کرده‌اند و هر هنگام که منافع بیگانگان ایجاب کرده است به کمک عوامفریبان مشکلاتی برای قهرمانان ملی خود ایجاد کرده‌اند. خاطرهٔ عناصر رذل و

اوباش محلات تهران علیه مصدق هنوز از اذهان محو نشده است. و همه می‌دانند که آنها به فرمان چه کسانی این کارها را می‌کردند. باری، در زمانی هم که عباس میرزا در جبههٔ روس می‌جنگید، پاره‌ای از این عوامفریبان مردم تبریز را در پشت جبهه علیه وحدت ملی و به‌نفع سیاست روس و انگلیس می‌شوراندند، که این کار جزء پاره‌های فرهنگی این مردم شده و زمانی هم که صادقانه حرکت می‌کنند، به‌علت عدم اطلاع از اوضاع زمانه به بیراهه می‌روند، یا به بیراهه می‌برندشان.

اکنون نمونه‌ای از نامه‌های او را می‌آوریم. مکتوبی است که از زبان عباس میرزا به انشاء قائم مقام برای میرزا عیسی نوشته شده که از آنچه مردم شهر با دسیسهٔ روس‌ها و به نفع روس‌ها علیه ایران می‌کردند شکایت داشته است:

> **می‌فرمایند (یعنی ولیعهد) پلوهای قند و ماش و قدح‌های افشره و آش شماست که حضرات را هار کرده است، اسب عربی بی‌اندازه جو نمی‌خورد، و اختهٔ قزاقی اگر ده من یکجا بخورد بدمستی نمی‌کند، خلاف یابوهای دودرغه (دورگه) که تا قدری جو زیاد دید و در قوروق بی‌مانع چرید اول لگد به مهتری که تیمارش می‌کند می‌زند! ... امروز که ما در برابر سپاه مخالف نشسته‌ایم و مایملک خود را بی‌محافظِ خارجی به اعتماد اهل تبریز گذاشته، در شهر پایتخت ما آشوب و فتنه بکنند، دکان بازار ببندند، و سید حمزه و باغ میشه بروند و شهرت این حرکت را مرزویج در ملک روس و صفی‌خان در آستانه همایون و دیگران در ملک روم بدهند، روی اهل تبریز سفید! ... صد یکِ آنچه با اهل صلاح حرف جهاد زدید! اگر با اهل سلاح صرف جهاد شده بود کافری نمی‌ماند که مجاهدی لازم باشد!... می‌گویند مثل یابوهای پرخور کم دو، آفت کاه و غارت جو! قربان افندی‌های رومی و پادری‌های فرنگی بروند... ماشاءالله وقتی که پنجه دلیری می‌گشایند تیغی که امروز بر روی سپاه عثمانی باید کشید به میرزا امین اصفهانی می‌کشند،**

> شکار خانگی و شعار دیوانگی را اعتقاد دارند، باری حالا که به این شدت دلاور و دلیر و صاحب گرز و شمشیرند قدم رنجه کنند و با یاغی پنجه کنند.[۹۷]

برای یک نفر یکه و تنها و این‌همه لشکر فساد و دشمنی، تکلیف روشن است. همه دست به دست هم دادند و به جرم این گناهان غیرقابل بخشایش! در صفر ۱۲۵۱ قمری (ژوئن ۱۸۳۵ میلادی) او را در باغ نگارستان خفه کردند.

سؤال از فرهنگ ایران

درواقع حضور قائم مقام در منصب نخست وزیری، به علت مجموع شرایط استثنایی بود یا اشتباهی بود که رخ داده بود. فرهنگ ایران زود به این اشتباه پی برد و او را شبانه در جوار حضرت عبدالعظیم دفن کرد. و حق را به حقدار سپرد. همان‌طور که درگذشته انجام گرفته بود. و بعد از او به سرعت کنسولگری انگلیس افتتاح شد و قرارداد تجاری مشابه قرارداد ترکمانچای با انگلیس امضاء شد. از ابتدای دوران سلطنت قاجار، خصوصاً بعد از جنگ‌های ایران و روس، ملت ایران به علت ضعف و ناتوانی و انحطاط چندین قرنه و عدم فهم مسائل روز و عدم تلاش برای کسب قدرت، موظف به پذیرش الگوهای توسعه اقتصادی غرب بود. و این جنگ‌ها و قتل‌ها و تزریق فساد و ... همه به منظور تحمیل چنین الگویی بود. درندگان موبور به دلیل مبارک دانستن شرور و برای اینکه به کسالت بهشت دچار نشوند، درکنار آتشفشان خانه بناکرده بودند و کشتی به دریاهای دور می‌فرستادند و در تعریف بدی می‌گفتند هر آنچه ضعف زاید و در تعریف نیکی می‌گفتند هرآنچه قوت زاید. درنتیجه موفق شدند به راحتی نخست‌وزیر قومی را که کوته‌روز و رقت‌انگیز و زادهٔ غم و اندوه بود بکشند و به یکدیگر تبریک گویند. این سرنوشت تمام کشورهای دنیای سوم است ـ کشورهایی که نمی‌توانند از خود دفاع کنند. به گفتهٔ

بیسمارک مسائلشان با توپ فیصله می‌یابد و رأی و خطابه در نظام بین‌الملل بی‌قدراست. آزادی، استقلال، عدالت اجتماعی و ... اینها صرفاً اصطلاحات‌اند، امید و آرزو آنها را محقق نمی‌کند. تحقق اینها نیاز به توسعه و پیشرفت اقتصادی ـ اجتماعی دارد. و این پیشرفت فقط با فداکاری و ایثارهای اجتماعی امکان‌پذیر است. «بازخور» اجتماع می‌بایستی بیش از بازخور فرد باشد تا «پس‌خور» آن به توسعه تبدیل شود. در اجتماعی که هنوز به صورت قبیلگی هر کس به دنبال منافع فردی خود و زندگی در دایره بسته است، چیزی عاید اجتماع نمی‌شود. حرف آرزوهای بلند و عدم تحرک جهت تحقق آن یا عدم اطلاع از راه صحیح آن بارها موجب زهرخند استعمار شده است. حرکت‌هایی که در مجموع ایرانیان کردند، نشان از این دارد که نه استعمار را می‌شناسند و نه استقلال را، نه آزادی را و نه عدالت را. پاره‌ای اوهام مغشوش و الفاظ پرپیرایهٔ عاطفی را به‌جای شناخت عقلانی گذارده‌اند. هنوز به صورت جدی و علمی این سؤال در ایران مطرح نشده که چرا ۸۴ دوره نخست‌وزیری ایران در این دوران ۲۰۰ ساله همه همراه با فساد و تباهی بوده‌اند و [نخست‌وزیران] کم و بیش عامل بیگانه و تسلیم آنها بوده‌اند.

چرا ملت ایران راهی را که پانصد سال است انتخاب کرده هنوز ادامه می‌دهد در حالی که این راه اقتصادی و این فرهنگ سیاسی ـ اجتماعی موجب انحطاط وی بوده است و او را به اسارت کشیده است؟

چطور ممکن می‌شود که سه نخست وزیر ایران‌فهم و جهان‌فهم و توانا و فسادناپذیر و عدالت‌پرور را یاری نکرده باشند؟ ولی با آن دیگران ساخته باشند؟

چگونه ممکن است که نسل شاهان ایران همه با کشت و کشتار و قتل عام روی کار بیایند؟ چگونه ممکن است نسل شاهان از بیگانه رشوه بگیرند و منافع ملت را تاراج کنند؟ چطور ممکن است ملت نخبگانی را هم که به عدالت پایبند بودند و در مقابل بیگانه ایستاده‌اند را مبغوض

داشته است؟ چطور ممکن است که از نُه پادشاهی که از اول قرن نوزدهم بر این خرابهٔ تحت قیمومت بیگانه حکم رانده‌اند، یکی از دست خباثت خود کشته شده باشد، و دو نفر آنها دق مرگ شده باشند و یکی اعدام شده باشد و چهار نفر آنها توسط بیگانه به خارج برده شده و در دامن آنها مرده باشند؟ اینها همه نشانگر بیماری‌های کهن در روابط اجتماعی ایران است، و تمام کسانی که در بافت این روابط عامل‌اند، در این مسائل نیز دخیل‌اند. اینها همه پدیده‌های اجتماعی مستمری هستند و به صورت نهاد در آمده‌اند، اینها پدیده مجرد ذهنی نیستند بلکه ناشی از روابطی هستند که ملت بازیگران آنند.

چطور ممکن است از ۸۷ دوره نخست‌وزیری، وطن‌پرستان آنها بی‌یاور مانده باشند (قائم مقام، امیرکبیر، مصدق) و بدون حمایت مردم شهید یا گوشه‌نشین شده باشند. و ملایم‌ترهای آنها (قوام، امین‌الدوله) به فشارهای خارجی و ایادی داخلی از کار رانده شده باشند. و خائنین یک‌طرفه آنها(دربست روسی و یا دربست انگلیسی و یا دربست آمریکایی، مثل رزم‌آرا و...) به ضرب شست طرف مقابل کشته شده باشد و بقیه کابینه‌ها بر اثر توافق و یا فشار یک‌طرفهٔ دولت‌های بیگانه به سرکار آمده باشند یا از کاربرکنار شده باشند؟

چطور ممکن است ملتی به صورت جدی و عقلانی به طرح و پاسخ این سؤالات نپرداخته باشد؟ تا آنجا که نوشته‌های ایران اعم از کتاب، روزنامه و ... نشان می‌دهد و تا آنجا که نشریات مبارزین و مخالفین هر زمان نشان می‌دهد با این مسائل به صورت عاطفی و مبهم و مجرد برخورد کرده‌اند. آنها که نهایت زحمت را کشیده‌اند که این مسائل را تجزیه و تحلیل «علمی» کنند، از سر سادگی طبقه و هیئت حاکمهٔ سیاسی را به صورت یک نظام سیاسی مجزا و منفک از نظام فرهنگی ایران بررسی کرده‌اند.

بالاخره باید به این سؤال پاسخ گفت که مقصر این همه نکبت و

حقارت کیست؟ چرا باید مسلمین برای آبی و نانی و خورشی و دارویی و دوایی و کهنه تن‌پوشی به دریوزگی به تمام درهای کفار به ضجه و التماس و زاری و الحاح بکوبند؟

پس از قتل قائم مقام (ششمین نخست‌وزیر)

حاج میرزا آقاسی، جانشین قائم‌مقام و از متمایلین به سیاست انگلیس، با دسیسه چند نفر دیگر جزء عاملین قتل آن سید بزرگوار بود. حاج میرزا آقاسی در مقابل سیاست روس و انگلیس هیچ‌گونه ایستادگی نداشت؛ درویش مسلک و خرافاتی و بسیار موذی و مکار بود؛ فکر استخاره بود و دنبال مقاصد خود. در ایام نخست‌وزیری این شخص از ایران چیزی باقی نماند و تمام زحمات قائم مقام را نیز به باد داد.

از تاریخ ۱۸۳۵ تا ۱۸۴۸ میلادی (۱۲۵۱ تا ۱۲۶۴ قمری)، سال مرگ محمد شاه، به مدت سیزده سال زمام صدارت این مملکت را به‌عهده داشت. در زمان او، از نظر داخلی، وضع به جایی رسید که مردم به خوردن علف[۹۸] و دانه‌های نباتات و خوراک دام و طیور افتادند. از نظر خارجی، قراردادهای مورد نظر انگلستان را که مشابه و هم الگوی قراردادهای تجاری ترکمانچای بود امضاء کرد.[۹۹] عاقد قرارداد میرزا ابوالحسن‌خان شیرازی اولین وزیر امور خارجه ایران بود. جوانک بی‌هویّتی که در دستگاه قاجار به این منصب رسیده و جزء حقوق‌بگیران انگلیس در ایران به‌شمار می‌رفت.[۱۰۰]

میرزا تقی‌خان امیرکبیر اتابک اعظم
(هفتمین نخست وزیر)

پس از درگذشت محمدشاه، جمله رجال دولتی ایران، به دستور میرزا آقاسی، از جمله یوسف مستوفی‌الممالک (همان که سال‌ها وزیر و نخست وزیر بود و در کشتن امیر دست داشت و پسرش از ۹ سالگی وزیر شد و بیش از ده بار وزیر و نخست‌وزیر شد و خانهٔ مسکونی‌اش در ونک تهران امروز محل دانشکده الزهراء است) جملگی به سفارت انگلیس در قلهک رفتند و از سفیر اجازه خواستند تا آمدن ولیعهد ناصرالدین میرزا از تبریز زمام امور را به دست داشته باشند. سرانجام پس از راهنمایی سفرای روس و انگلیس و مهدعلیا و میرزا آقاخان نوری، تا آمدن ولیعهد زمام امور را به‌دست گرفتند.

میرزا تقی‌خان در تاریخ ۲۱ ذی‌قعده ۱۲۶۴ مطابق با اکتبر ۱۸۴۸ (همزمان با ایام اسپنسر، مارکس، اگوست کنت، نیچه، ادیسون، بنز، میشلن، ولتر، روسو، هگل و کانت) به نام میرزا تقی‌خان امیرکبیر اتابک اعظم به منصب صدارت اعظمی ایالات ایران رسید. و بدین طریق برای مدتی کوتاه (سه سال و یک ماه و ۲۷ روز) دومین ستارهٔ شب پانصد ساله ایران درخشیدن گرفت.

در اروپا، در زمان امیر، همهٔ دانه‌های کاشته شده به ثمر رسیده است، ریاضت در حرفه و مواظبت در کار، «شرعیات» سرمایه‌داری جدید شده و این همان آیین سرمایه‌داری است. دولتمردان اروپا در حالت رقابت بی‌امان تمام سعی‌شان در توسعه علوم و فنون و قدرت نظامی و صنعتی کشورشان است و به‌شدت از صنایع و اختراعات و صاحبان آن حمایت می‌کنند. در این زمان در آستانهٔ تحولات عظیمی هستیم، علوم کم کم به

کمک صنایع و حرف و سرمایه سرمایه‌داران و زورمندان شتافت. در علم روش تأیید قدما به‌کلی متروک شد. فقط به چیزی پرداخته شد که تجربه‌بردار باشد و «سود»ی از آن عاید شود. حرف همهٔ صاحبان علوم در این خلاصه شد که تجربه، آزمایش، روش ریاضی و استنتاج منطقی گریزناپذیر است و تنها با این ابزار می‌توان به دنبال روابط ضروری بین اشیاء گشت. در علوم انسانی هر که پیدا شد به کمک آرمان‌های جوامع صنعتی شتافت و مقوله‌ای بافت که به‌کارِ امنیت «پول» بیاید. و این نظر را ثابت کند که «سلطنت موهبتی الهی نیست» بلکه از طرف مردم به پادشاه واگذار می‌گردد، یعنی اینکه مردم «رعیتِ» پادشاه نیستند و پادشاه موظف به رعایت حقوق مردم و رعایت منافع ملی است. حق حاکمیت بی‌قیدوشرط متعلق به مردم است و می‌بایستی خرد شود تا از آن سوءاستفاده نشود و همین تفکیک قوا را پیش آورده است. دراین هنگام صاحبان صنایع و منابع مالی و تجاری انگلیس، فرانسه، امریکا و ... مجهز به تئوری‌های جدید، جلوی هر گونه خودکامگی را می‌گرفتند. و از به حصار کشیدن قدرت مطلقه شاه موفق بیرون می آمدند. و سیاست‌گذاری کل مملکت را در زمینه‌های مختلف به خود اختصاص می‌دادند. چون نفع جامعه صنعتی به نشر عمومی دانش بود، آموزش و پرورش و طبع و نشر هر اندیشه و اطلاعاتی را تعمیم دادند. زمانی که برای اولین بار نشر دانش را در تاریخ فرهنگ بشر عمومی کردند، آن را نه برای تعالی روح انسان، بلکه برای آن کردند که کارگر را غلام دستگاه کند و به او آن مقدار اطلاعات که جهت ادارهٔ صنعت لازم است بخوراند. در کنارِ آموزشِ عمومی و آموزشِ تکنیکی، بلندپروازی، خودخواهی، زیاده‌طلبی، قدرت‌طلبی، لذت بردن، سودجویی، ماجراجویی، روحیهٔ اطاعت و پشتکار را به او بیاموزد. در زمانی که امیرکبیر به مسند نشست در اروپا نظر کسانی همچون مونتسکیو، ولتر، دیدِرو، دالامبر، هیوم، ژان ژاک روسو، آدام اسمیت و ... باکم و بیش اختلاف، رو به پیشرفت و تحقق نسبی بود؛

جملهٔ اینها باکم و بیش اختلاف معتقد بودند که حاکمیت از آن مردم است و به شخص خاص تفویض نمی‌شود، بلکه به قانون‌گذار تفویض می‌گردد که به وجه احسن از آن حمایت کند. قاطبهٔ اینها معتقد به آزادی فرد و امنیت اجتماعی بودند و اعلام می‌داشتند که بهزیستی و رشد و توسعه زندگی افراد در گرو آزادی و امنیت اجتماعی امکان‌پذیر است. این متفکرین از حقوق طبیعی فاصله گرفتند و سودجویی و مفید بودن را مرجع ضوابط زندگی قرار دادند و متقاضی عدم دخالت دولت در کارها شدند. آدام اسمیت اعلام کرد ثروت ملل حاصل سرمایه، کار و طبیعت است و دنیا در تولید و توزیع خلاصه می‌شود. او مالکیت بدون قید و شرط را پذیرفته بود و در ماده ۱۷ اعلامیه حقوق بشر و در ماده ۵۴۴ قانون مدنی فرانسه قبل از امیرکبیر چنین آمده بود: «حق تمتع و اِعمال اختیار در اشیاء به‌طرزی هر چه بی‌قید و شرط‌تر، بر طبق موازین و مقررات ....»[۱۰۱]

در کارگاه‌های انگلیس کار بین پانزده تا هفده ساعت و گه‌گاه بیشتر همراه با تخته شلاق و جریمه برقرار بود و ازکودک هفت‌ساله تا پیرمردان و پیرزنان مشغول خدمت بودند.[۱۰۲] معادن با کار طاقت‌فرسای سالانه یکهزار آدم در انگلستان جیره داشتند، یعنی زیر فشار کار و فقط فشار کار می‌مردند![۱۰۳] و با این وصف داروین، اسپنسر و مالتوس می‌گفتند، تنازع بقا و انتخاب اصلح!

با این وضع بود که امیرکبیر صدارت چند روستا و قبیله و ایل را عهده‌دار شد، که دارای مردمی بافرهنگِ انسان‌های غارنشین بودند. زمانی که امیرکبیر وارد کاخ گلستان شد، میرزا یوسف مستوفی‌الممالک و دیگر رجال با دستورات کافی از سفارت انگلیس و تمام گله‌داران ایل قاجار در اندرونی در حال تقسیم شکنبه به جا مانده از ایران گرگ‌دریده بودند. شاه هفده ساله با تربیتی ایلاتی در پی عیش کردن پشت کوه قاف بود. اهل علم و صنعت وجود خارجی نداشت، همان‌طور که کارگر و

کارمزدوری به معنی صنعتی آن مفهوم نبود. زارع از ظلمِ خان به ستوه آمده و خان از ظلمِ خانِ خانان جرأت فعالیت اقتصادی نداشت. براثر فشارهای یک قرن اخیر، اکثر تجار تحت‌الحمایه سفارتخانه‌های دولت بهیه و روس شده بودند.[۱۰۴] تعداد مردان معترض انگشت‌شمار و تعداد وابستگان سفارت بی‌شمار بود. اهل علم آن روز هر یک به تیولی که در دست داشتند هر صبح و شب لشکری از دعا به آسمان گسیل می‌کردند. از مردم نه پوست مانده بود و نه گوشت. شعرا و ادبا در فقر و مسکنت و دریوزگی و گدایی بودند. علوم روز عبارت بود از جن‌گیری، دعانویسی، آداب طهارت، مارنویسی و ...، این ایران بود. این ایران با آن دشمن حریص چه باید بکند؟ این همه فقر و عقب‌ماندگی و ناامنی و جهل چگونه می‌تواند با آن همه فولاد و آهن و تیر و تفنگ و علم و دانش و پیشرفت درآمیزد؟ بدبختی چنان در اوج بود و دشمن چنان قوی که قوی‌ترین مبارزان به یأس می‌نشستند. ولی امیرکبیر با خیالاتی که در «کتابچهٔ خیالات اتابکی» داشت، آرام آرام شروع کرد. امیر یکی از سه نخست‌وزیر ماست که برای اداره کشور و نجات آن از وابستگی و عقب‌افتادگی نظریه داشت. امیر از عمق فرمول رشد غرب بااطلاع بود و اوضاع ویران ایران را نیز به‌خوبی می‌شناخت.

امیر به‌دست قائم مقام تربیت شده بود. و با ویژگی‌های شخصیتی که داشت، در تاریخ دولتیان ایران خوب درخشید. بقیه «دولت‌مردان» ایران (به‌جز دو تن دیگر) با فاصله دوری از وی قرار داشتند. امیر بر اوج بلنداست «به وجه کبریایی که چون برمی‌نگری کلاه می‌افتد.»[۱۰۵] از کودکی چنان اوج گرفت که قائم مقام در مورد امیر نوشت: «حقیقت، من به کربلایی قربان حسد بردم و بر پسرش می‌ترسم ... این پسر خیلی ترقیات دارد و قوانین بزرگ به روزگار می‌گذارد.» در مورد امیر نوشته بسیار است، لیکن هنوز این فرهنگ فقیر سفله‌پرور نتوانسته از عهده خدمت وی درآید و به جبران کشتنش، فدیه‌ای که درخور وی باشد، هدیه کند.

واتسون نویسنده انگلیسی در مورد وی مطالبی دارد که زیبنده امیر است. او می‌گوید: «در میان همهٔ رجال اخیر مشرق زمین و زمامداران ایران که نامشان ثبت تاریخ جدید است، میرزا تقی‌خان امیرنظام بی‌همتاست، دیوجانوس، روز روشن با چراغ در پی او می‌گشت. به‌حقیقت سزاوار است که به عنوان اشرف مخلوقات به‌شمار آید، بزرگوار مردی بود.»[۱۰۶]

امیر از بچگی صاحب اصالت رأی و استواری شخصیت بود و از همان ابتدا معلوم بود که «بقال نشده ترازوزنی آموخته است.»[۱۰۷] نخست‌وزیر شوربخت ما، «درشت و تنومند، خوش‌قیافه، با سیمایی گشاده و هوشمند» بود، اهل ورزش و کشتی‌گیر بود، بسیار باهوش بود. همهٔ کسانی که از خودی و بیگانه در مورد وی چیزی نوشته‌اند، «به زیرکی و هوش فوق‌العاده او و نیروی فکری‌اش اشاراتی» دارند.[۱۰۸] «بسیار پرکار بود. به همان اندازه پرکار بود که غیرت مسئولیت داشت، روزها و هفته‌ها می‌گذشت که از بام تا شام کار می‌کرد و نصیب خود را همان وظیفهٔ مقدس می‌دانست و دشواری‌ها و نیرنگ‌ها نیز او را از کار سست و دلسرد نمی‌کرد.»[۱۰۹]

پرکار بود، زیرا که غیرتِ مسئولیت داشت تمام وقت در گشودن مشکلات کشور دل می‌سپرد و خسته نمی‌شد. شاه که سراغ او را می‌گرفت، جواب این‌طور می‌گرفت: «دیشب از بس که نشسته‌ام حالا ناخوش هستم، مشغولیات این غلام معلوم است بیکار نمی‌نشیند.» عزم او در کار راسخ بود، وزیر مختار انگلیس بارها اظهار کرد که کسی نمی‌تواند امیر را از تصمیمش باز دارد. زمانی هم که متوجه می‌شد باید برای پیشبرد کارش نرمش نشان دهد، درنگ نمی‌کرد. اگر تصمیمات مقامات دولتی به نظر او مخالف و منافی منافع ملی بود، به حیله‌های مختلف از انجام آنها سرباز می‌زد، و این کاری است که چهار سال در ارزنةالروم به آن همت گماشت.

در راستی و درستی و فسادناپذیری و صداقت و صمیمیت او هیچ‌کس تردید نکرد. کلنل شیل، وزیرمختار انگلیس و دشمن خونی امیر، دربارهٔ وی نوشته «پول‌دوستی که خوی ایرانیان است در وجود امیر بی‌اثر است، به رشوه و عشوهٔ کسی فریفته نمی‌شود.» پول‌هایی را که جهت رشوه به وی دادند و نپذیرفت خرج کشتنش کردند. حرف بی‌مغز و فکر کم‌مایه نداشت، کوتاه می‌گفت و کوتاه می‌نوشت و خودش نیز ویژگی خود را می‌شناخت که می‌گفت: «... بلدیت به احوال من دارید که خلاف اسلاف حرف بی‌مایه و بی‌مغز نمی‌توانیم به زبان بیاوریم چه جای اینکه بنویسیم.»[۱۱۰]

جسور و بی‌باک و دلیر بود. «رفتاری متین و سنگین» داشت. خنده کمتر از او دیده می‌شد. چشمانی سخت نافذ داشت، زمانی که امیرنظام بود سربازان جرأت نگاه کردن در چشم او را نداشتند. مناعت طبع داشت و خودپسند نبود. هرگز به خواری تن نداد، از این جهت شباهت زیادی به قائم مقام و مصدق داشت. رفتار متکبرانه را از احدی تحمل نمی‌کرد. اتکا به نفس داشت و هنگام خطر بر اعصاب خود مسلط بود. حق‌شناس و نمک‌شناس بود. هیچ‌وقت لفظ «مولای من» در مورد قائم مقام از زبانش نیفتاد. می‌دانست که «مردانه» است. و به شاه گفت: «... یقین بدانید که در عالَمِ رعیتیِ خود مَردم ... .»[۱۱۱] «غیرت مسئولیت» داشت که در نزد دولتیان ایران حکم کیمیا دارد. چه می‌توان کرد که دست‌پروردهٔ این خاک و بوم‌اند. او صبر و حوصله‌ای قهرمانانه داشت. رفتارش در ارزنة‌الروم گواه آن است. زمانی که از پشت و پیش و به خنجر دشمن و خویش مورد حمله بود، ذره‌ای از منافع ایران در اختلافات مرزی به نفع انگلیس و عثمانی کوتاه نیامد. حل مسائل مرزی خرمشهر (محمره)، زهاب، کرند، اروندرود (شط العرب)، یادگار زمان اویند. دکتر پولاک اتریشی در حق او گفت: «میرزا تقی‌خان مظهر وطن‌پرستی است که در ایران اصل مجهولی است.» و شیل می‌گفت: «امیر جز نیکبختی وطنش چیزی نمی‌خواهد.»

فرانت نوشت: «دادگر و خیرخواه بود.»[۱۱۲] واتسون در مورد وی گفت: «اگر میرزا تقی‌خان می‌ماند و اندیشه‌های خود را به انجام می‌رساند، بدون تردید، در زمرهٔ آن کسانی شمرده می‌شد که به عقیدهٔ برخی از سوی خدا به رسالت تاریخی برگزیده گشته‌اند.»[۱۱۳]

آقای آدمیت که ارزنده‌ترین کار تاریخی موجود (که کافی نیست) را در مورد امیرکبیر انجام داده است، می‌گوید: «اهمیت مقام تاریخی امیر به سه چیز است: نوآوری در راه نشر فرهنگ و صنعت جدید، پاسداری هویت ملی و استقلال سیاسی ایران در مقابله با تعرض غربی، اصلاحات سیاسی مملکتی و مبارزه با فساد اخلاق مدنی.»[۱۱۴]

نکتهٔ مهم آن است که رجال سیاسی همگی و نخست‌وزیران به‌ویژه دست‌پروردهٔ فرهنگ ملی‌اند و ویژگی‌های فوق را نداشتند (به استثناء آن دو نفر). نیز بین آنهایی که در پی فرهنگ جدید، راه افتادند و می‌خواستند و می‌خواهند که هویت ملی و استقلال کشور را از راه نشر فرهنگ جدید و صنعتی حفظ کنند و پیشرفت‌هایی در اخلاق مدنی و مذهبی به‌وجود آورند یک اشکال عمده و بنیادی وجود دارد. رجال ایران، و کلاً فرهنگ ایران، پیشرفت صنعت غرب و اتخاذ آن را فقط در ابزار و ماشین و کاربرد آن خلاصه می‌دانند. و هیچ‌وقت این نکته را فهم نکرده‌اند که پیشرفت و توسعهٔ صنعتی در غرب با قالب‌های اجتماعی خاصی همراه بوده و مقولات فرهنگ سیاسی ـ اقتصادی ـ اجتماعی نیز همراه با بافت و شرایط خاص آن رشد کرده‌اند. این نوع نگرش، یعنی خلاصه‌کردن پیشرفت صنعتی غرب در ابزار، و اقدام به خرید ابزار از طریق فروش نفت و غیره و نیز تلقی از صنعت غرب به‌عنوان عامل تحولات را به نام «باژگونه‌خوانیِ توسعه» می‌نامیم. امیر این نکته را می‌دانست که تغییرات بسیار زیاد دیگری برای پیشرفت صنعت و جبران عقب‌افتادگی لازم است. شناخت قالب‌های اجتماعی صنعت و تأمین شرایط آن از اهم ضروریات است. و در پی این بود که به‌نحوی دست‌آوردهای جدید را با فرهنگ سنتی تلفیق

کند. در مقابل، رجال دیگر، درواقع نوعی «شبه‌مدرنیسم» را به جای «مدرنیسم غرب» فهمیدند و به دنبال آن روان شدند. و ملت ایران نیز این شیوه را ستوده‌تر دانست، به این دلیل که از فرهنگ غیرخلاق و غیرپرکار جامعه نیز به راحتی برمی‌آید. و با «مصرف» سنخیتی قریب دارد که رضامندی به دنبال دارد و از تولید بیزار است زیرا کار می‌طلبد. درک و فهم و اتخاذ سیاست اقتصادی، اجتماعی و سیاسی برای کسب «فرهنگ و صنعت» جدید معضلاتی کمرشکن دارد، که در مجموع فرهنگ ایران بدان تن نداد. چهرهٔ سیاسی و اقتصادی این ویژگی همان است که دو قرن شاهد آنیم. و آن هم با رجالی که بیشتر کارگزار سفارتخانه‌های خارجی هستند تا پاسدار هویت ملی! امیر، به گفته آدمیت، با سه مشکل روبه‌رو بود، تنها امروز یکی از آنها بطور نسبی و تا اندازه‌ای حل شده است.

از گفته و کرده و نوشته‌های امیرکبیر به نیکی برمی‌آید که معرفت به دنیای صنعت آن روز را به کمال داشته است و می‌دانسته که آن را چگونه باید به‌دست آورد و این همان ویژگی است که در نزد رجال ایران «مجهول» است. و فقط یک بار دیگر درخشید و آن هم درست صد سال بعد از امیرکبیر. و بقیه همه «تکرار زهرخند تاریخ» است.

امیر، که جوهر غربزدگی را شناخته بود، اقدامات خود را برای استقلال در زمینه‌های مختلف شروع کرد. وی همچون مصدق و قائم‌مقام به عمق فرمول‌های تجاری، مالی، صنعتی استعماری پی برده بود و علل عقب‌افتادگی ایران را نیک می‌شناخت، بنابراین تیر خود را مستقیم به هدف زد.

امیر برای کارهای خود برنامهٔ عملی داشت و آنها را به کار انداخت. وی فرمول‌ها و الگوهای پیشنهادی کشورهای صنعتی غرب را برای توسعه این مرز و بوم نپذیرفت. در مقابل، برای نجات ایران از دست آنها «راه» داشت.

امیر به فراست دریافت که راه رهایی از چنگ غرب قوی شدن و

صنعتی شدن و بی‌نیاز شدن در تمام زمینه‌هاست. وی می‌دانست که زمینه اصلی کارزار وی با غرب، ابزار نظامی نیست. معرکهٔ اصلی، عرصه پیکار اقتصادی، اجتماعی، فرهنگی است. بنابراین در تمام زمینه‌ها شروع به‌کار کرد.

وی از معدود نخست‌وزیران ایران است که وطن‌پرستی، دلیری و گستاخی و شعور سیاسی، اجتماعی و اقتصادی، صلابت رأی و اندیشه، ملت‌دوستی و ... را به انضمام سواد «آکادمیکی» مورد نیاز کارش به تناسب روز آموخته بود. «کتاب جهان‌نمای جدید» که در ارزنة‌الروم زیر نظر وی جمع‌آوری و تألیف شد و امیر بر آن نظارت مستقیم داشت، به اضافه استقرار در تبریز، و تربیت شدن به‌دست قائم‌مقام‌ها و همین‌طور سفر پطرزبورگ به وی چیزی آموخت که او در جریان عمل لازم داشت. «کتاب جهان‌نمای جدید» دایرة‌المعارفی بود از اوضاع جغرافیا، تاریخ، اقتصاد و فرهنگ سیاسی جدید. و نشان تبحر یافتن امیر به آنچه در جهان گذشته بود و همین‌طور وقوف وی به دقایقی که بر دیگران تا نیمه قرن بعد نیز مکتوم ماند. امیر با این ظرایف فهم بود که با کلنل شیل وزیرمختار انگلیس و دالگورکی وزیرمختار روس درمی‌آویخت. یک بار که بر سر منافع ملی و بحثی اقتصادی با شیل گلاویز شده بود، برای اینکه وجه نظر خود را به او بفهماند و به او بگوید که حرفش علاوه بر خصوصیات کلی که از روی فهم و درایت و تعمق می‌گفت به دانش نو نیز متکی است و نیز برای آنکه شیل نتواند از موضع برتری غربی و با اصطلاحات قلمبه سلمبه کارشناسی توی دل امیر را خالی کند و کار همیشگی به خفت کشاندن یک فرهنگ قبیلگی را تکرار کند، نوشت: «... عرضه داشتِ این مخلص دولت‌خواه به جهت 'اکنومی پلیتیک' بوده است.» و همین اصطلاح و مفاد نامه چنان فغان شیل را به آسمان بلند می‌کند که در جواب می‌نویسد که اگر آن عالیجاه بیشتر در «پلیتیقا ایکانامی» مطالعه می‌کرد ... فی‌الواقع همان اصطلاح «اقتصاد سیاسی» را که به عبارت فرانسوی امیر

به‌کار برده بود، شیل به انگلیسی پاسخ می‌دهد. و امیر هم در پاسخ اصرار و ابرام داشت که منافع ملی را ترک نخواهیم کرد.

امیر می‌دانست که در سایه شناخت دقیق دست‌آوردهای غرب و خصوصیات ایران و تألیف آن دو می‌توان ایران را به جایی رساند به همین جهت در مورد مدیر مدرسه دارالفنون به شاه می‌نویسد «در امر مدرسه دقت زیاد لازم است. آدم خیلی معقول و متشخص می‌خواهد که سررشته از هر چیز فرنگی و ایرانی داشته باشد.» و این در حالی است که «از فرنگی‌مابی بدش می‌آمد و اصالت آداب ایرانی را محفوظ می‌داشت.» و «به هیچوجه اعتنایی به مطلق فرنگی نداشت.»[۱۱۵] با این ویژگی‌ها که برشمرده شد امیر کار را در چندین جبهه آغاز کرد.

آزادی، قانون و امنیت اجتماعی

باریک و ریز شدن در کار امیر می‌رساند که وی خوب می‌دانست که براثر آنچه فرهنگ ایران به سر خود آورده، امنیت اجتماعی که لازمهٔ نظم و در نتیجه امید به آینده و در نهایت تلاش اجتماعی ـ اقتصادی است در ایران وجود ندارد و این خودکامگی و بی‌قاعدگی که سر تا پای این فرهنگ را گرفته، مهلک‌ترین دشمنی است که در مقابل فعالیت این مردم ایستاده است. و تا این مردم فعال نشوند، کارایستادگی آنها در مقابل غرب و تأمین توسعه و رفاه غیرممکن خواهد بود. این ظرایف فهم در ذهن او فعال بودند، به همین جهت در کتاب جهان‌نمای جدید آورده است: «... در فرانسه طریق سلوک پادشاه با رعیت با قانون آزادی است، چنانکه در ایام پیشین قرار داده‌اند، الحال نیز همان قاعده معمول است، نه پادشاه زیاد از آن دست تطاول بر رعیت تواند دراز کرد، و نه رعیت از آن قرار قدیم، قاعدهٔ دیگر تواند آغاز نمود ....»[۱۱۶] تحفه اینکه در زمان میرزا آقاخان نوری که از روی این کتاب نسخه‌برداری می‌کردند، این عبارات را خط کشیدند و به جای آن نوشتند: «زمام اختیارش در کف پادشاهی با اقتدار

است ....»[۱۱۷]

امیر نظم و قانون و تأمین عدالت و درواقع آنچه را که به «نظم میرزاتقی‌خانی» معروف شد بسیار وسیع می‌دید. او از نظم میرزا تقی‌خانی نوعی قانونمند کردنِ قدرت خودکامه و به ضابطه کشیدن هر نوع بی‌ضابطگی را می‌فهمید. و به جد در راه آن ایستاده بود.

این مقوله، همان چیزی است که به صورت جدی و نو مربوط به جوامع صنعتی و عقلانی شدن شیوهٔ فعالیت‌های اجتماعی و حیات جمعی است. این فعالیت‌های نوین با هر گونه بی‌نظمی و بی‌قاعدگی سر ناسازگاری دارند. این بی‌قاعدگی و عقلانی‌نشدنِ حیات اجتماعی ایران، یکی از چهره‌های کریه فرهنگ این زاد و بوم است که قرن‌هاست در لباس‌های مختلف ادامهٔ حیات داده است. امیر با زمانه هماهنگ نشد، جان خود را بر سر آن گذاشت و همین نکته رانیز کراراً قید می‌کرد که یا به خواسته‌هایش تحقق خواهد بخشید یا جان بر سر آن خواهد گذاشت. یکی از ابعاد کار او قانونمند کردن قدرت مطلقه شاه بود، می‌خواست که آن را از حالت خودکامگی به‌در آورد. در عین اینکه سلطنت را حق شاه می‌دانست در صدد این بود که استبداد او را ضابطه‌مند کند. و در «خیال کنسطیطوسیون» بود که «مجالش ندادند.»[۱۱۸] می‌گفت: «... در ممالک انگلیس جمیع ملل و همهٔ مذاهب به قوانین ولایتی، در محافظه همه مساوی می‌باشند. آنها، املاکشان و ادیانشان در کمال رفاهیت می‌باشند ....»[۱۱۹]

امیر نظم را در تمام کارها جست‌وجو می‌کرد، هم در سیاست و هم در اجتماع و هم در قضاوت و هم در فعالیت اقتصادی. میرزا آقاخان نوری، دشمن شماره یک امیر و قاتل او، در نامه‌ای به برادرش آورده است: «... حالت امروز ایران دخلی به شلوغ‌کاری و هرزگی ایران عهد حاج میرزا آقاسی غیرمرحوم ندارد، کارنظم و حساب بهم رسانیده ....»[۱۲۰]

برای اصلاح محضر شرع به طرق مختلف کوشید؛ دیوانخانهٔ عدالت

را بنا نهاد. رسیدگی و دادخواهی مردم علیه دولت را برای اولین بار جاری کرد. برای اقلیت‌های مذهبی حقوق اجتماعیِ برابر قائل شد. رسمِ شکنجهٔ متهم را الغاء کرد. سعی وافر داشت که قوهٔ مجریه در قضاوت دخالت نکند، خواه قضاوت دیوانخانه عرفیه باشد یا محضر شرع.

این اصطلاحات با ورود امیر به صحنهٔ فعالیت سیاسی در فرهنگ ایران رایج شد: «دیوانخانهٔ عدالت»، «وکیل دیوانخانه»، «تنظیمات مملکتی»، «نظم جدید»، «قرار حکومتی» و «قانون درست».[۱۲۱] و همهٔ اینها حکایت از این داشت که امیر در پی تحقق و تحمیل مفاهیم جدید و در نتیجه روابط و الگوهای جدید رفتاری در پیکر فرهنگ و مناسبات قبیلگی ایران بود. و زندگی اجتماعی ایران را به‌صورت نوین قابل ادامه نمی‌دانست مگر اینکه لوازم حیات جمعی جدید صنعتی در آن دمیده شود.

شکنجه، ایران و امیرکبیر

«شکنجه» یکی از مصادیق «جرم» و به عبارتی هتک حرمت اجتماع و حقوق فردی است. ناقض حرمت و عزت انسان است. ویژهٔ بسیاری از جوامع کهن است. فشار بدنی و روحی وسیلهٔ اِعمال نهایی خودکامگی، جهت تعرض به حقوق افرادی است که آن را مطالبه می‌کنند. شیوه‌عمل هم‌بافت و هم‌سنخ با جوامع کهن ما قبل انقلاب اقتصادی، فکری، علمی و صنعتی اروپاست. سنخیتی با جوامع مدنی پیشرفته ندارد. در نظام‌های استبدادی که حکومت «موهبتی است الهی» و سلطان «ظل الله» است، یعنی کلیه حقوق افراد، از طرف خداوند، به او داده شده است و به قول خواجه نصیر «خداوند چنگیز را قوت داد»، این نوع پدیده‌های اجتماعی به‌صورت نهادی ریشه‌دار درآمده‌اند. این ویژگی در این‌گونه نظام‌ها از اجزاء جدایی ناپذیر استبداد است.

در جوامع صنعتی که پیشرفت‌های چشمگیری در تحقق حقوق فردی

حاصل شده است، و به مرور که حاکمیت مردم چهرهٔ «حاکمیت سلطان ظل‌الله» را بی‌رنگ کرده و درنهایت حاکمیت به‌دست مجریان قانون سپرده شده که مطابق با تصویب مردم عمل کنند، این رسم نیز متروک شده است. در این جوامع چون حکومت به‌دست مردم است برای پیشبرد اهداف مردم، نیازی به شکنجه دیده نمی‌شود. شکنجه زمانی لازم می‌افتد که حقوق مردم، توسط فرد یا گروهی غصب شده باشد واین غصبِ حقوق، مردم را به عکس‌العمل وادارد، و غاصب نیز برای تسلیم کردن افراد در مقابل خود به خشونت، که یکی از آنها شکنجه است، متوسل شود. طرح مسئله شکنجه و برخورد با آن، مثل پدیده‌های دیگر جوامع نوین، از غرب به ارث رسیده. در جوامع اسلامی، مبانی حقوقی و اخلاقی، این امر را مذموم و حرام می‌داند، لیکن عملاً کسی قادر نبوده است که از حرمت انسان دفاع کند. به‌هر جهت از این سیزده قرنی که از بعثت پیامبر اسلام(ص) می‌گذرد برای اولین بار در زمان قاجار از طرف دولت‌های خارجی، یعنی سفارتخانه‌های روس و انگلیس، حال به‌هر دلیل موذیانه، برای توقیف شکنجه و رفتار سبعانه با انسان، حکومت ایران تحت فشار قرار گرفت. حکومت ایران در زمان محمدشاه و حاج میرزا آقاسی، بر اثر فشار، حکمی مبنی بر ممنوعیت شکنجه صادر کرد.[۱۲۲] ما موضوع اینکه چرا این سفارتخانه‌ها چنین تقاضایی داشتند را کنار می‌گذاریم، لیکن نفسِ مسئله درخور اعتنا است.

در زمان امیرکبیر سفارتخانه‌های مذکور دوباره فشاری به دولت ایران وارد کردند مبنی بر اینکه شاه و صدراعظم جدید حکم معوقه قبل را دوباره اعلام و تأیید و تنفیذ نمایند. امیرکبیر که منظور آنها را می‌دانست در جواب گفت: «بنا و قانون ما با بندگان خدا مبنی بر عدل است.» ولیکن وضع اجتماعی ایران به طریقی است که از صدور چنین حکمی کسی منتفع نمی‌شود و «اشرار قطاع‌الطریق حمل بر عدل نمی‌نمایند ... و باعث ازدیاد جرأت و جسارت الواط و اشرار خواهد شد.»[۱۲۳] البته امیر بعداً

دستوراتی صادر کرد که جنبه‌های مختلف و متنوع داشت که غرض او از آن دستورات تأمین آزادی اجتماعی افراد بود. از جمله اینکه مجازات‌ها باید متناسب با میزان جرم باشد و همین‌طور شکنجه باید متروک و موقوف باشد و در همین رابطه به حاکم گیلان نوشته بود: «عدالت را 'فرض حکومتی' بشناسید، مراقبت نمائید که احقاق حق بشود، اغماض و چشم‌پوشی ابداً در میان نباشد که خلاف رضای خدا و مغایر عدالت است ... منتهای اهتمام را در اجرای حقوق ثابته و رفاهیت و آسودگی مردم خواهید نمود.»[۱۲۴]

البته این یک بُعد از ابعاد کار امیر است. ولی امیر می‌دانست که به صرف نوشته مطلوبی حاصل نمی‌شود. به همین جهت، اقداماتی انجام داد که آن اقدامات در مجموع موجب اجرای «عدالت» و «حقوق ثابته» و «رفاهیت» تودهٔ مردم گردید. در جایی مطلبی مبنی بر اینکه منظور امیر از «حقوق ثابته» چه بوده است پیدا نکردم. ولیکن با توجه به فرهنگ تربیتی امیر و کل اقداماتی که انجام داده است، و مخصوصاً آنچه در کتب مختلفه زیر نظر مستقیم او جمع‌آوری شده، و آنچه از «کتابچهٔ خیالات اتابکی» برمی‌آید، دامنهٔ «حقوق ثابته» در نزد امیر بسیار فراخ بوده است و وی از کاربرد این عبارت چیزی نزدیک به حقوق فطری که شأن انسان را تضمین کند و حقوقی تحصلی به تعبیر جامعه‌شناسی آن‌که از شعور وجدان جمع برخیزد را اراده می‌کرده است. حقوقی که ناشی از «وجدان و شعور جمعی» و «اراده عمومی» باشد. نه حقوقی که فقط ناشی از دولت بوده باشد که در هر زمان و به میل هیئت حاکمه تغییر کند. بدین اعتبار امیر، به‌راستی فرزانه‌ای عدالت‌خواه بود، و سیاستمداری برجسته، که سخنان واتسون در حق وی برازنده است.

کاربرد این اصطلاحات در قاموس سیاسی امیر حاکی از این است که وی «عدالت» و «حقوق ثابته» و «رفاهیت» توده را ممزوج می‌فهمیده و این ناشی از عمق دید اوست. او می‌دانست که تأمین عدالت و حقوق فردی و

رفاهیت، بدون یکدیگر، امکان‌پذیر نیست، مضاف بر اینکه به مسائل بی‌شمار دیگر نیز ربط دارد از جمله عدم رشوه‌خواری حکام و تبدیل و تنظیم قوانین مالیاتی و گماشتن افراد کاردان و «کسان عاقل و قابل» بر سر کار و ... . این‌گونه مسائل، به ظاهر ساده می‌نماید لیکن اگر توجه داشته باشیم که یکی از لوازم جامعهٔ صنعتی، بوروکراسی عقلانی و سالم است و اینکه در این‌گونه نظام شرط پذیرفتن مسئولیت و سمتِ کاری، داشتن شرایط لازم تخصصی و ویژگی‌های شخصیتی و صلاحیت ثابت کاری است، آن وقت به معایب نظام اداری ایران پی خواهیم برد. در ایران دوران درازی است که ارزش‌های قبیلگی حاکم است و مسئولیت‌های کاری بر اساس روابط قبیلگی توزیع می‌شود. در این‌گونه نظام مهم نیست که شخص کارایی و رأی خردمندانه برای کار داشته باشد، بلکه مهم این است که در رابطه با ارزش‌های مورد نظر قرار بگیرد. به عبارت دیگر، کارهای کارشناسی و مدیریت اجرایی توسط روابط سیاسی که مخرب و منهدم‌کنندهٔ نظام است توزیع می‌شود. فتحعلیشاه بیش از ۲۷۰ فرزند داشت، که همه به‌عنوان شاهزادگان شاه منفور گوشه‌ای از ایران را تیول خود کرده بودند. حسن مستوفی‌الممالک سابق‌الذکر، معروف به آقا، در اواخر عمر ناصرالدین شاه در نُه سالگی وزیر مالیه شد. حال جای روابط در مقابل یک بوروکراسی عقلانی مشخص می‌شود. در نظام‌های قبیلگی شرط احراز سمت وابستگی و خویشاوندی است، همان که امروز جامعه‌شناسان به آن «انتساب» می‌گویند. در نظام‌های ایده‌ئولوژیک هم شرط احرازِ سمت، سرسپردگی ایدئولوژیک ظاهری به ارزش‌های نظام و پذیرفتن ظاهری شعارها و تکرار آنهاست. در هیچ‌یک از این دو نظام صلاحیتِ ثابتِ کاری و «موفقیت در آن» مورد نظر نیست. این شرط که داشتن تخصص و ممارست جدی در آن، یعنی تعهد به صورت صلاحیت ثابت نیاز دارد، مورد نظر نظام‌های تکنو-بوروکراتیک عقلانی است که هنوز در ایران ناشناخته است.

امیر می‌خواست با این نظام درآویزد و این کاری به‌غایت مشکل بود، ولی برای تأمین «عدالت» و «حقوق ثابته» و «رفاهیت» مردم چارهٔ دیگری نبود. می‌بایست در همه جا دست به کار شد و از آن جمله «کسان قابل و عاقل» بر سر کارها گماشت و مناصب بدون کار را حذف کرد. القاب بی‌جهت را دور ریخت، امیر در همهٔ زمینه‌ها دست به اقدامات زد. چون نظام اجتماعی را در کلیت آن می‌دید، وی حتی اصلاح «شعر روضه‌خوانی» را نیز از مدنظر دور نداشت. بدون اینکه از امور شهر و خدمات عمومی و آبله‌کوبی و بهداشت و تأسیس مریضخانه، کوتاه‌کردن دست دولتیان از سر مردم، نظافت شهر، جمع‌آوری گدایان، تأمین خدمات شهری، چاپارخانه و پست، حفظ آثار باستانی، جلوگیری از تعدی مأموران بیگانه، توسعه صنعت و تنظیم امور واردات و صادرات، حفظ منافع ملی در مقابل بیگانگان، ایجاد دیوانخانه عدالت، استفاده از کار کارشناسی، توسعه و نشر دانش، واداشتن مردم به کار و تلاش، حمایت از فعالیت‌های تولیدی و تجاری، تأمین حقوق اجتماعی اقلیت‌های مذهبی و ... غافل باشد. اگر دولتی برای ادارهٔ جامعه چنین برنامه جامعی داشته باشد که از هر سو با کاستی‌ها درآویزد موفق می‌شود معلول‌های روابط اجتماعی را که بازتاب فعالیت حیات جمعی است تأمین نماید. «عدالت»، «حقوق ثابته» و ... هرگز به صورت مجرد تأمین نمی‌شود. از نظر امیر تمام این اقدامات لشکریان «عدل»اند که هماهنگ به پایگاه‌ها و حصارِ جور حمله‌ور می‌شوند.

امیر نیک می‌دانست که تأمین عدالت و حقوق اجتماعی افراد، منفک از اقدامات دیگر امکان‌پذیر نیست که در جواب سفارتخانه‌ای خارجی نوشت که می‌بایست «بنای قانون عدل» را همه‌جانبه در نظر داشت و نمی‌توان آن را با خطبه و خطابه و اعلان رسمی در روزنامه به چنگ آورد.

آقای آدمیت در بحث شکنجه و امیر، شکنجه را به استبداد ربط می‌دهد که البته غلط نیست. لیکن، در عین نارسایی موجب انحراف نیز

می‌شود. کم نبودند روشنفکران و فرزانگان و صالحان این مرز و بوم و تودهٔ مردم که بر این باورند که برای ریشه‌کن کردن شکنجه باید استبداد را زد.[۱۲۵]

شکنجه و استبداد، هر دو، در عین فعال بودن، معلول محیط اجتماعی‌اند. تا محیط اجتماعی که موجب پیدایش و رشد آن می‌شود خوب شناخته نشود وبا آن مبارزهٔ فعال نشود، مبارزه با معلول آن نیز امکان ندارد. مبارزه با «مالاریا» هم مستلزم کشتن پشه است و هم خشک کردن باتلاق که محیط زیست اوست. کسانی که (اکثر قریب به اتفاق) تصور می‌کنند شکنجه ناشی از استبداد است از «جرم» تلقی بسیار ساده‌ای دارند که صرفاً عامل و علت قریب آن را می‌شناسند. درک علل همه جانبه آن مستلزم داشتن متدِ تحلیلِ رفتارِ اجتماعیِ انسان است.

این‌گونه تفکر برخاسته از این اشتباه است که «حقوق افراد را با مجموعه متون قانونی یکی بگیریم. مجموعهٔ متونی که یا وارداتی است، یعنی به‌صرفِ داشتن کاربرد خوب در جامعهٔ دیگر، برای تحقق همان اهداف وارد شده‌اند یا اینکه در همین کشور سابقه‌ای روی کاغذ داشته است. در واقع این‌گونه تفکر ناشی از یک خلط مبحث است و آن هم این است که مجموعهٔ «تکنیک حقوق» با حقوقِ به قول امیرکبیر «ثابته» به‌معنی «مجموعه قواعد لازم‌الاجراء تعیین‌کننده روابط اجتماعی که از متن جامعه می‌تراود و بر افراد تحمیل می‌شود[۱۲۶] اشتباه گرفته می‌شود. جرم تا حد بسیار زیادی محصول محیط اجتماعی خویش است. «درواقع نمی‌توان دربارهٔ جرم ــ جرم به معنای عام کلمه و نه یک جرم خاص ــ سخن گفت و آن محیط اجتماعی را که جرم در آن به‌وجود آمده نادیده گرفت. و نیز به هنگام بحث دربارهٔ جرم نمی‌توان در قلمروی بیش‌وکم وسیع، ولی همیشه مؤثر، سهم محیط اجتماعی را در تکوین و رشد یا نقصان یافتن جرم فراموش کرد.»[۱۲۷] به قول آنریکو فری «راه مبارزه قاطع با جرم آن است که علل اجتماعی جرم را کشف کرد ... و با اصلاحات قاطع

با آن مبارزه کرد.»[۱۲۸]

جرم، که تعرض به حقوق افراد است، امری فقط اجتماعی است. بدین اعتبار، حقوق بیش از اخلاق و مذهب جنبهٔ اجتماعی دارد و از بطن روابط اجتماعی افراد می‌تراود. «تبه‌کاری» که یک جنبهٔ آن نیز شکنجه و استبداد است «در هر جامعه‌ای جنبه‌ای اجتماعی و فرهنگی دارد.»[۱۲۹]

حقوق، به معنی تکنیکی آن، یعنی مجموعه قوانین و مقررات، نسبت به روابط خلاق اجتماعی، «پس‌آینده» است، یعنی ابتدا باید جامعه در روابط متقابل خود خلاق گردد و سپس حاکمیت سیاسی یا دولت برای تحکیم آن روابط مقرراتی را وضع نماید. اما از طرف دیگر در طول تاریخ جوامع بشری، جامعه، در اصل و اساس صرفاً در پی مجازات و کیفر مجرم بود، و این ناشی از تلقی عوامانه و خام‌اندیشانه نسبت به جرم است که معلول را عامل می‌انگارد. طی زمان‌های طولانی و زحمات طاقت‌فرسا و پیشرفتی که در فرهنگ بشری حاصل شد، نظر جامعه در ضمن تنبیه مجرم معطوف به اصلاح او شد، و این دست‌آوردی گران و نه چندان ساده است. و اما به مرور که بشر پیشرفت بیشتری کرد و ذهن او پیچیده‌تر شد و می‌توانست روابط پیچیده اجتماعی را در «کل پیچیده‌تری» ببیند، تلقی او نیز نسبت به جرم و مجازات مجرم عوض شد. در این تلقی، هدف این است که: «... اجتماع در برابر اقدامات ضداجتماعی حمایت شود و در این باره، هم اقدامات احتیاطی اجتماعی به عمل آید و هم احتیاط‌های جلوگیری‌کننده از بیماریِ مولدِ جرم ....» این نوع نگرش کار هر جامعه خام‌اندیشی نیست.

در جایی که جرم تنها متوجه مجرم است، یعنی یک رابطهٔ علت و معلولی ساده بین جرم و مجرم برقرار می‌گردد، به‌راحتی می‌توان نتیجه گرفت که کیفیت مبارزه با جرم چگونه خواهد بود و آن از میان برداشتن مجرم است. ولی چون بستر اصلی جرم در جامعه به‌طور کامل فعال است، پی در پی از تولید انبوه جنایات کوتاهی نمی‌کند. آنچه در

دویست‌سالهٔ اخیر در ایران گذشته حاکی از تلقی نوع اول است. و روند کار نیز بدین صورت بوده که بعد از هر مبارزه و درگیری مستمر به قصد سقوط استبداد، استبداد تازه‌نفس‌تری جایگزین آن شده است.

تلقی نوع اول، با تفکری عوامانه، «حاکمیت سیاسی» را با «حاکمیت قضایی» و «حاکمیت اجتماعی» خلط می‌کند. و همیشه دربند سرنگون کردن «حاکمیت سیاسی» بوده است. درست است که «اجبار» و یا «قدرت سازمان یافته» که قدرت تحمیل دارد در اختیار «حاکمیت سیاسی» است، لیکن ضامن یا ناقض حقوق افراد، تنها حاکمیت سیاسی نیست، بلکه این امر از «حاکمیت قضایی» و «حاکمیت اجتماعی» برمی‌خیزد. این نیز برآمده از «اندیشه‌ای جمعی» و از رشدیافتگان حوزهٔ روابط اجتماعی و روح جمعی جامعه است. اینجا درک و فهم مسئله پیچیده شده و چاره مبارزه با آن نیز به‌شدت پیچیده می‌شود. و چون فرهنگ‌های جهان سوم عموماً «پخته‌خوار»اند و حاضر به آماده کردن محیط مناسب آزادی‌های اجتماعی و کشیدن زحماتی که لازمهٔ تحقق آن است نیستند، در نتیجه، بیشتر دوست می‌دارند با این پدیده نیز به صورت «مصرفی» برخورد کنند. و آن اینکه چند کتاب و اعلامیه و مواد قانونی وارد کنند یا به‌احتمال، از شدت فشار سیاسی ـ اجتماعی با حاکمیت سیاسی بجنگند تا حقوق اجتماعی ـ اقتصادی ـ سیاسی خود را با پیشرفته‌ترین الگوها تأمین کنند. زهی خامی! و این چیزی است که در ایران تجربه شده است. «دولت» فقط «تأییدکننده حقوق» است. (نظر مارسل موس، فوکونه، داوی، لئون دوگی، امانوئل لوی، موریس اوریو چنین است و پس از آنها به نظرات گورویچ استشهاد می‌شود.)

دولت «خودش» تابع قاعده‌ای مافوق خود است که در ایجادش دخالتی ندارد. «بهترین نمونه اینکه شما هرگز قادر نخواهید بود دولتی شبیه دولت قاجاریه و مشابه آن را به جوامعی مثل انگلیس و آمریکا یا فرانسه تحمیل کنید، به بنگلادش و ساحل عاج هم چنین نظامی را

نخواهید توانست تحمیل کنید. درحالی که در ایران چنین نظامی به شکل‌های مختلف تراویده است و این نیست جز اینکه قالب‌های اجتماعی ایران، متناسب خود و هم‌بافت با فرهنگ خود، تولید «مثل» می‌کند. بی‌جهت نبوده که در زمان قاجار و در بحبوحهٔ استعمار، حدود ۷۰ امام زمان در کشورهای اسلامی پیدا شده و رشد نموده است.

رعایت حقوق اجتماعی افراد اعم از سیاسی و اقتصادی و اجتماعی (به معنی خاص) را از قوانین و مجریان آن خواستن، سفیهانه‌ترین برداشت مبارزاتی در یک جامعه است. مقررات قضایی ثابت کرده‌اند که نمی‌توانند جلوی هیچ‌گونه هتک حرمت اجتماعی افراد را بگیرند و به قول اهرلیش «چون حبابهایی که بر آب نقش می‌بندند» این مقررات متوجه دادگاه‌های دولت زده و سایر مراجع دولتی است ....»[۱۳۰]

«... باید متوجه بود که هر گونه عدالتی در اصل ثابت و ساکن نیست و نیز عدالت عبارت است از آشتی قبلی الگوها، قاعده‌ها، ارزش‌ها و اندیشه‌ها که باید در کادر اجتماعی مشخصی با رفتارهای دسته جمعی تحقق یابد و سرانجام باید به ضمانت اجرای اجتماعی یعنی کوشش‌هایی که در مسیر این تحقق صورت می‌گیرد توجه کرد....»[۱۳۱] «... حقوق، بدون ضمانت اجراء اجتماعی که حامی آن است نمی‌تواند به حیات خود ادامه دهد...»[۱۳۲] برای اینکه حقوق افراد به‌صورت مؤثر تضمین شود نیازمند ضمانت اجرایی اجتماعی است و این با ضمانت اجرایی قانونی که در صورت فقدان ضمانت اجرایی اجتماعی کارایی ندارد فرقِ فاحش دارد. به قول گورویچ: «ضمانت اجرایی خودجوش با الزام و اجبار بیرونی یعنی مجازات متخلف فرق آشکار دارد.» و ضمانت اجرایی اجتماعی، ریشه در رفتار اجتماعی و حیات جمعی و شعور وجدان جامعه دارد. «نظام حقوقی دولت، خود نظامی است از نظام‌های حقوقی. کسانی که می‌پندارند دولت در قلمرو سلسله‌مراتب نظام‌های حقوقی، که در جامعه معین با هم درستیزند و یکدیگر را حاکم می‌کنند، حاکم است، حاکمیت

سیاسی را (که چیزی جز انحصار 'اجبار' بی‌قید و شرط دولت نیست) با دو چیز اشتباه می‌کنند: از طرفی با حاکمیت قضایی (که همواره متعلق به جامعهٔ کلی است) و از طرف دیگر با حاکمیت اجتماعی (که میان گروههای اقتصادی، دولت، طبقات اجتماعی، جامعه کلی و گروههای بین‌المللی تقسیم می‌شود). و این خطای بزرگی است.

دستگاه حقوقی جامعهٔ کلی (که اساس‌اش حقوق غیر متشکل است) به مراجع مختلف برتری نسبی می‌بخشد....»[۱۳۳] در مورد ایران «دستگاه حقوقی جامعه کل» همیشه استبداد و جزء لایتجزای آن یعنی شکنجه را «برتری نسبی» داده است.

البته امیر مسائل را به صورت نظریه‌پردازانه طرح نکرده‌است، بلکه شیوه درآویختن او با مسئلهٔ شکنجه و استبداد، این برداشت را به‌دست می‌دهد که به‌قول خودش «خیال کنسطیطوسیون داشتم، مجالم ندادند.»

فهم امیر از دانش، وسایل ارتباط جمعی و کتاب

زندگی شهری و تولید صنعتی، نیاز به تربیت و نشر فرهنگ صنعتی دارد، این شیوهٔ زندگی ایجاب می‌نماید که همهٔ اقشاری که به گونه‌ای در ارتباط با تولید، توزیع و مصرف کالای صنعتی قرار می‌گیرند به طریقی تربیت شوند که مزاحمتی در کارکرد نظام تولیدی ایجاد نکنند. در ضمن آموزش‌های علمی، بخش عظیمی از آموزش‌ها متوجه رشد افکار عمومی توده و آموزش رفتار صنعتی است که با رفتار ایلی و قبیلگی و دامداری سنتی فاصله بسیار زیاد دارد. توده‌های عظیم در این نظام می‌بایستی متوجه پیچیدگی‌های نظام صنعتی و نحوهٔ برخورد با آن باشند، و رفتار خود را به شیوه‌ای سمت بدهند که نیاز رشد اقتصادی و توسعه ایجاب می‌نماید. این مقوله چیزی فراتر از آموزشهای مدارس و دانشگاههاست. در این نوع آموزش حس فداکاری اجتماعی، یا درک «مسئولیت مشترک» برای ادامه حیات اجتماع به صورت مختلف و به

گونه‌ای تلقین می‌شود که جزء بافت شخصیتی افراد می‌گردد. این نوع آموزش نیز با زندگی انفرادی اجتماعی سنتی و عدم نیاز اجتماعی به معنی دقیق کلمه فرق دارد. نوع جدید چیزی است شبیه به «همبستگی ارگانیک» که ناشی از تقسیم کار اجتماعی است. به میزانی که جامعه رشد می‌کند، نیاز به فداکاری متقابل برای جامعه بیشتر است و بدون ترجیح دادن حقوق اجتماع بر فرد هیچ‌گونه امکان ادامه حیات اجتماعی نیست. فرهنگهای کشاورزیِ سنتی که با همان قالب فکری وارد دنیای زندگی صنعتی می‌شوند، دچار گرفتاری جدی در حل مسائل خود می‌گردند که ناشی از عدم سازگاری این دو نوع رفتار اجتماعی است. مسئلهٔ آموزش عمومی به صورت جدی با امیر شروع می‌شود. قبل از امیر روزنامه میرزا صالح بود که متروک شد. امیر نشر مطبوعات و دانش را به شیوه‌های مختلف شروع کرد. تا امیر زنده بود سیاست وی بر روزنامه *وقایع اتفاقیه* حاکم بود. در روزنامهٔ او گزافه یافت نمی‌شد و رشد افکار عمومی در راستای صیانت منافع ملی و توسعهٔ اقتصادی و تنزیه و تصحیح اخلاق مدنی وجهه همت او بود.

امیر به این نکته که روزنامه و آموزش در چه راستا حرکت کند وقوف داشت و آن را رعایت می‌کرد. راجع به معلمین مدرسهٔ دارالفنون می‌گفت که معلمین می‌بایستی «با سررشته و صاحب وقوف»[۱۳۴] باشند و در مورد مدیر مدرسه چنانچه پیش از این اشاره شد به شاه نوشت: «در امر مدرسه دقت زیاد لازم است آدم خیلی معقول و متشخص می‌خواهد که سررشته از همه چیز فرنگی و ایرانی داشته باشد.»[۱۳۵] در مورد روزنامه وجهه نظرش «اطلاع یافتن دولت از اوضاع جهان، و دیگر، پرورش عقلانی مردم و آشناکردن آنها با دانش جدید و احوال دیگر کشورها بود.»[۱۳۶] روزنامه را بدان جهت می‌خواست که «بردانش و بینش آنها بیفزاید.» و نیز «سبب دانایی و بینایی اهالی دولت علیه شود....»[۱۳۷] امیر مقرر کرده بود که هر کس ۲۰۰ تومان در سال حقوق دیوانی دارد، به ۲ تومان اجیر (آبونه)

روزنامه شود و کلیه رجال و کدخدایان و رجال شهری و ... را ثبت نام کرده‌بود که روزنامه «اجیر شوند» و از این طریق به کمّ و کِیف دنیا مطلع گردند.

تلقی مردم از روزنامه نیز درخور دقت است. به‌همین جهت روزنامهٔ *وقایع اتفاقیه* مجبور شد در شمارهٔ ۲۶ خود موضوع را این‌گونه منعکس نماید:

> **بعضی مردم نفهمیده و نمی‌دانند که حسن این روزنامه چیست و مصرفش چه می‌باشد؟ پاره‌ای اشخاص خیال می‌کنند که کاری است که دیوانیان عظام راه انداخته‌اند به جهت منفعت و مداخل. و برخی هم چنین تصور می‌کنند که این روزنامه منصبی است که به کسانی که از دیوان اعلی اسامی آنها معین شده باید برسد و به دیگران نباید برسد. لکن هیچیک از اینها نیست... این اخبار چیزی است ... به جهت تربیت خلق و اطلاع آنها از امورات دیوانی و غیره و اخبار دول خارجه و منفعت خاص و عام....**[۱۳۸]

باری تا روزی که امیر بود سعی زیاد می‌شد که معارف عمومی، مسائل صنعتی، تجاری و فرهنگی را از طریق روزنامه به آگاهی مردم برسانند.

دارالفنون نیز در هفت شعبه تأسیس شد و اولین مدرسهٔ جدید ایران بود (دارالفنون ترجمه پلی‌تکنیک است) شروع کار بعضی از رشته‌ها بعد از امیر بود. بعد از امیر، هم از نظر شکل و هم از نظر محتوا و هم از نظر معلم و دانش‌آموز ویژگی خاصی پیدا کرد. فارغ‌التحصیلان اولیهٔ آن فرزندان رجال قاجار بودند، ایلاتی‌هایی که اسکان یافته بودند. و اینها همانهایی هستند که به‌اضافهٔ از فرنگ برگشتگانشان، بدنهٔ اصلی دستگاه اجرایی کشور را تشکیل دادند که خود داستان عبرت‌آموزی دارد. از بدو تولد دچار انحراف بودند. آنان نه برای کار و اجرای خدمات مستمر اجتماعی (منظورِ نظر، بوروکراسی و دستگاه اداری است) بلکه برای تخصیص بودجهٔ بیشتر به دوایر مربوطه و غیب‌کردن آن همچون

شامورتی‌بازان، به سر کار می‌آمدند. و این سُنَتِ سیئه گریبان ادارات ایران را گرفت و هر سه نخست‌وزیر ما را نیز در آستان خود قربانی کرد.[۱۳۹]

رسیدگی به وضع مالیه

بد نیست بدانیم که وضع مالیهٔ ایران (به همان دلیل که در مورد دانش‌پژوهان دارالفنون گفتیم)، از نابسامان‌ترین بخش‌های ایران است. و جالب اینکه فقط از مشروطه تا انقلاب اسلامی ۱۳۵۷، یعنی حدود ۷۲ سال، ۱۳۷ وزیر مالیه (دارایی)[۱۴۰] در دستگاه مالی ایران وزارت کرده‌اند. و از مشروطه تا انقلاب اسلامی ۱۳۵۷ حدود ۶۵ هیئت دولت تشکیل شده و مسئولیت اداره دستگاه اجرایی را به‌عهده گرفته است. همین دو رقم گویای این نکته است که ساختار اجتماعی ایران تاب تحمل نهادهای سیاسی ـ اقتصادی غرب را که هم بافت با قالب‌های اجتماعی جوامع صنعتی است ندارد. به همین جهت هرج و مرج عظیمی در تمام قسمت‌های نظام اقتصادی ایران به‌ویژه مالیه حاکم بوده است. این اوضاع بیانگر این است که ایرانیان نه تلاش جدی کرده‌اند و نه توفیقی یافته‌اند که سازگاری و تلفیقی در راه بهبود این وضع بنمایند.

کسر بودجهٔ ایران از زمان محمد شاه آغاز شد و کار به‌جایی کشید که در زمان حاج میرزا آقاسی هر سال «دو کرور مخارج ایران بر مداخل آن زیادتی پیدا کرد.»[۱۴۱] و «طرح نخستین بودجه‌ای که با تمام تعدیلات و رسیدگی‌ها به مجلس رفت و تصویب شد ۶ کرور تومان کسر داشت. در شوال ۱۳۲۵ قمری درآمد دولت ۱۵ کرور و خرج ۲۱ کرور بود ... کسری بودجه درمجلس دوم بیشتر شد و دولت استقراض کرد.»[۱۴۲] و امروز نیز که سال ۱۳۶۷ است از مخارج دولت نیمی از آن کسر است و بسیاری از دولتمردان استقراض را توجیه می‌کنند. این ارقام هرقدر تاریک و مبهم باشند در یک نکته هر گونه حجابی را کنار می‌زنند و واقعیت بسیار تلخی را آشکار می‌کنند، و آن اینکه ملت ایران مولد نیست و خرج روزانهٔ خود

را نمی تواند تأمین کند و اگر به‌حال خود رها می شد و فرهنگ غرب مزاحمتی برایش نمی آفرید، در گرسنگی و فقر و مرگ و بیماری همچون گذشته روزگار می گذرانید. و این جماعت بدون اینکه به‌دنبال «بزِ بلاگردان» برای کوتاهی‌های خود باشند باید اعتراف کنند که اَنگ بی‌لیاقتی بر چهرهٔ آنها دور از واقعیت نیست.

سه نخست‌وزیر ما، قائم‌مقام، امیرکبیر، مصدق، هر سه با این مشکلات مالی به شدت درگیر بودند. و تلاش بسیاری کردند که سروسامانی به آن بدهند، لیکن سروسامان دادن به این مشکلات (که تاحدی نیز موفق بود) برای هر سه مشکلاتی جدّی به‌وجود آورد. و آن مشکلات با هویّتی واحد ولی با شکل‌های مختلف، بر هر سه نفر چیره شد (چون ریشه‌های اجتماعی زیاد داشت). مشکلاتی چون بودجه‌تراشیِ دستگاه‌های دولتی، رشوه و تضییع حقوق دولتی، فساد و تخریب بودجه در حین مصرف، که هر کدام احتیاج به بحث مبسوط دارد. بیماری مهلک‌تر اینکه از شاه گرفته تا پایین‌ترین ردهٔ کارکنان مثل زالو به دستگاه دیوانی چسبیده و از بودجه دولت برداشت می‌کردند. به‌راستی در ایران تلقی از کار دولتی مساویِ تعویض زمان با پول است و اینکه ساعاتی چرخی در اداره بخورند و پولی بگیرند، در حالی‌که در یک جامعهٔ صنعتی، تلقی کارمند تعویض کار با پول است که چنین چیزی هیچ‌وقت در ایران نبوده‌است. همیشه بیشتر بودجه صرف حقوق و دستمزد می‌شده که چیز دیگری برای مصارف عمرانی نمی‌مانده است. و هر گاه هزینهٔ عمرانی نیز جهت توسعه صرف شده چنان در طرح و اجراء سوءنظر اعمال می‌شده که به‌قول امیر «چیزِ بامصرف» ساخته نمی‌شده است.

امیر همچون پیشوای خود قائم‌مقام، اقدام به قطع دریافتی‌های بی‌حساب و قطعِ مواجب بی‌جهتی کرد که از دستگاه دولتی می‌گرفتند. حتی حقوق شاه را نیز تقلیل داد و ماهانه به دوهزارتومان رسانید و قرار

گذاشت که هر ماه به او کارسازی کنند، و تیولها و مواجب بی حسابی را که حاج میرزاآقاسی برقرار کرده‌بود قطع کرد. فقط در این زمینه میرزا آقاسی برای خویش و قوم خود سالی ۶۰۰ هزار تومان حقوق تعیین کرده‌بود که به پول آن روز کمر دولت ایران را می‌شکست، و امیر همه اینها را قطع کرد و شیل وزیر مختار انگلیس نوشت: «امیر با عمل بی‌پروای خود در کم کردن حقوق و مواجب افراد همه را دشمن خود ساخته‌است....»

امیر تبعیض روا نداشت و همه حرفش برانداختن تبعیض و بی‌عدالتی بود. از آن گذشته عدم تناسب فاحشی میان حقوق وزیران و حکام و بزرگان مملکت و عایدی دولت وجود داشت. حقوق خالصِ دیوانیِ میرزاآقاخان نوری را به زمان صدارتش سالانه چهل و دوهزار تومان (۹۹۹۳ و ۲۰ لیره انگلیسی) ثبت کرده‌اند و حال آنکه رئیس‌الوزرای انگلیس در همان وقت سالی پنجهزار لیره حقوق می‌گرفت. امیر حتی از حقوق شاه کاست. و این دست‌خط شاه است در مورد حقوق خود: «پولی که برای صرف جیب ما معین شده است ماهی دوهزار تومان است. امروز جناب امیرنظام می‌گفت که معین کرده‌ام و به سهراب خان داده‌ام. البته از اول ثور تا آخر سال، ماه به ماه دوهزار تومان را به حضور بیاورید. فی جمادی الاول ۱۲۶۶.»[۱۴۳] و این در حالی بود که حقوق پدرش شصت هزار تومان بود.

امیر سروسامانی به قوانین مالیاتی داد و صورت عواید و مخارج را تعدیل کرد، تیولدارانی بودند که حق دیوان را نمی‌دادند، امیر تیول آنها را ضبط کرد. مالیات‌های معوقه را می‌گرفت و بر سر تمام این مسائل نیز با سفارت‌خانه‌های روس و انگلیس کشمکش داشت. کسانی دهاتی را به تیول داشتند که وظیفهٔ آنها فقط رعایت «قوانین دعا» بود که هر صبح و شام «جوق جوق به روح شاه مغفور» فتحعلیشاه سرازیر کنند.[۱۴۴] این پدیده که بی‌جهت از بودجه عمومی بگیرند و کار نکنند، جزء لاینفک فرهنگ اقتصادی ایران شده است. کار مفید اداری امروز بیش از یکساعت نیست،

یعنی به ازای یک نفر، هشت نفر وقت تلف می‌کنند و وبال بودجه عمومی هستند. و معلوم نیست در چه زمانی و چه کسی قادر خواهد بود این مسئله را حل کند.

امیر از زیاده‌رویِ «محصلین» مالیاتی جلوگیری کرد. در ایران رسم چنین بوده که هر زمان، بر اثر اتلاف سرمایه، دولت در تنگنای بودجه گرفتار می‌شده، مالیات بیشتر وضع می‌کرده و دست مأمور مالیات را برای تعدی و اخاذی بیشتر باز می‌گذاشته است (کسانی که دست‌اندرکار امور مملکتی هستند می‌دانند که تمامی این مسائل به قوت مسائل روز است با پاره‌ای بیراهه‌های جدید). غیر از سه نخست‌وزیر ما هیچ‌کسِ دیگر به این فکر نبود که درآمد دولت رااز طریق رونق صناعت و زراعت و تجارت اضافه کند، بلکه سهل‌ترین راه را به ظاهر انتخاب می‌کردند و آن هم بستن مالیات به جای کار بود. و این کار قبل از درآمد نفت به وضع وحشتناکی بود، پاره‌ای از اوقات چنان بر مردم فشار می‌آوردند که مردم برای دادن مالیات بچه‌های خود را می‌فروختند. امیر راه عکس دیگران را انتخاب کرد و آن فشار به دولت و جلوگیری از تعدی «محصلین مالیاتی» و رونق دادن به کارها بود.

امیر اراضی را برای مالیات تقویم مجدد کرد؛ درآمد خالصجات را تنظیمِ مجدد نمود. کار دیوان استیفاء (وزارت دارایی) را از حکومت والیانِ جدا ساخت. امنیت اجتماعی او موجب رونق اقتصادی و اضافه درآمد دولت شد. کشاورزی، صنعت و تجارت را در این رابطه رونق داد. شیلات را از دست اتباع روسی گرفت و به اتباع ایران سپرد. گمرک را از اجاره درآورد و توسط دولت اداره نمود. این مجموعه اقدامات مالی وی بود که به‌توسط آنها توانست وضع مالی ـ اقتصادی کشور را سامان دهد و با کمک اندوخته‌ها به آبادانی کشور بپردازد. و از جمله برای رونق اقتصادی و افزودن بر درآمد دولت، چاپارخانه، یعنی وزارت پست، را دایر نمود. او می‌دانست این امور بدون توجه به «مدیریت قابل و عاقل»

(rationalité-efficacité)، که هر دو از امهات اصلی نظام بوروکراسی علمی‌اند، امکان ندارد. به همین جهت افراد کاردان و کافی را برکشید و به مناصب حساس گماشت و به حمایت آنها در شداید کوشا بود. امیر می‌دانست چنانچه افراد خرد را بر کارهای گران گمارد، کارها رو به تباهی خواهد رفت و افراد خرد تاب شخصیت قوی نیارند و همه را از دور خود برانند و در نتیجه نظام اداری کشور مهمل و دستگاه اجرایی تبدیل به دستگاه سفلگان گردد؛ دستگاهی که رئیس‌اش (قوام‌السلطنه)[۱۴۵] حاضر است نیمی از ایران را واگذارد و در نیمه دیگر آن تحت قیمومیت انگلیس «پادشاهی» کند. امیر علاوه بر وقوف به دقایق و ظرایف گماشتن افراد قابل به حمایت آنان نیز اهتمام می‌ورزید. نمونه‌ای از عملکرد او این است که روس‌ها چشم طمع به استرآباد (گرگان) داشتند و اقداماتی نیز در آن سامان می‌کردند. مهدیقلی میرزا که از جانب امیر حاکم استرآباد بود، مردی به‌غایت باکفایت و به‌نهایت با درایت بود و در استیفاء حقوق ملت و جلوگیری از مداخلات روس دقیقه‌ای فرو نمی‌گذاشت. به‌همین جهت روس‌ها برای برکناری او کار را به تشنج روابط بین دو کشور رساندند و سخت در این موضوع پافشاری می‌کردند. امیر نیز به طرفداری از مهدیقلی میرزا هیچ کوتاهی نکرد، به‌شدت از او جانبداری می‌کرد. امیر در پاسخهای خود به وزیر مختار مطالبی گفته که بسیار نازک و دقیق و جاندار است. در ضمن می‌رساند که این موضوع نیز جزو فرهنگ ایران شده که از افراد کاردان و باکفایت خود در سختی‌ها حمایت نکنند و این کاری است که به‌کرات انجام گرفته‌است. امیر در یکی از نامه‌ها به وزیرمختار نوشت: «اگر مطالبه این نوع ترضیه، استمراری به‌هم رساند و معمول شود، دیگر احدی از مردمان معتبر و قابل این ملک به واسطهٔ هتک حرمت و آبرو و خفتی که می‌بینند، اقدام به حکومت ولایات حدود نخواهند کرد.»[۱۴۶] امیر عین این مضامین را در نامهٔ شاه گنجانده و برای روس فرستاده‌است!

این دقت در انتخاب مدیران و حمایت از آنان فقط در تاریخ ایران در این دو قرن اخیر، به وضوح و با این سختی و درایت یک‌بار بیشتر اتفاق نیفتاد و آن‌هم زمان امیر بود.

اصلاح دستگاه فاسد اداری

نیازی نیست فساد دستگاه اداری مملکتی را که بازتاب شخصیت فرهنگ ملی ایران است توصیف کنیم؛ کم‌کاری، کارشکنی، رشوه، ظلم و تعدی، مردم‌آزاری، ضعف و ناتوانی، دنباله‌روی، عدم خلاقیت، حاکمیت روابطِ قبیلگی به‌جای ضوابطِ عقلانی، حقارت و خودکم‌بینی، در مقابلِ کارهای کارشناسیِ جوامع صنعتی، اتلاف نیروی انسانی و سرمایه‌های ملی و سفله‌پروری... از خطوط برجستهٔ فرهنگ اداری مملکتی است. تصمیماتی که در جهت اصلاح آن گرفته شده دو خط کلی دارد: اول اینکه مصلحان، بیشتر نسبت به «نظامِ اداریِ مطلوب» که ناشی از معرفت سطحی و قشری آنان به قالب‌های به‌وجودآورنده و منهدم‌کنندهٔ نظام اداری است، شناخت گنگ، مبهم، شبهه‌ناک، غیرعلمی و غیرعمیق داشته‌اند؛ و دوم آنکه ضمن عدم درک صحیح از قالب‌های اجتماعی «نظام اداری عقلانی»، نسبت به بافت و قالب‌ها و الگوها و ارزشهای حاکم بر جامعهٔ ایران نیز شناختی دقیق و علمی نداشته‌اند. بیشتر بر این باور بودند که قالب‌های اجتماعی نظام اداری صنعتی همین است که در نگاه اول ناظرند و اینکه همین بافت و رفتار موجد توسعه خواهد شد.

یک نمونه بیاوریم: صنایع مس کرمان، از نظر سازمانی می‌بایستی دارای ۲۵۰۰ نفر کارکنان واجد شرایط فنی باشد. به عوض این افراد حدود ۵۰۰۰ نفر که بیشتر آنها دیپلم کشاورزی دارند با فرهنگِ «جمع‌آوری آلالهٔ کوهی و پسته‌کاری» در حال تخریب این صنایع هستند، و اتفاقاً کسانی موجد این وضع بوده‌اند که می‌بایستی آن را اصلاح کنند. مدیریت‌ها و گروه‌های نفوذ بیرونی هم که درواقع می‌بایستی تأمین‌کنندهٔ

فشار برای پیشبرد صنعت و منافع ملی باشند، بیشتر هم بافت و هم‌سنخِ همان بدنه هستند. کسانی که فرهنگ صنعتی و فرهنگ کشاورزی سنتی اقتصاد معیشتی را بشناسند می‌دانند که با چه مسائل متعارضی در اینجا روبه‌رو هستند.

ایرانیان به سودجویی نامشروع و درآمد ناشی از «غیرکار» علاقهٔ وافری دارند. این خصیصه را شاردن که در زمان صفویه به ایران آمده‌است به توصیف کشیده که چگونه ایرانیان «دلالی» را به همه چیز ترجیح می‌دهند. «دلالی» نیز با «حق و حساب» (چه اسم پرمحتوایی که تمام اندرون فرهنگ را بیرون می‌ریزد) یعنی رشوه رابطهٔ ناگسستنی دارد. این خصیصه هر چند مکروه و نامبارک باشد و هر چند تابع عوامل مختلف اجتماعی باشد، لیکن یک نکته را درباره آن نمی‌توان نادیده گرفت و آن اینکه این «ویژگیِ فرهنگی» جزء پاره‌های تن فرهنگ ایران شده‌است. مصلحین ایران همیشه در مقابل آن به زانو درآمده‌اند، چون، فساد به‌معنیِ واقعی کلمه در رگ و ریشه‌های فرهنگ اجتماعی ریشه دوانده‌است. این بدان معنی است که فساد به‌صورت نهادی درآمده و از بافت روابط اجتماعی سرچشمه می‌گیرد و چیزی گذرا و سطحی نیست. دست به اصلاح این بیماری‌زدن، همچون انگشت در سوراخ زنبورکردن است. امیر مافوق همه درتاریخ ایران عمل می‌کرد. فسادناپذیریِ امیر و قائم‌مقام و مصدق از خصوصیاتی است که دوست و دشمن بر آن متفق‌اند. امیر گذشته از اینکه خود فاسد نبود، کلیه اقدامات را جهت رفع فساد انجام می‌داد. رشوه از نظر بُعد فرهنگی و شکل اجتماع سطوح بسیار متنوعی از رفتار بشر را در بر می‌گیرد. هم شکل‌های متنوع و مختلف مادی دارد و هم شکل‌های متنوع و مختلف غیرمادی. در هر صورت، رشوه آبی است که اگر به پای دیوار چینه‌ای هر نظامِ اداریِ اجتماعی بیفتد، ادارهٔ دستگاه را از مسیر «اداره عقلانی و حسابگر و خشک و منطقی» که لازمهٔ فعالیتِ «اداره» است خارج کرده به شکل

قبیلگی و دادن و گرفتن تحفه و هدایا و تمجید و ستایش و شعرخوانی و مدیحه جهت شاخ سبیل رئیس قبیله و غیره می‌اندازد. به‌طور معمول «دست و بازوان قدرت»، یعنی عاملین حکومت استبداد (یعنی اجبارِ مطلقِ بی‌ضابطه) در تاریخِ ایران ، همیشه این امکان را داشته‌اند که از قدرت سوء استفاده کنند و کرده‌اند. رشوه نیز یکی از ابعاد کار آنان بوده، هم می‌داده‌اند و هم می‌گرفته‌اند. به زبانِ دیگر، این یعنی منافع ملی را فدای منافع شخصی کردن و اگر این امر نهادمند شود، یعنی وطن‌فروشی و فروش منافع ملی به نفع مصالح شخصی، یعنی نبودن روح وطن‌پرستی و بودن اوصاف ایلی بی‌وطن تاریخی خودمان، یعنی غارتی و غارت منافع ملی.

امیر از ابعاد مختلف با این امر درآویخت که پاره‌ای از آن پیش از این شرح شد. و چنان با این موضوع برخورد کرد که دیگر کسی را توان آزار به رعیت نبود. در آن هنگام، رسم چنین بود که «سیورسات»، یعنی علوفه مأموران دولتی و سربازان، از محل عبور گرفته می‌شده و به‌دنبال آن خرج و خوراک مأموران نیز به دوش رعیت می‌افتاد. امیر رسم سیورسات را برانداخت و موظف کرد هزینهٔ سفر مأمور از طرف دولت پرداخت گردد و مأمور تعدی به رعیت نکند. سرتاسر دوران کار امیر مشحون از این دستورات و اعمال و رفتار است و چنان اوج گرفت که «نظم تقی‌خانی» بر سرِ زبانها افتاد.

رسم قمه‌کشی و لوطی‌بازی را از شهرها جمع کرد و امنیت شهرها را از هر جهت تأمین کرد. به او گفته شد که حمل قمه را منع کند، در جواب گفته بود: «هر که خواهد قمه ببندد، اما آن کس که تیغ از غلاف بیرون آرد کی خواهد بود؟.»[۱۴۷] به قول مورخین زمان او «هیچ آفریده‌ای را قدرت بی‌اندامی نبود.»

بد نیست که این نظم را با زمان حاج‌میرزا آقاسی مقایسه کنید که در زمان او از دست «گاومیش حاج میرزا آقاسی» که در شهر ول می‌گشت، و

به مغازه‌ها می‌رفت و ارزاق را می‌خورد و «کثیری شیرینی می‌خورد و حلوات را می‌ریخت» کسی در امان نبود، چه رسد به سربازان که شبانه خانه‌ها را می‌زدند. رشوه، بی‌عدالتی، اختلاس و ... رمق جامعه را کشیده بود. امیر نه خود رشوه می‌گرفت و نه اجازه می‌داد کسی بگیرد و این امر در لحظه‌لحظهٔ زندگی او به‌چشم می‌خورد. زمانی به «کارپرداز» حاجی‌ترخان نوشت «...اینکه برای اینجانب ظرف آب‌پاشی فرستاده بود، این چیزها مایه خرسندی و خشنودی اینجانب نمی‌شود. زیادی خدمتگذاری آن عالیجاه باعث مزید میل ومحبت اینجانب است. نه اینجانب و نه خدام اعتاب علیه پادشاهی هیچکدام جز ظهور خدمتگذاری توقع دیگر نداریم...»[۱۴۸] همین امور که هر روز و هر ساعت تکرار می‌شد و تمام دقایق و ظرایف آن رعایت می‌گردید، وضع را به جایی رساند که دیگر کسی قادر نبود از کسی «پول ... تلکه کند».

قبل و بعد از امیر رسم چنان بود که اشرار و الواط برای فرار از اجرای همان قانون بی‌اساس، در خانهٔ علما و مسجد شاه و پاره‌ای امامزاده‌ها و سفارتخانه‌ها بست می‌نشستند. بست‌نشینی در زمان اوج خودکامگی نکات مثبت و منفی داشت و هم در هر صورت، با یک نظام عقلانی و نظم قانونی و عدالت اجتماعی منافات داشت. و سوءاستفاده‌های زیادی نیز از این قانون بست‌نشینی می‌شد. امیر که در پی عدالت و تأمین حقوق اجتماعی و مساوات بود نمی‌توانست قبول کند که پاره‌ای از افراد، به‌هر دلیل، از چنگ عدالت بگریزند. با مشکلات زیادی «قاعدهٔ بست‌نشینی» را لغو کرد. البته هم علما و هم سفارتخانه‌ها و هم اشرار و الواط با عملکرد امیر مخالف بودند که هر کدام دلایل خود را داشتند. امیر به‌دنبال اجرای تساوی حقوق بود، حتی برای پیروان مذاهب دیگر، و این امر را با مشکلات زیادی محقق ساخت. البته وزیر مختار روس که ایران را خوب می‌شناخت ولی امیر را خوب نمی‌شناخت به وی گفت اگر این «بست‌نشینی» را لغو کنی برای بست‌نشینی خودت چه فکری خواهی کرد؟

سر و سامان دادن ارتش

ارتش جدید در ایران در زمان میرزا عیسی بزرگ و عباس میرزا پایه‌گذاری شد و ساختن و وارد کردن تسلیحات و لوازم نظامی نیز در آن زمان شکل مشخص‌تری به‌خود گرفت. میرزا عیسی قائم‌مقام اول در فکر تاسیس نیروی دریایی بود که پیمان ترکمانچای مجالش نداد. امیرکبیر کارهای او را پی‌گیری کرد. نوشته‌ای را از زمان امیر به خلاصه می‌آوریم که بیانگر بسیاری از مسائل است.

«... به همان اندازه که سرباز ایران خوب است، صاحب‌منصبش مزخرف است... صاحب منصبان به یک پول سیاه نمی‌ارزند. خاصه خرجی (دقت کنید به دست‌آوردهای فرهنگی) و رشوه پایه ترفیعات لشگری را می‌سازد. کسی که چهل و پنجاه سال عمرش را در امور غیرنظامی گذرانده، یکباره تغییر شکل می‌پذیردو به مقام سرهنگی و سرتیپی و حتی سرلشگری می‌رسد و گاه به فرماندهی کل قشون منصوب می‌گردد... سرداران اصول 'تاکتیک' و رزم‌آرائی جدید را بدرستی نیاموخته بودند. و این کاستی بسیار مهم وقتی تاثیر قطعی داشت که فرماندهان خارجی به ملاحظات سیاسی صحنه جنگ را ترک می‌کردند....»[۱۴۹]

امیر مشق و دروس ارتشیان و تسلیحات آنها و برکشیدن صاحب‌منصبان بی‌طرف و نهادن شغل و سمت در مقابل افراد و حذف مشاغل بی‌فایده در نظام سازمانی را پایه‌گذاری کرد. «رسم بخشیدن مناصب بی‌شغل را برانداخت» و «معیار ترفیع صاحب‌منصبان، شایستگی آنان شد.»[۱۵۰]

مهمات‌سازی زمان او رشد بسیاری کرد، در تهران ماهی ۱۰۰۰ تفنگ و در اصفهان ماهی ۳۰۰ تفنگ می‌ساختند و توپ‌ریزی و باروت‌سازی تبریز که یادگار عهد عباس‌میرزا بود دوباره رونق گرفت. در «امیرآباد» (امیرآباد فعلی تهران که نام آن بزرگمرد را به‌یاد می‌آورد) کارخانه مهمات‌سازی ساخت. در زمان او مسائل مالی ارتش انتظام کامل یافت.

(در زمانهای قبل و بعد صاحب‌منصبانی بودند که مواجب اداره چندین هزار سرباز را می‌گرفتند که ۱۰۰ نفر هم تحت فرمان نداشتند، تازه حقوق این ۱۰۰ نفر را هم نمی‌دادند و آنها هم به «قوه سربازی» دزدی و اختلاس می‌کردند.) وضع لباس ارتش مرتب و منظم شد وی دستور داده‌بود لباس سربازان از «اقمشه ایرانی» باشد و کار ملیله‌دوزی آن را به انحصار خورشیدخانم «ضعیفه تهرانی» واگذار کرده‌بود. نیروی دریایی را مختصری سروسامان داد و در پی رونق آن بود که اجل فرهنگی مهلتش نداد. در زمان عزلش ارتش ایران به ۱۳۷,۲۴۸ نفر رسیده بود و هزار توپ باگلوله‌هایی از ۱/۵ تا ۱۲ کیلویی داشت. و این بخشی از عمل سه ساله او در کشوری بود که سنگ روی سنگ آن بند نبود.

سیاست مذهبی

امیر در به نظم کشیدن و ادارهٔ عقلانی جامعه یا سیاست عرفی مملکت با کلیه اقشار و صنوفی که از نظم و قانون گله‌مندی داشتند و منافعی نیز در بی‌نظمی آن، درگیر شد. پاره‌ای از «ملایان» به‌شدت با او مخالفت می‌کردند. در زمان قائم‌مقام نیز در ریختن خون آن بی‌گناه به سفارت روس تبریک گفتند. روحانیون به‌علت اینکه قدرت بسیج مردم را داشتند، مورد نظر سفارتخانه‌های خارجی بودند تا در مواقع لزوم مردم را در راه حفظ منافع آنها بسیج کنند. البته بعضی از روحانیون با سفارتخانه‌ها سروسری داشتند و منافع آنها را تأمین می‌کردند. میرزا ابوالقاسم امام جمعه تهران، فرزند میرزا مهدی (همان کسی که قتل قائم‌مقام را تبریک گفته بود)[151] انفیه‌دانی از امپراتوری روس هدیه گرفته‌بود که داستان آن باریک است و موجب اختلاف امیر با او شد. و از این قبیل نیز در تبریز و نقاط دیگر کم‌وبیش اتفاق می‌افتاد. امیر نیز با این مشکل درافتاد و در پی محدود کردن قدرت‌طلبی ناروای آنها و آسیب رساندن آنها به منافع ملی-مذهبی بود و خودش می‌دانست که کار بسیار دشواری را در پیش

گرفته و زمانی که وزیر مختار انگلیس به وی گفته‌بود که این کار شوخی بردار نیست، امیر گفت «همین کار را خواهد کرد و یا سرش را به باد خواهد داد.» وی در پی منع قمه‌زنی و اصلاح امور روضه‌خوانی و ... بود که کم و بیش توفیقاتی نیز به‌دست آورد. امیر شخصاً مردی متشرع و عامل به احکام و ملتزم به مستحبات بود و وصی او نیز یکی از روحانیون بزرگ و متقی ایران بود.

سیاست خارجی

از زمان معاهده ترکمانچای سیاست خارجی ایران به انفعال کشیده شد و تصمیمات عموماً توسط سفارت روس و انگلیس و سپس انگلیس و آمریکا گرفته می‌شد و به روش‌های گوناگون بر ایران تحمیل می‌گردید. بعد از انقلاب اسلامی ۱۳۵۷ مدعیان ایران بیشتر شدند. تا ببینیم توان مسلمین تا چه حد پاسخگوی تعرض بیگانگان است.

در این فاصلهٔ زمانی، دوران فعال سیاست خارجی ایران و سماجت در اعمال حق حاکمیت ملی، منحصر به سه دوره نخست‌وزیری از میان ۸۷ دوره نخست‌وزیری هیأت حاکمه ایران است. این سه نفر نیز به «جزای» اعمال خود رسیدند. دو نفر از آنان عاقبت ناخوشی داشتند که لکه ننگِ آن هیچ‌وقت از دامن ننگین این فرهنگ پاک نخواهد شد. از میان این سه نفر امیر برجسته‌تر است. امیر صبورتر، پرکارتر، متین‌تر، موفق‌تر، کارآمدتر از آن دو بزرگوار دیگر بود. نیازی به توضیح نیست که امیرکبیر در سیاست خارجی، همچون سیاست داخلی، توفیق بسیار زیادی پیدا کرد و اگر مجال می‌یافت به‌احتمال، بسیاری از مشکلات خارجی ایران را حل می‌کرد. وزیر مختار انگلیس گفته‌بود «شیوه امیر این است که هر پیشنهادی از جانب خارجیان بشود رد می‌کند.» و «رئیس ایل قشقایی از این‌جهت مورد نفرت امیرنظام است که از هواخواهان قدیم و ثابت دولت انگلستان به‌شمار می‌رود.»[۱۵۲]

امیر تربیت شده میرزای بزرگ قائم‌مقام اول و میرزای بزرگ قائم‌مقام ثانی بود. او ماهیت روابط سیاسی را دریافت، و به ظرافت و نازک‌کاری آن، که «دیپلماسی» باشد، وقوف یافت. به گواه تاریخ جز در زمان دکتر مصدق (و کمی هم قوام‌السلطنه) در بقیه موارد طرف ایرانی مذاکره تنها جهت «زینت‌المجالس» شرکت می‌کند. امیر فقط به‌دنبال استقلال ایران و جلوگیری از تعرض خارجی بود. وزیر مختار انگلیس به پالمرستون وزیر امور خارجه وقت انگلیس می‌نویسد: «... به‌علاوه جهت سیاسی او مخالف با روسیه است، اما نه اینکه دوستدار انگلستان باشد. و نیز تصور نمی‌کند که انگلستان خیرخواه ایران است...»[۱۵۳] و در ضمن «آدم سرسختی است و تصمیم دارد به اندرزهای من و دولت انگلیس گوش ندهد ....»[۱۵۴]

امیرکبیر دستگاه وزارت امورخارجه را توسعه داد. تأسیس سفارتخانه‌های دائمی در لندن و پطرزبورگ، ایجاد قنسولگری در بمبئی، عثمانی و قفقاز، تربیت کادر برای وزارت امور خارجه و تنظیم دفتر اسناد سیاسی از کارهای اوست.

در مورد دخالت خارجی در ایران با سماجت پایداری می‌کرد و هرگز موافق نبود که مشکلات داخلی ایران با دخالت و مصلحت خارجی حل و فصل گردد. در مورد فتنه سالار در مشهد، امیر گفت: اگر بیست‌هزار سرباز ایرانی در این ماجرا تلف شود، بهتر از این است که این امر با دخالت بیگانگان حل و فصل گردد.

درخشان‌ترین دفتر فعالیت خارجی ایران، الحاق هرات به ایران و نزدیک شدن به قندهار و کابل بدون جنگ و خونریزی و تنها با سیاست‌های دقیق بود.

در زمان قاجار سیاست خارجی ایران گرفتار بی‌برنامگی و انفعال و هرج و مرج و نداشتن کادر فعال بود. در حالی‌که در زمان امیر هم نظم برقرار بود و هم سیاست خارجی برنامه داشت.

امیر برای اولین بار در ایران دایره روابط خارجی را به صورت فعال از حد و مرز دو کشور همسایه بیرون برد و به اتریش، روس و آمریکا کشانید. از جمله با آمریکا قرارداد بازرگانی بست.

تجارت «درباز و نیمه‌باز»

باب تجارت ایران از قبل از صفویه مفتوح بود. این گشادگی به ضرر اقتصاد ایران بود چون یک اقتصاد سنتی در مقابل یک اقتصاد صنعتی قابلیت تحمل ندارد و بالاجبار شکست می‌خورد و در نهایت می‌بایستی «الگوی توسعهٔ» کشورهای صنعتی را بپذیرد. این واقعه بعد از دو سه قرنی که از ظهور اقتصاد جدید می‌گذشت حالت جدی به‌خودگرفت و در نیمهٔ اول قرن هیجدهم کار خود را با ایران یکسره کرد. به موجب قرارداد ترکمانچای سیاست «درِباز» تحمیل شد که هنوز برقرار است. به‌علت تفاوت بین اقتصاد ایران با اقتصاد غرب، تجارت به صورت آزاد به ضرر ایران تمام می‌شد. امیر نیز بر این امر وقوف داشت و به صورت‌های مختلف در راه نابه‌کارکردن قرارداد بود. این امر سفارت‌خانه‌های خارجی را به‌شدت ناراحت کرده بود. امیر در زمینهٔ تجارت، جمعی از تجار بلند پایه و کارکرده ایران را به مناسبت‌های مختلف گرد می‌آورد و مباحث تجارت را با آنها به بحث می‌گذاشت و خود در آن بحث شرکت می‌کرد و آن‌قدر بحث را زیر و بالا می‌کرد تا به نتیجه مطلوب برسد، پس آن‌گاه جهت اجرا برای آن فرمان صادر می‌کرد. در زمان او تجارت داخلی و خارجی رونق گرفت. منابع درآمد دولت رو به فزونی نهاد. در اواخر کار محمدشاه قراردادی جهت بازرگانی با فرانسه تنظیم شده بود. این قرارداد از نظر شکل و محتوی شبیه قراردادهای ایران با روس و انگلیس بود و «سیاست باز» در آن مورد توجه قرار گرفته شده‌بود. عمر محمدشاه به امضاء قرارداد وفا نکرد. امیر از امضاء قرارداد سرباز زد، سفیر فرانسه امیر را تهدید به قطع رابطه کرد و امیر باز هم قرارداد را امضاء ننمود. سفیر

فرانسه ایران را ترک کرد در حالی‌که امیر همچنان در بیان و در عمل می‌گفت که منافع ما در رونق صنعت است و نه در واردکردن هر بنجل خارجی.

زمان محمدشاه درآمد ایران از شیلات (سال ۱۲۵۹) که به‌دست روسها اداره می‌شد شش‌هزار تومان بود. این رقم در اواخر کار امیر که شیلات به‌دست ایرانی اداره می شد به سی هزار تومان رسید.

امیر اقدامات بسیاری در داخل برای رونق تجارت انجام داد. در خارج نیز، از حمایت تجار ایرانی غافل نبود. زمانی به مصلحتگذارِ استانبول نوشت: «عالیجاها، عزیزا، این روزها از شام تا حلب زیادی از سوء سلوک وکیل امور تجارت تبعه دولت علیه نوشته بودند. این محمدبیک هرزه کیست که در شام تعیین گردیده؟ یهودی چرا باید وکیل امور تجارت تبعه دولت علیه باشد که با مردم این‌طورها رفتار و سلوک بکند. البته به وصول نوشته آنها را از شغل مزبور عزل کرده کسانی که شایسته و قابل باشند به شام و حلب تعیین کنید و در این باب کوتاهی نکنید.»[۱۵۵]

برای فهم اهمیت کار امیر در رونق صناعت و تجارت داخلی و جلوگیری از واردات «بنجل خارجی» همین بس که رقم واردات ایران از انگلیس، از راه طرابوزان در اوایل کار امیر یک میلیون لیره بوده که در سال ۱۲۶۷ به نصف تقلیل یافته است.

صناعت

در بحث صنعت امیر همهٔ ظرایف و دقایق این فن را به کار بست و نکته‌های لازم را رعایت نمود. او می دانست که خمیرمایهٔ رشد و توسعهٔ این کار، نظم و آزادی در فعالیت آدمی و حمایت از فعالیت‌های داخلی و جلوگیری از تعرض خارجی است. این بخش را تبرکاً با این گفتهٔ امیر آغاز می‌کنیم که زمانی کلنل شیل به او گفت شما از فکر ساختن کارخانه فارغ شوید، چون برای شما گران تمام می‌شود و به‌عوض آن کالای ارزان

بخرید. امیر در جواب گفته بود: هر چند کارخانه گران تمام شود، این فایده را دارد که در ایران می‌ماند و از خروج «شمش‌های طلا» جلوگیری می‌کند.[۱۵۶]

در امر توسعه و صنعت و رشد اقتصاد، در ایران، از ایام پیشین که می‌توان آن را به راحتی به زمان صفویه کشید، یک «باژگونه‌خوانی» وجود داشته و جزو حیات فرهنگی ایران شده‌است و هنوز نیز وجود دارد و همچنان به حیات خویش ادامه می‌دهد.

اشکال کار در این است که اهل ایران زمین می‌پندارند «پیدایش صنعت موجب تحولات غرب» شده است. این تفکر ساده‌لوحانه اگر همین‌طور به صورت خام جایگزین شود، که شده است، نتایج مخربی برای ما به‌وجود می‌آورد، که آورده است. و نتیجهٔ آن این می‌شود که همیشه از صنعتی‌شدن باز می‌مانیم، که مانده‌ایم. در واقع پیدایش صنعت خود بُعدی از ابعاد تحول روابط متقابل اجتماعی ـ اقتصادی ـ فرهنگی غرب است. علل اجتماعی به‌معنی وسیع کلمه موجب پیدایش ماشین و ابزار شده است که ماشین و ابزار نیز به نوبه خود موجب تحولاتی در زندگی اجتماعی این جوامع گردیده است. چنانچه آن قالب‌های اجتماعی (به معنی وسیع کلمه) که برای ایجاد «صنعت» لازم است پیدا نشود، صنعت قادر نخواهد بود به حیات خود ادامه دهد، هر چند صنعت را فقط ماشین و کارخانه تصور کنیم و آن را وارد کنیم. نمونه این موضوع به‌کرات در ایران اتفاق افتاده است.

آقای آدمیت که امیر را از بعد فهم صنعتی مورد مطالعه قرار داده‌اند چنین می‌آورند: «... دراینکه امیر از پیشرفت صنعت مغرب آگاه بود تردیدی نیست، اما درست نمی‌دانیم که تا چه اندازه با این مسئله برخورده بود که نیروی تحرک مغرب زاده صنعت آن بود. و همان عامل تحرک اجتماعی آن گردید....»[۱۵۷]

این بخش از سخن ایشان که «نیروی تحرک مغرب زاده صنعت آن

بود» از بُعد جامعه‌شناسی صنعتی، سخنی نامقبول است. صنعت اگر می‌توانست به صورت مجرد تحرک بیافریند خیلی به‌جا بود که این تحرک را دست‌کم به ایران می‌بخشید که از پنج قرن پیش در پی خریدن و وارد کردن آن است. صنعت به معنی ماشین و ابزار کار نسبت به تحولات اجتماعی «پس‌آینده» است. مثل مقررات و قوانین حقوق می‌باشد. ابتدا باید تحولاتی در جامعه به‌وجود آید تا دست‌آورد آن تحول، به‌صورت تولید ماشین و ابزار جلوه کند و با همان مکانیسم و بافت فرهنگی تحول را سرعت بخشد.

اگر امثال مادام کوری پنجاه سال در طویله زحمت نکشیده بودند، اگر کارگران از مرد و زن و بچه، در روز هفده ساعت در کارگاه کار نمی‌کردند، اگر دزدان دریایی برای دزدیدن و تجارت و قتل و غارت دور افریقا را پارو نمی‌زدند و تا چین نمی‌رفتند، اگر سربازانشان با جسارت در اقصی نقاط عالم پیاده نمی‌شدند، اگر متفکران و مخترعان‌شان تمام لحظات خود را وقف درک و فهم صنایع نمی‌کردند و به جامعه هدیه نمی‌دادند، اگر دولت‌مردان از صنعت و علم و اختراع و فعالیت دفاع نمی‌کردند، اگر تجار با جسارت و صاحبان صنایع با جرأت و حسابگری و با تمام طاقت کار نمی‌کردند، اگر لوتر و کالون این کار را تقدیس نمی‌کردند و اگر هزاران اگر دیگر اتفاق نمی‌افتاد، صنعتی به‌دست کسی نمی‌آمد که به نوبهٔ خود تحولات ایجاد کند، تنها کافی بود، به گفتهٔ مولانا، بل به گفتهٔ این فرهنگ، «کار» را متعلق به «خر» بدانند یا دنیا «جیفه» شود یا «علم» به معنی تجربی «علم آخور» تا همه چیز معطل شود:

قسم سوم با خران ملحق شود   خشم محض و شهوت مطلق شود
او ز حیوانها فزونتر جان کند   در جهان باریک‌کاری‌ها کند

فرهنگ ما کار را ملحق به خر و کار کردن را جان کندن، و باریک‌کاری یا صنعت را کاری خرانه می‌داند، و باز به زبان مولانا:

شرح این هجران و این خون جگر　　این زمان بگذار تا وقتِ دگر

به همین جهت است که می‌گوئیم صنعت نسبت به تحولات اجتماعی «پس آینده» است. یعنی از پس این‌گونه فعالیت‌ها می‌آید.[۱۵۸] ایرانی‌ها در تحلیل صنعت به الگوهای انسانهای قبل از دوران شکوفایی علم متوسل می‌شوند و یک امر اجتماعی پیچیده را به‌صورت مجرد و تک‌علتی و به‌صورت واژگونه می‌فهمند. این نوع نگرش ضایعات زیادی برای آنها به‌وجود آورده‌است و در عمل مانع فهم دقیق آنها از مسائل شده است. تمام قدرتمندی و پیشرفت و توسعه و رفاه اجتماعی را در خریدن چند کارخانه می‌بینند و آن را نیز از طریق پول نفت یا معدن دیگری می‌فهمند، یعنی منبع درآمد «نامُحَصل». از روزی که در ۱۹۰۸ چاههای نفت شروع به فوران کردند و روزی ۹۰ هزار بشکه نفت تولید شده را اجانب بردند و خوردند و در مقابل پول بسیار کمی پرداختند تا به امروز که فشار چاهها پایین آمده و متوسط تولید هر چاه به ۲۵۰۰ بشکه در روز رسیده، و بشکه‌ای تا ۳۸ دلار نیز به‌فروش رفته، با نگرش مذکور نتوانستند صاحب هیچ‌گونه صنعتی بشوند، در زمینه‌های مختلف صنعتی مصرف‌کُننده بوده‌اند، حتی مصرفِ کارخانه، که مازادِ تولید غرب است. قبل از نفت نیز تمام نقدینه‌های طلا و نقره‌ای را که در طی ده‌هزار سال فعالیت اقتصادی در این مملکت گرد آمده‌بود، جهت مصرف و صنعت دادند و باز هم سودی نبردند. و هنوز هم به صورت جدی از خود سؤال نکرده‌اند که چرا؟

لازمهٔ صنعتی‌شدن نگرشی همه‌جانبه به ابعاد مختلف فعالیت انسان در جامعه است و اگر این امر حاصل نشود امکان فعال‌کردن آدمی و صنعتی کردن او وجود ندارد. یعنی امر صنعت را باید به‌صورت تام و کامل در تمامیت روابط اجتماعی تحلیل کرد و این کاری است که صورت نگرفته است. و اگر هم گرفته باشد، اول اینکه بیشتر شبیه کارهای اقتصاددانان غربی برای جوامع سوم است که در نهایت سر از توصیه‌های

بانک جهانی بیرون می‌آورد و دوم اینکه اگر کارشناسان وطنی چنین کاری را کرده باشند، که برخی در پاره‌ای زمینه‌ها کرده‌اند، به‌صورت کاری منفرد مانده است و جزو پاره‌های فرهنگی جامعه در نیامده است، در حالی‌که تئوری‌های باژگونه‌خوانی، که در ضمن مصرفی نیز هستند، در عین حال که با «پول سیا»[۱۵۹] نشر می‌یابند، تسلط کامل نیز دارند و تا فکری در جامعه مسلط نشود چندان کارایی نخواهد داشت.

ما مدعی هستیم که امیر قالب‌های اجتماعی صنعت را می‌فهمید و می‌شناخت و می‌دانست که در سلسلهٔ علل، کدام علل موجب پیشرفت صنعت و رونق تجارت و ترقی مردم و «رفاهیت عامه» می‌گردد.

امیر برای پیشبرد اهداف صنعتی خود از ابعاد مختلف شروع به کار کرد که پاره‌ای از آن موارد را شرح کرده‌ایم و اینک نکاتی به آن می‌افزاییم: در سال ۱۲۶۶ق/ ۱۸۵۰م از طرف دولت انگلیس یک «نمونه‌خانه» (یعنی نمایشگاه بین‌المللی) تشکیل شده‌بود و از دولت‌های مختلف دعوت شده‌بود که چنانکه مایل باشند، جهت تبلیغ کالاهای صنعتی خود در آن «نمونه‌خانه» شرکت کنند. از جمله دولت‌های دعوت‌شده ایران بود. امیر برای شرکت در آن نمایشگاه تجار ایران را بسیار فعال نموده تا کالاهای تولید ایران را در آن نمایشگاه به نمایش بگذارند و کمک‌های زیادی نیز نمود و توفیقی نیز دراین زمینه به‌دست آورد. حال شما این کار امیر را مقایسه کنید با شرکت ایران در نمایشگاه بین‌المللی ژاپن در ۱۹۸۶. تصویر غرفه صنعتی ایران را از قلم نویسنده‌ای توانا بخوانید: «... آرامشی در غرفه بود و سلم و حلمی را القاء و الهام می‌کرد... قهوه‌خانه هم که مقصد و منتهای راه سالکان و خستگی زدای آنان بود، هم غایت راه بود و هم عین موضوع نمایشگاه و حکایت از هزاران هزار ساعت از عمر رفتگان این دیار می‌کرد که در آن خانه‌های سنت‌آفرین، به همزبانی، نقالی، شعرخوانی، قهوه‌نوشی، دلجویی، ملالت زدایی، شایعه‌پردازی، آتش‌افروزی و دوستی‌گستری و... سپری شده‌بود. جوی‌های آب بر مثال

باغ فین، از چهار سو در قهوه‌خانه جریان داشت که از پاشویهٔ حوضی نشأت می‌گرفت و عظیم و فرحبخش بود و آشکار می‌کرد که آب، همچون معشوقی لطیف و نعمتی آسمانی، تا کجا محبوب خاطر ایرانیان بوده و هست و ساکنان آن دیار خشک کم‌باران به آب روان با چه حسرت و حرمتی نگاه می‌کنند...»[۱۶۰] چند نکته به این بحث می‌افزاییم: اول اینکه نوع شرکت‌کردن امیر در نمایشگاه را با این نمایشگاه‌که حداقل ۱۳۰ سال فاصله دارد مقایسه کنید. دوم اینکه غرفهٔ ایران «آرامشی و سلم و حلمی را القا... می‌کرد...». یعنی نشانی از هیچ تحرکی از جانب ایرانیان نبود و نگرانی هم ایجاد نمی‌کرد، هم اینکه آرام و بی‌تحرک بود و هم اینکه سلم القا می‌کرد، یعنی اینکه حرکتی از جنس «رقابت» با کسی نخواهد داشت چه رسد به این‌که مخاصمه کند. سوم این‌که ایرانیان ابزار وقت تلف‌کنی به نمایش گذاشته بودند و در واقع در پی صدور دانش و تکنولوژی آن بودند که به‌دنیا بیاموزند که نمایشگاه شما و شامورتی بازی‌های شما «... نیز بگذرد». و اما چهارم راجع به آب: زمانی‌که کارشناسان سازمان ملل در زمان مصدق جهت رتق و فتق امور خودشان به خوزستان آمده بودند پس از مشاهدهٔ رودخانهٔ کارون گفتند این رودخانه غنی‌تر از معادن طلای آفریقای جنوبی است لیکن نیاز به کار کمرشکن دارد آن‌هم که کار ایرانیان نیست.[۱۶۱]

امیر حمایت از صنعت، معدن، تجارت و زراعت را ابعاد تازه‌ای بخشید، صنعتگران را به‌گرمی می‌نواخت. امنیت اجتماعی کار آنها را همه‌گونه تأمین می‌کرد. منافع صنعتگر را در بازار داخلی و خارجی در مقابل هجوم اجناس خارجی تأمین و تضمین کرده بود. جهت فروش مصنوعات آنها اقدامات همه جانبه‌ای را شروع کرده‌بود. امکان رقابت را برای صنعت خارجی به شیوه‌های گوناگون تضعیف می‌کرد. به صنعتگران کمک مالی می‌کرد. ترویج دانش صنعتی به معنی وسیع فرهنگی که قالب‌های اجتماعی و دانش صرف را نیز دربرمی‌گرفت در این راه به کار

گرفته‌بود. به کارگرفتنِ استادکار خارجی و معلم و فرستادن صنعتگران برای دیدن دوره و اعزام دانش‌آموز به خارج و ترویج صنایع جدید در روزنامه *اتفاقیه* و همچنین تألیف و نشر کتب لازم برای این‌کار و ایجاد مدرسه از جمله کارهای امیر است که در این زمینه انجام داده است.

امیر نقشه‌ای برای آبادانی خوزستان داشت و می‌گفت که به‌علت مطالعه به کم وکیف احوال آن منطقه آگاه است. او سدی برروی رودخانه کرخه ساخت. پل شوشتر را بنا نهاد. کشت نیشکر را در آن دیار رواج داد و همین‌طور رواج تخم‌پنبه در شمال از جمله کارهای امیر است.

نکته‌های بسیار ظریف و نازکی در فهم صنعتی امیر هست که بنابر اختصار به‌صورت گذرا یادآوری می‌شود. در مورد ساختن کالا یا سرمایه‌گذاری صنعتی و عمرانی می‌نوشت که «چیز بامصرف» بسازید و یا «خرج با مصرف بکنید»،[۱۶۲] منظورش این بود که در طرح و برنامه و کمّ وکیف کالا دقایق لازم را مدنظر داشته باشید که سرمایه‌های ملی تلف نشود و جلو رشد صنعت و رونق اقتصادی گرفته نشود. منظورش این بود که صورت‌سازی و ظاهرسازی نباشد، چیزی درست بشود که به‌درد مردم بخورد، فقط با مقایسه کار امیر بعد از یکصد و سی سال این نکتهٔ واتسون را می‌فهمیم که در مورد او گفته بود که اگر می‌ماند و کارش را به انجام می‌رسانید، درباره او می‌گفتند که از جانب خدا آمده است یا اینکه امیر از نادرمردان تاریخ معاصر شرق است و حق اوست که درباره‌اش گفته شود که «اشرف مخلوقات» بود.

باری، تمام رشته‌های صنعت اعم از صنایع نظامی و صنایع سنتی و جدید آن‌روز در ایران رونق یافت.

در روزنامه *وقایع اتفاقیه* آمده بود «مکنون خاطرات دولت آن است که عموم ارباب حرفه و صنعت در شغل و کسب خود ترقی داشته باشند. و هر یک که صنایع بدیعه که به‌کار آید احداث کند مورد نوازش و التفات قرار می‌گیرند.» و امیر مخصوصاً می‌گفت «هرکس هنر بدیع و صنعت تازه

بیاورد به او چیز خواهم داد و به وعده وفا می‌کرد.»[۱۶۳]

در نمرهٔ اول *روزنامه اتفاقیه* آمده بود: «اولیای دولت علیه اهتمام بسیار دارند که صنایع بدیعه ممالک محروسه رونق تمام یابد.» یا «رعایا و صنعتگران این دولت علیه دانسته‌اند که اولیای دولت... در ایجاد و احداث صنایع بدیعه اهتمام دارند، هر یک درخور قابلیت خویش به اکتساب و احداث صنایع تازه طالب و راغبند.»[۱۶۴]

و اما جامعهٔ آن‌روز با آن بافت تحمل امیر را نمی‌کرد همان‌طور که تحمل قائم‌مقام و مصدق را نیز نکرد. و در نتیجه در «تمامی‌کار» آن بزرگ کوشید. دراین بحثِ تحلیلی جدید، غیر از آنچه تابه‌حال شده در «اتمام کار» امیر می‌آوریم. تا به‌حال در تحلیل‌ها رسم بر این بود که سیاست خارجی و دربار آلوده را عامل قتل این بزرگواران می‌دانستند، ما علاوه بر اینکه این واقعیت را نفی نمی‌کنیم، این گونه نگاه‌کردن به مسائل را عوامانه می‌شماریم که البته بی‌فایده نیست، ضمن اینکه آن را دارای انحراف می‌دانیم. چون دست‌های آلودهٔ اصلی در این خونریزیها و اتلاف سرمایه‌های ملی پنهان می‌ماند که مانده است و هم اینکه اجازه نمی‌دهد تا بر اثر شناخت عوامل اصلی، اقدامات احتیاطی برای پیش‌گیری از تولید جرم انجام گیرد یا اینکه دست رسوا بر ملا شود. و در نتیجه این عملکردها با اشکال مختلف ولی با یک ماهیت مدام اتفاق می‌افتد.

رابطه امیر و مردم و «تمامیِ کار» او

در بحث استبداد، شکنجه و امیر رابطهٔ حاکمیت سیاسی و حاکمیت قضایی و حاکمیت اجتماعی را تا حدودی باز کردیم و آوردیم که هر چند «قدرت سیاسی» یعنی «اعمال بدون قید وشرط اجبار»، در دست دولت است لیکن دولت با حاکمیت سیاسی خود تابع قدرتی مافوق خود است که این قدرت از جامعهٔ کلی برمی‌خیزد، جامعه‌ای که اجزاء تشکیل‌دهندهٔ آن رفتار متقابل اجتماعی مردم است که در عین حال هم از جغرافیای

محیط شکل می‌پذیرد و هم روح حاکم آن از نظر فرهنگی حاصل قرنها تغییر و تحول گذشته است. ضمن اینکه افکار با ساختمان جامعه انطباق کامل دارد در عین حال این قدرت را دارند که قالب‌های جدید بیافرینند، در ضمن از ساختار مادی جامعه شکل می‌پذیرد. در آنجا به‌اختصار گشودیم و به نقل اقوال علمای این فن[۱۶۵] استشهادکردیم که جامعه کلی از رفتار متقابل اجتماعی مردم در رابطه با نهادهای اقتصادی و بالعکس شکل گرفته، و اینکه جامعهٔ کلی به پاره‌ای از نظام‌های حقوقی برتری نسبی می‌دهد. غرض از گشودن این بحث در اینجا این است که پای مردم و فرهنگ آنان را در قتل قائم‌مقام و امیرکبیر و... و همکاری با امثال میرزا آقاخان نوری به‌میان بکشیم. مردم هم اعم‌اند از روشنفکر تا کاسب، از پاسبان تا سرلشگر، از تاجرِ متدین تا ارمنیِ ارتودوکس، و... به‌عبارت دیگر قدرت سیاسی ایران که قدرتی ساخت یافته است از متن و بطن جامعه توسط خود مردم رویانده شده و خود این مردم نیز از دم‌تیغ آن می‌گذرند. به تعبیری دیگر «دیالکتیک استبداد» است. یک‌طرف فرمانروایان هستند که «دست‌پخت» «فرمانبران» اند و طرف دیگر همین «فرمانروایان» هستند که در دایره‌ای محدود هم می‌توانند حرکت سازنده داشته‌باشند و هم حرکت تخریبی.

آنچه حداقل از تاریخ دویست‌سالهٔ اخیر ایران برمی‌آید این است که ایرانیان باحرکت‌های سازنده قائم‌مقام و میرزا تقی‌خان و دکتر مصدق سرناسازگاری نداشتند و در ضمن اینکه به آنان علاقه‌مند بودند و تا به امروز گرامی‌شان داشته‌اند لیکن حیات جمعیِ ایرانی از دفاع از ایشان و خلق امثال‌شان عاجز بوده و برای حمایت از آنها به‌صورتِ جدی، عقلانی و فعال برخورد نکرده، بلکه برخورد منفعل و عاطفی داشته‌است. دوست داشتن، آرمان داشتن، خیالاتی بودن، هزاره‌گرا بودن و ... همهٔ اینها با عمل کردن فرق می‌کند. عمل از جنسِ تولید است و چندان رضامندی به‌وجود نمی‌آورد مگر اینکه انگیزه‌ها بسیار قوی باشند، انگیزه‌ها یا قومی‌اند یا

ملی یا دینی یا به‌گونه‌ای ایدئولوژیک هستند و در سوابق فرهنگی ما انگیزه‌های ملی وجود نداشته زیرا ایلیاتی بودیم و فرهنگ دینی هم که می‌دانیم از عرصهٔ عکس وارد شده و ایدئولوژی‌های اخیر هم مشکل «توزیع» داشته‌اند و مصرف و نه تولید. باری به‌عنوان مثال در زمان حکومت دکتر مصدق تظاهراتی به نفع مصدق انجام شد لیکن هنگامی که او مشکلات اداره اقتصاد «ملی» و لزوم «کار کمرشکن» را پیش کشید و حضور جدی‌تر مردم را در صحنه تقاضا کرد مردم صحنه را ترک کردند. البته تمهیدات قبلی سردمداران آنها در این امر مؤثر بوده است. وقتی‌که قائم‌مقام را کشتند میرزا مهدی امام جمعه تهران به وزیر مختار روس گفت از دست این «بدتر از طاعون»[۱۶۶] خلاص شدیم و وقتی که مصدق از کار افتاد، زاهدی با کاشانی ملاقات کرد و اعلامیه‌هایی در این رابطه از رادیو پخش شد.[۱۶۷] این هر دو سمبل و مظهر حرکت‌های اجتماعی‌اند.

از طرف دیگر، اجتماع باطرفهای مخالف و رو در روی این سه نخست‌وزیر، فعال‌تر و مؤثرتر و همسازتر عمل کرده‌است. و نشان آن‌هم تحمل ۸۴ نخست‌وزیری است که کم‌وبیش در خط میرزاآقاخان نوری و حاج‌میرزا آقاسی ولی با اسامی و اشکال متفاوت بر این مردم حکومت کرده‌اند.

همین مقوله که جامعه ایران فقط در دوران اخیر توانسته ۸۴ نخست‌وزیر از سنخ آصف‌الدوله که تحت‌الحمایه انگلیس بود و امینی که در کودتا علیه مصدق پنج میلیون دلار گرفت[۱۶۸] و زاهدی که بیشتر گرفت تولید کند، نشان دهندهٔ این است که از این درخت این میوه برمی‌آید. از قضا هم ایدنِ نخست‌وزیر و هم شیل وزیرمختارِ انگلیس در تهران و هم دیگران که در وضع ایران، مطالعاتی دارند به این خوی ایرانی‌ها اشاراتی دارند.

البته ایرانیان در مورد گروه اخیر نیز به گونه‌ای منفعل عمل می‌کردند و در پاره‌ای موارد وارد یک درگیری سطحی و فرسایشی با ایشان می‌شدند.

نحوهٔ مبارزه نیز بدین ترتیب بوده‌است که نسبت به قدرت سیاسی رفتاری «انفعالی» در پیش می‌گرفتند، از این رو قدرت سیاسی که پایگاه داخلی خود را از دست می‌داد به‌دامن اجنبی می‌رفت و اگر منافع اجنبی ایجاب می‌کرد با او همداستان می‌شدند و دخل هیئت حاکمه را می‌آوردند. یعنی مبارزات آنها به شرطی نقش تعیین کننده داشت که شرایط بین‌المللی مساعدت می‌کرد. اگر شرایط زمان مردن محمدشاه و اوضاع آن روز روس و انگلیس نبود، امیرکبیر برسر کار نمی‌آمد، همچنان‌که اگر شرایط زمان مرگ فتحعلیشاه نبود قائم‌مقام بر سرکار نمی‌آمد. و اگر آمریکا سهم خود را از نفت ایران نمی‌خواست و به جناح انگلیسی فشار نمی‌آورد، مصدق روی کار نمی‌آمد؛ مصدق آمریکایی نبود، همان‌طور که انگلیسی هم نبود، لیکن شرایط فعال بین‌المللی و مبارزات منفعل مردم پای او را به میان کشید و بعد هم که تعارضات آمریکا و انگلیس حل شد و آمریکا ۴۰٪ نفت ایران را گرفت «مبارزهٔ منفعل» مصدق را مردم حمایت نکرد تا نتیجه آن شد که می‌دانید. مبارزات مردم ایران با عقب‌ماندگی و استبداد و استعمار و استحمار یک نبرد سطحی بود، همه را در استبداد خلاصه می‌کرد و آن‌هم بدان نحو که توصیف شد برخورد می‌نمود. ایرانیان در صحنهٔ بین‌الملل زمانی خواهند توانست باتمام ابعاد عقب‌ماندگی مبارزه کنند که با یکی از چهره‌های مهم عقب‌ماندگی که همین نوع «مبارزه سیاسی» است مبارزه کنند. یعنی باید با «مبارزه سیاسی» که تابحال می‌کردند مبارزه کنند. مردم ایران در طول تاریخ پانصدساله اخیر بارها به‌صورت غیرموفق با نظام‌های نامطلوب سیاسی داخلی مبارزه کردند و نُه بار نیز با نظام امپریالیستی غرب به صورت انحرافی مبارزه کرده و موفق نشدند و متأسفانه هنوز هم عبرتی برای تجدیدنظر نگرفته‌اند.

بوروکراسیِ مورد نیازِ جامعهٔ صنعتی

بوروکراسی، علی‌رغم تعبیراتی که از آن شده و علی‌رغم اینکه در ایران

بافت دیگری راکه دست پخت جامعه‌است بوروکراسی می‌پندارند، یکی از ضروریات زندگی صنعتی است که شانه به شانه با توسعه دولت‌های جدید و دموکراسی و رشد اقتصاد پیش رفته است. هدف آن نیز دادن خدمات مستمر در ابعاد مختلف به جامعه است که در واقع متشکل از ساختار مادی همراه با نیروی انسانی است.

اهمیت نیروی انسانی و بافت فکری آن از جنبه‌های دیگر این موضوع بیشتر است. ساختار فکری این نیرو باید پذیرفته باشد که خدمات متنوع اداری به نحو احسن لازمهٔ حیات جمعی و ادامه حیات اجتماعی است و رعایت منافع اجتماع مقدّم بر منافع افراد، و به عبارت دیگر منافع افرادی که در یک جامعه زندگی می‌کنند درگرو رعایت منافع اجتماعی است. تضمین منافع اجتماع در عین حال دربردارنده منافع افراد است، یعنی تا زمانی که کارکنان جامعه «غیرت مسئولیت» درکارکردن، و «اشتراک درمنافع و اهداف ملی» نداشته باشند، کارکرد جامعه دچار اختلالات جدی می‌شود. آنچه ازکارکرد ادارات ایران برمی‌آید وجود همان فرهنگ قبیلگی و روستایی است که بر آن حاکم است. یعنی اگر چه در شکل و ظاهر صنعتی ادعای استمرار حیات دارد اما همانند جوامع صنعتی تقسیم کار اجتماعی و حفظ منافع مشترک در آن مد نظر نیست. این نوع فرهنگ با بوروکراسی که از مقوله جوامع صنعتی و اقتصاد رشد یافته است سنخیتی ندارد و در نتیجه مشکلات بسیار جدی ایجاد می‌کند.

از نظر کادر تخصصی و مردان وطن‌دوست غیر از چند نفر از دوستان امیر که در دستگاههای مختلف مشغول کار بودند کس دیگری وجود نداشت. از جملهٔ آنها می‌توان چراغعلی خان زنگنه، عزیزخانِ آجودان‌باشی، محمدرضاخان فراهانی، عباسقلی‌خان جوانشیر و سلیمان‌خان افشار را نام برد. بدیهی است که امیر با این اندک جماعت و در آن مدتِ کوتاه نمی‌توانست حریف آن اروپایی که از آن سخن رفت بشود. غیر از این تعداد افراد، بقیه آنهایی بودند که سالهای دراز به دزدی

و اختلاس و ظلم و ستم و همکاری با اجنبی عادت کرده‌بودند و موجب فلج کار او می‌شدند. در طول این دویست‌ساله هر گاه مصلحی پیدا شده از همانجایی که امید کمک به او می‌رفته خنجر خورده‌است. امیرعلاوه بر اینکه مخالفت سفارتخانه‌ها و سران ایلات و قبایل را که در دربار جمع شده بودند با خود داشت، از نداشتن کادر مورد نیازش نیز به شدت رنج می‌برد. یکی از عوامل تنهایی و کشته‌شدن او این بود که ابزاری که لازمهٔ کار بود توسط این مردم فراهم نشده بود، بلکه به‌عکس ابزار کار سفارتخانه‌ها به تیزی تمام آماده بود. کادر تربیت‌شدهٔ آن زمان هم‌سنخ میرزا آقاخان نوری، آصف‌الدوله، سالارالدوله، عین‌الملک شیرخان و امثالهم بودند، که حاضر بودند برای یک شکم سورچرانی مثل سگ‌های هار سفارتخانه مردم را بدرند که دریدند.

وجههٔ همت امیر پیشبرد کار باعقل و فکر و کاردانی و پشتکار بود. وی اعتقاد داشت که افراد وطن‌پرست از این راه قادر خواهند بود به ملت خود خدمت کنند. در هیچ کاری بدون شناخت وارد نمی‌شد و همیشه با خبرگان کارها در بحث و گفتگو بود. (البته اگر پیدا می‌شد.) برای این‌کار در فکر تربیت افراد موردنیاز بود. به نظر او «احاطهٔ کلیه در هر کار باید داشت، بصیر و بینا به رموز و نکات همه ولایت باید بود، می‌نویسم و می‌سپارم که غفلت نفرمائید.»[۱۶۹] چون سعی داشت افراد مطلع و کاردان و بصیروبینا بر سر کارها بگمارد نتیجه این شد که گماشتن «کسان عاقل و قابل و شایسته و مردم‌دار به حکومت هر جایی... اغلب تفرقه ایل و رعیت که سابقاً جلای وطن کرده بودند، حال میل به وطن اصلی خود نموده و معاودت کنند.»[۱۷۰] این‌گونه افرادِ قابل و عاقل که به شدت مورد نیاز امیر بود در ضمن همچون کیمیا کمیاب بود. «وقتی میرزا جعفرخان مأمور کمیسیون سرحدی ایران و عثمانی تقاضای اعزام یک مهندس ایرانی یا فرنگی که زبان فرانسه بداند کرد، امیر، در جمادی‌الاول ۱۲۶۶ قمری، به او نوشت: «شما خودتان می‌دانید که از اهل ایران چنین آدم قابل نداریم، و

اسلاف ما هم برای این‌طور خدمات کسی را تربیت نکرده‌اند....»[۱۷۱] باز زمانی برای مترجمی روسی جهت همان کمیسیون کسی را خواسته‌بودند امیر در جواب نوشت: «هر چه فکر کردم در اینجا همچو آدمی بهم نمی‌رسد که روانه نمایم. خود آن عالیجاه در آنجا جستجو نمایید یک نفر آدم حلال‌زاده که صرفه این دولت را از دست ندهد و امین «پیداکرده» قرار مواجبش داده می‌شود.»[۱۷۲] در واقع این‌طور که از حرفهای امیر برمی‌آید (تاریخ هم آن را ثابت می‌کند) کار را به‌دست هر کس که می‌داده یا «کاردان» نبوده یا دزدِ حرامزاده بوده و منافع ایران را با مختصر رشوه می‌فروخته است! از بی‌کسی به موسیو ریشاردخان فرانسوی نوشت: «از آنجا که میرزا محمدعلی برادر میرزا حسن بااستعداد و قابل تربیت است... روزی یک ساعت از اوقات خود را صرف مومی‌الیه نموده، زبان و خط فرانسوی را به او تعلیم بدهید که در اندک زمانی در لسان و خط فرانسوی ماهر شود....»[۱۷۳]

در اینجا یادآوری یک نکته عبرت‌آموز است و آن اینکه دویست‌سال قبل از تاریخ امیر، زمانی‌که انگلیسی‌ها دفتر کمپانی هند شرقی را در اصفهان دایر کرده‌بودند، تعداد پانزده الی بیست نفر جوان انگلیسی به اصفهان آورده بودند که زبان فارسی و ارمنی را یاد بگیرند تا مأموریت‌های بعدی را انجام دهند[۱۷۴] (آن زمان بازرگانی خارجی به صورت عمده دست خارجی‌ها و اگر ایرانی هم یافت می‌شد ارمنی بود.)

حال ما داستان وزیر امور خارجه ایران میرزا سعیدخان را می‌آوریم تا هم بی‌کسی امیر را بیابیم و هم قوت و استعداد فرهنگ ایران را و هم پاره‌ای از ویژگی‌های فرهنگی این مرزوبوم را. نوشتهٔ زیر به قلم خود میرزا سعید است: «من ملا سعید عشلقی بودم و طلبه‌ای در مدرسه جامع تبریز. روزی یک نفر به مدرسه آمد، یکی از طلاب را خواست که عریضه‌ای برای میرزاتقی خان بنویسد. مرا نشان دادند. عریضه‌ای خوب

و با عبارت مرغوب نوشتم. فردا گماشته‌ای از طرف میرزاتقی خان آمد که تو را می‌خواهند. رفتم، گفت: حیف نیست قابلیت خود را در این لباس تنبلی باطل می‌کنی؟ و گویا گمان می‌کنی که عبادت خدا با لباس تنبلی است. پس امر کرد تغییر لباس داده به دستگاه دیوان بروم. چون میرزاتقی خان با شاه عازم تهران شد، مرا هم همراه خود برد و در راه بعضی تحریرات به عهده من بود.» آدمیت ادامه می‌دهد: «اما راستش اینکه میرزا سعید آدم برجسته‌ای از کار درنیامد. جز میرزا بنویس... در مورد او در روزنامهٔ *اتفاقیه* می‌خوانیم: از آنجا که میرزا محمد سعید در خدمات محوله صداقت و راست قلمی خود را مشهود پیشگاه مبارک داشته... به لقب مؤتمن‌الملکی سرافراز آمد. چند ماه بعد، پس از قتل امیر به 'دبیری مهام خارجه' که قائم‌مقام وزارت خارجه باشد گمارده شد و بعدها وزیر امور خارجه گردید. به لیاقت اودر سیاست امورخارجه از اینجا می‌توان پی‌برد که پس از مردنش نهصدو هفتاد پاکت سربسته که غالباً نوشتجات سفرای ایران در خارج و اغلب مراسلات سفرای خارجه در ایران و نوشتجات سرحدداران و غیره بود در میان نوشتجات میرزا سعیدخان مرحوم، پسرش جمع کرده و حضور شاه فرستاده‌بود. این پاکت‌ها از بیست سال قبل بود الی چهارده سال قبل... از قرار گفته همین پسر که وزیر مرحوم، غالب نوشتجات را نخوانده به آب می‌انداخت....»[۱۷۵]

این چند نمونه مبین آن وضع و بافت فرهنگی ایران بود و نشانی از گرفتاریهای امیر. بعدها نیز مشکلات فرهنگی با همان بافت باقی‌ماند، هر چند به ظاهر چند فکلی به آن اضافه شد. همزمان با امیر مارکس مانیفست خود را بیرون داده‌بود که خود نشانهٔ این بود که حرص و ولع در هر کاری و بی‌رحمی و گستاخی جهت رشد و توسعه دمار از روزگار مردم و اکثر کارگران (کارگران صنعتی و مزدور، نه کارگران فصلی کشاورزی) درآورده است. و غولهای اختراع و اکتشاف پیکرهٔ جهان را به لرزه انداخته است.

باری با همان وضع افلاس که برشمردیم، امیر گرفتاری خود را می‌گشود و به قول منشی خود «هر کس را قابل می‌دید لوازم ترقی او را فراهم می‌کرد.» امیر به همین دست‌پرورده‌ها نیز مکرر گوش‌زد می‌کرد که از راه راست و صحیح منحرف نشوند و اخلاق اسلاف خود را ترک کنند. یکی دیگر از این دست‌پرورده‌های فرهنگ ایران «میرزا حسین‌خان» است که بعدها وزیر امور خارجه و نخست‌وزیر ایران شد. و محل مجلس شورای ملیِ [سابق واقع در بهارستان] خانهٔ اوست و مدرسهٔ سپهسالار (شهیدمطهری فعلی) از بناهای یادگار اوست. از او به نیکی یاد کرده‌اند. لیکن همین شخص عاقد قرارداد «رویتر» است، قراردادی که دنبالهٔ زنجیره «سیاستِ درباز» ترکمانچای وانتقال تکنولوژی و ساخت تمدن بدون دست ایرانی است. این قرارداد واسطه عقد قرارداد فروش ایران توسط وثوق‌الدوله نخست‌وزیر ایران است (قرارداد ۱۹۱۹). باری، زمانی‌که امیر، میرزا حسین‌خان را به‌عنوان اولین نماینده سیاسی ایران به هندوستان فرستاد «نخستین شرطی که می‌نهد اینکه از گرفتن تعارف و رشوه محترز بوده، مطلقاً طمع و توقعی از آنها ننماید.»[۱۷۶] حال ببینید مردمی که می‌بایستی یاور او باشند با او چه می‌کردند. به همین جهت بود که به ناصرالدین شاه نوشت: «امر با قبلهٔ عالم است ولیکن با این طفره‌ها و امروز و فردا کردن و از کار گریختن، در ایران به این هرزگی حکما نمی‌توان سلطنت کرد.»[۱۷۷] وی همیشه شاه را نصیحت می‌کرد که اگر می‌خواهد ایران را از این منجلاب نجات دهد باید «در کارها دِماغ بسوزاند» تا کارها به روال افتد.

روابط مردم با امیر

مردم ایران، همان‌طور که گفتیم، امیر را بر سرکار نیاورده‌بودند به همین جهت از او حمایتی نیز نمی‌کردند و اصلاً این‌گونه مسائل که حاکمیت را از آن خود دانستن و در کار مستمر آن نظارت دائم داشتن در این سرزمین

ناشناخته بود. چون این مقوله از اجزای جامعهٔ صنعتی و رشد یافتهٔ اقتصادی است. امیر در شرایط خاص به صدارت رسید. تحرک و فعالیت همه جانبه حیات اجتماعی ایران به سوی رشد و توسعه نبود که نیازی به ضرورت وجود امیر را احساس کند. منازعات سیاسی جهت انتخاب رئیس برای حکومت و اجرای سیاست حفظ منافع ملی نبود که امیر را به سرکار آورده‌باشد.

جامعه ایرانی در حالت عادی، امثال سالارها و آصف‌الدوله‌ها و میرزاآقاخان‌ها را تولید می‌کرد و اگر استثنائاً و اشتباهاً اشخاصی مثل قائم‌مقام یا امیرکبیر پا به عرصه فعالیت می‌گذاشتند، این فرهنگ به سرعت رفع اشتباه می‌کرد و در فاصله یکی دوسال این بزرگان را می‌کشت که به‌راستی این ملت در خور این بزرگان نبود. این نوع هم‌سنخی در تمام فرهنگ‌ها وجود دارد، اگر شما به جامعه آمریکایی نگاه کنید فرق چندانی بین آیزنهاور، ترومن، نیکسون، فورد و ریگان نمی‌بینید و اگر هم استثنائاً شخصی مثل کارتر در شرایط خاص روی کار آید و جامعه دچار اشتباه شود به سرعت رفع اشتباه می‌کند و خود را تصحیح می‌نماید و او را با شخص مناسبِ فرهنگ خود عوض می‌نماید. سیاست خارجی امریکا، از نیمهٔ دوم قرن نوزدهم که آن کشور در جهان قدرت اقتصادی قابل ملاحظه‌ای یافت و از اوایل قرن بیستم که به اولین قدرت جهانی در اقتصاد تبدیل شد و از بعد جنگ جهانی دوم که اولین قدرت سیاسی نیز شد، یک خط را دنبال می‌کند و آن حفظ منافع آمریکا در جهان است.

در حمایت از امیر یک‌بار تظاهرات صورت گرفت و آنهم بعد از توفیق کامل خود امیر در سرکوب غائله بود. عناصر توطئه متشکل از دربار، فوج قهرمانیه و سفارت بودند. بعد از ختم غائله مردم دکان‌ها را بستند و سر راه امیر گوسفند کشتند. این تظاهرات بیشتر احساسی و گویای روابط عاطفی با امیر بود و از مقوله‌های جدید، یعنی حمایت از

منافع و مسئول اجرای قوانین و سیاست ناشی از حاکمیت ملت و این‌گونه مطالب نبود.

بعد از فرونشستنِ این نوع احساسات، دوباره واقعیات اجتماعی سر برمی‌آورند و با لجاجت تمام الگوهای خود را بر تن آدمیان می‌پوشانند، همان‌طور که آدمیان نیز، بافت ذهنی خود را که حاصل عملکرد تاریخ پیوسته گذشته آنهاست، به‌طور عموم بر واقعیات اجتماعی می‌پوشانند و تصورات خام اندیشانه‌ای را واقعیت می‌پندارند.

زمانی که امیر می‌خواست دست استیونس کاردار انگلیس را در تبریز از دخالت در امور شهروندان و امور داخلی کشور کوتاه کند، به تحریک کنسولگری و عوامل پا به رکاب سفارتخانه، چنان غوغایی در تبریز برپا شد که تا مدت کمی حکم حکومتی در این شهر ساقط شد. به این دلیل که تبریز ملک امام زمان است، چون گاوی که برای کشتن می‌بردند از دست قصاب گریخته و در بقعه صاحب‌الامر بست نشسته بود. امیر نامه‌ای به شیل وزیر مختار انگلیس فرستاد و در ضمن آن نامه آورد: «... بعد از آنکه مردم اجامر و اوباش تبریز جهت شرارتهای خودشان در امور ملکی و اتلاف مالیات دیوانی از برای خود مأمن و بستی قرار گذاشته و خودسری‌ها کنند... استیونس به جهت تقویت آنها و استحکام خیالاتشان چهل چراغی به مسجد صاحب‌الزمان فرستاده و بر آنجا وقف کرده، زیاده از حد باعث جرأت عوام و اشرار گشته، پای جسارت را بیشتر گذارده، تا از این خیالات عوام خدا داند چه حادثات بروز و ظهور کند.»[۱۷۸]

از جمله سید مصطفی شوشتری تحت حمایت انگلیس بود و هر وقت که انگلیس می‌خواست با طرفداران خود که ایرانی و مسلمان بودند به نفع انگلیس منطقه را پی‌درپی به آشوب می‌کشید. این فرد حقوق دیوانی بی‌موجبی داشت که امیر قطع کرد و انگلیس به حمایت از حقوق وی مزاحمت‌های زیادی برای امیر ایجاد می‌کرد و امیر قبول نمی‌کرد. نهایت اینکه زمان میرزاآقاخان نوری حقوق او دوباره برقرار گشت و عقب‌افتاده

آن نیز جبران شد. تحفه اینکه در زمان همان میرزاآقاخان نوری در جنگ هرات، که در واقع جنگ ایران و انگلیس بود، به نفع انگلیس منطقه شوشتر را به آشوب کشید. مخالفت‌ها این‌طور کارساز بود و کمرشکن، لیکن موافقت‌ها از حد دعاگویی تجاوز نمی‌کرد. «جمیع رعایا به بودن امیر راضی بودند ... و دعاگوی نظم میرزا تقی‌خانی.»[۱۷۹] بعد از واقعهٔ سیدمصطفی و مسائل تبریز و مشابه آنها آمده‌است «گویی ملک ایران آفریده شده‌بود که هر بدگوهری را بپروراند و چون فربه شد کاسهٔ نعمت بشکند. از این قبیل اراذل و اوباش همیشه کسانی بوده و هستند که در کنف تاج امپراطوری اما به خرج دیگران روزگار بگذرانند.»[۱۸۰]
اما امیر همه اینها را می‌دانست که می‌نوشت:

... حال و روز این غلام بیچاره را ببینید که از دست این زن‌و مردها چه می‌کشم... آن طبقه آن‌قدر به بیقاعدگی خوگرفته بودند که وضع هر قاعده‌ای را تهدیدی به نفع خویش می‌شناختند، چیزی که در میان نبود نفع عموم....

دشمن از برای این غلام از زن و مرد بسیار است.

شیل در این مورد گفته بود: «بزرگان مملکت دشمن امیرنظام هستند.» به دنبال آن اضافه کرده‌بود: «چیزی که در این مملکت وجود ندارد، شرف، حیثیت، ایمان و حق‌شناسی است. سودپرستی و طمع‌ورزی حاکم بر همه چیز است و انگیزه‌های آنی و هوس و نیرنگ و افسون بر این جامعه مستولی است.»[۱۸۱]

زمانی شیل از امیر تقاضاهای پی در پی داشت و امیر مخالفت می‌کرد و در نامه‌ای که جواب وی را داده بود مطالبی آورده که عمق فکر امیر و وضع فرهنگی ایران را نشان می‌دهد. امیر در نامه آورده بود:

... در ملت ایران نشانه‌ای از وطن‌پرستی یا ملیت به جای نمانده، قدرت دین هم که تا امروز جای ملیت را گرفته‌بود، رو به سستی

نهاده، قدرت دولت هم بسیار محدود است و همه مردم نیز خواهان تحولی هستند. درعین حال ایرانیان اشتیاق غریبی پیدا کرده‌اند که خود را به دولت‌های اجنبی نزدیک گردانند ... با اختلافات عظیمی که میان قدرت ایران و انگلستان است، چطور می‌توانم تن به تقاضاهایی دهم که بر قدرت انگلیس بیفزاید و از قدرت ایران بکاهد ....[۱۸۲]

آخرِ کارِ امیر

امیر نیز در آخر کار، همچون قائم‌مقام و مصدق، با حالتی از رضایت درونی مردم روبه‌رو بود. گروه مخالف، بسیار فعال بودند. سفارتخانه‌ها، همهٔ رجال، دربار و سرانجام شاه با هم متفق شدند و کار امیر را یکسره کردند.

فشار از همه طرف بر امیر وارد شد. امیر سرانجامِ کار را نیک می‌دانست و باور داشت لیکن حاضر نبود از شرافت و ایمان خود دست بکشد. امیر که به‌کنایه به میرزا یعقوب سرانجامِ کار خود را می‌گفت، میرزا یعقوب وی را دلداری می‌داد. امیر یک بار جوابی به میرزایعقوب داد که از عمقِ معرفت وی برمی‌خاست: «میرزا یعقوب، راست می‌گویی، اما حرف در این است که بندگان شاهنشاهی با یک وجود تنها در مقابل این همه رخنه دردمندان سپر خواهند انداخت و لابداً به جهت آسودگی خودشان مرا قربان خواهند کرد.»[۱۸۳] همین هم شد. شیل هم چون فرهنگ ایران را می‌شناخت از امیرکبیر چندان نگران نبود و آن زمان که امیر در فکر نیروی دریایی بود به وزیر خارجه انگلیس پالمرستون نوشت که با خواست‌های امیر مبنی بر فروش کشتی به ایران موافقت کند چون «به احتمال قریب به یقین پس از عزل یا مرگ امیرنظام، نقشهٔ او یکسره بر باد خواهد رفت.»[۱۸۴] این حرف دیپلماتیک است، معنی آن این است که امیر به زودی به سرنوشت میرزا ابراهیم کلانتر، اولین نخست‌وزیر فتحعلیشاه و

میرزا ابوالقاسم قائم‌مقام، اولین نخست‌وزیر محمد شاه، مبتلا شده و به عنوان اولین نخست‌وزیر ناصرالدین‌شاه کشته خواهد شد. و این نکته را همه می دانستند از جمله عباس‌میرزا ملک‌آرا برادر ناصرالدین شاه که به پسرش نوشته بود: «می‌گویند قاجاریه وقت احتیاج و حاجت و ترس و کار، کمال تملق را دارند، رفع اینها که شد دیگر نمی‌شناسند ... حرف یکی دو نفر بلکه ده نفر را باور نکنید ... در باطن ساخته‌اند و در ظاهر نمی‌گویند....»[۱۸۵]

کار از هر طرف بر امیر سخت شده‌بود. امیر به شاه نوشت: «... به نمک قبله عالم روحنافداه که کار این‌طور مشکل می‌گذرد و فدوی را بالمره از نوکری و خدمت دیوان باز داشته‌اند....»[۱۸۶] کم‌کم به روزهای آخر نزدیک هستیم که می‌نویسد: «... کاغذهای ایلچی‌ها سر تا پا تعرض باین غلام بود... این دو سه روزه، تشدد حضرات و آمد ورفت آنها و ناخوشی چنان بیحالم کرده‌است که هیچ خود را نمی‌شناسم.»[۱۸۷] کارها خیلی خراب شده‌بود. ناصرالدین شاه تنها حامی امیر نیز به جمع مخالفان پیوسته‌بود. حالا همهٔ ملت یا به صورت منفعل یا به صورت فعال (به غیر از چند مورد غیرقابل ذکر) علیه یک‌نفر متحد شده‌بودند و قوت سفارتخانه‌ها نیز به آنها افزوده شده بود. امیر می‌خواست به خدمت شاه برود، شاه طفره می‌رفت. به ناچار به شاه نوشت:

> ... چند کلمه عرض دارم، برای اینست که هرزگی و نمامی و شیطنت اهل این ملک را می‌شناسم. از این رشته که بدست آنها افتاده دست نمی‌کشند و طوری خواهند کرد که این کار منظم را که کل دنیا از شدت حسد به مقام پریشانی برآمدند، بالمره خراب و ضایع و همچنین که این غلام را خراب کردند، هم جمیع کارهای پخته را خام نمایند.

بالاخره هرزگی و نمامی و شیطنت و خوی نزدیکی ایرانی به سفارتخانه‌های خارجی و نداشتنِ غیرتِ مسئولیت و وطن‌پرستی و عدم

رعایت منافع عمومی همه دست به دست هم دادند که امیر نوشت: «این غلام نمی‌تواند نظم دهد، بی‌نظم هم کار پیش نمی‌رود... این درد غلام را می‌کشد که مردم میرزا (منظور میرزا آقاخان‌نوری) می‌گویند که آن نظم تقی‌خانی گذشت. مردن را بر خود گواراتر از این حرف می‌داند....»[۱۸۸] ولی کسی گوشش بدهکار نبود رمق این فرهنگ از این بیشتر نبود. پایه‌های پوسیدهٔ آن تحمل این‌همه قدرت و شخصیت و ایمان را نداشت. امیر مستأصل مانده بود، قلم برداشت و نامهٔ آخر را نوشت:

قربان خاک پای همایونت شوم جسارت است اما

چو آید به موئی توانش کشید   چو برگشت زنجیرها بگسلد

باری، معلوم است مقدر آسمانی در تمامی کار این غلام است،[۱۸۹] زیرا، ز منجنیق فلک سنگ فتنه می‌بارد...[۱۹۰] آن فرمایش صبحی، دستخط همایون هم مزید واهمه این غلام شده که یقین خواهید فرمود، این غلام بی‌خبر نیست. لابداً با کمال رو سیاهی جسارت عرض می‌شود که اولاً از خدا مرگ می‌خواهم که این روزهای زیادتی را نبینم. ثانیاً الحکم‌لله به قضای آسمانی و حکم پادشاهی حاضرم. امر همایون مطاع.

مهر: عبدالراجی محمدتقی
لااله الاالملک الحق المبین محمدتقی

در جواب، ناصرالدین شاه که لکه سیاهی در انبوه منجلاب هرزهٔ ایران بود، به پاسخ دومین ستاره درخشان شب پانصدساله این ملکِ سفله پرور نوشت: «چاکر آستان ملائک پاسبان... حاج علیخان... فراشباشی شهریاری ... به فین کاشان رفته میرزا تقی‌خان فراهانی را راحت نمایید.»

این سخن میرزاتقی‌خان را که «الحکم للّه به قضای آسمانی و حکم پادشاهی حاضرم» مقایسه کنید با سخن حسنک وزیر (ابوعلی حسن بن محمد میکال، وزیر فرزانه و فاضل که به دست سلطان مسعود کشته شد) که در هشتصد و چهل و سه‌سال پیش از آن یعنی سال ۴۲۵ هجری در روز

محاکمه می‌گفت: «عاقبت کار آدمی مرگ است، اگر امروز اجل رسیده است کس بازنتواند داشت که بر دار کشند یا جز دار که بزرگتر از حسین علی نیم».

از امیر تا مصدق

دو روز بعد از عزل امیر، میرزاآقاخان نوری، نامهٔ تحت‌الحمایگی انگلیس را با صواب‌دید آن سفارتخانه (هرچند که سفیر گفته بود این نامهٔ تحت‌الحمایگی به تاج کیانی می‌ارزد) کناری نهاد و التزام سپرد که تحت‌الحمایهٔ هیچ دولتی نیست و سرکارآمد. چند روزی از صدارت اعظمی او نگذشته‌بود که تعهدنامه انصراف از تملک هرات را تسلیم انگلیس نمود. بعد که ناصرالدین شاه به هرات لشکر کشید، انگلستان در جنوب نیرو پیاده کرد، ایران تقاضای صلح نمود. بالاخره عهدنامهٔ صلح پاریس به سال ۱۲۷۳ق/۱۸۵۷م امضاء شد. در این عهدنامه ایران حق کاپیتولاسیون را برای انگلیس محرز شناخت. «میرزا آقاخان نوری برای قبول عهدنامه پاریس معادل یک کرور تومان لیره انگلیس رشوه گرفت. ولی این لیره‌ها پس از عزل میرزا آقاخان توسط مأموران شاه ضبط شد که مس مطلا از آب درآمد.»[۱۹۱]

میرزا آقاخان در سال ۱۲۷۵ به‌جرم «اثبات خیانت» از صدارت عزل شد. بعد از وی شاه شخصاً مملکت را اداره می‌کرد. در این ایام وی از دادن هیچ امتیازی به خارجی‌ها کوتاهی نکرد. قرار انفکاک قسمتی از بلوچستان و افغانستان با حکمیت گلداسمیت به امضاء میرزا حسین‌خان معروف، طرف ایرانی قرارداد، رسید.

بعد از این تاریخ دو نخست‌وزیر دیگر داریم که فرقی بنیادین با این سلسله نخست‌وزیران ندارند. اولی میرزامحمدخان قاجار سپهسالار اعظم و دیگری میرزایوسف مستوفی‌الممالک که مجموعاً با پسرش حدود هشتاد سال وزیر و نخست‌وزیر بودند و هیچ اثر خیری نیز از آنان عاید کشور نشد.

بعد از این تاریخ (۱۲۸۹ق/ ۱۸۷۱م) میرزاحسین‌خان مشیرالدوله

سپهسالار اعظم به زور انگلیسی‌ها روی کار آمد. در دوره اول نخست‌وزیری متمایل به انگلیس و در دورهٔ دوم متمایل به روس بود.

تمدن غرب بدون دخالت ایرانی

میرزا حسین‌خان سپهسالار عامل سیاست اقتصادی ایجاد «تمدن غرب بدون دخالت ایرانی» بزرگترین «تز» با معنی عالم اقتصاد سیاسی در ایران است. این تز که قبل از میرزا حسین‌خان طرفدارانی داشت و هنوز نیز طرفدارانی کیوان شوکت و قدر قدرت دارد، می‌تواند با افسون، هر طلسمی را به‌راحتی بگشاید.

طرفداران این «تز» برآن‌اند که تحت نظارت و برنامه‌ریزی قدرت‌های صنعتی بیگانه، صنایعی را بدون برنامه و سرمایه‌گذاری صحیح اجتماعی و فهم قالب‌های اجتماعی آن خریداری کنند تا ایران صنعتی بشود.

امضاءکنندهٔ طرف ایرانی قرارداد رویتر، میرزاحسین‌خان سپهسالار است. طرف مقابل «بارون ژولیس دو رویتر» همین صاحب خبرگزاری رویتر است. محتوای قرارداد جمیع منابع و کلیه حقوق ملت ایران است که تقدیم دولت انگلیس می‌شود. در رابطه با این قرارداد آورده‌اند: «هنگامی که متن قرارداد در بهار ۱۸۷۲م تنظیم شد شاه دستور داد که هیئتی از رجال دولتی آن قرارداد را مورد بررسی قرار داده، نظر خود را گزارش دهد. این هیئت مبلغ دویست‌هزار لیره از رویتر رشوه دریافت داشته و در گزارشی که به شاه داد متذکر گردید که '... همه را مشخص کرده‌ایم... آنچه داده‌ایم منحصراً عبارت از پاره‌ای مواد عاطله است که تاکنون هیچ نفعی از برای دولت نداشته‌اند... اکنون انجام این مطلب بزرگ منوط به یک اشاره شاهنشاهی است. هرگاه اسم مبارک همایون خود را بر این امتیاز نامه مرقوم فرمائید بهمین گردش یک قلم بیش از جمیع خدماتی که سلاطین ایران در این چند هزار سال به ملت خود کرده‌اند باین آب و خاک و ملت مرحمت و احسان و عطای حقیقی خواهد

شد'...»[۱۹۲] البته پوشیده نماند که به موجب این قرارداد هر چه در ایران یافتنی بود بجز «احجار کریمه» واگذار شده‌بود. میرزا حسین‌خان بار دومی که نخست‌وزیر شده‌بود، دستور تشکیل قوای قزاق به سرپرستی افسران روسی را امضاء کرد.

میرزا علی‌اصغرخان امین‌السلطان سه بار نخست‌وزیر شد و عاقبت الامر و ظاهراً به‌دست مشروطه‌خواهان به قتل رسید. در ایام صدارت این شخص هر چه در ایران یافتنی بود به گرو بیگانگان گذاشته‌شد و هر پولی راکه به‌صورت وام دریافت می‌کرد با شاه در مسافرت خرج سفر و خرید اشیاء لوکس کرده و ته‌مانده آن را نیز اسباب بازی خریده باز می‌گشتند. این نخست‌وزیر نیز در ابتدا انگلیسی و سپس روسی شد. امتیاز کشتیرانی بر رود کارون، تأسیس بانک شاهنشاهی با حق نشر اسکناس، استخراج همه گونه معدن، استخراج نفت و ... از طرف این شخص واگذار گردید. امتیاز راه به برادر سپهسالار، یحیی‌خان مشیرالدوله سپرده‌شد تا به انگلیسی‌ها بدهد. و کم و بیش مشابه اینها را به روس‌ها داد. امتیاز بهره‌برداری از درخت‌های زیتون و شمشادهای جنگل و ... را به روس‌ها داد. سپس امتیاز توتون و تنباکو و ... همه این امتیازها فقط از راه رشوه به نخست‌وزیر و شاه امکان‌پذیر بود. بعد از همه این کثافت‌کاریها، امین‌السلطان، معزول شد و به خارج فرار کرد و میرزا علی‌خان امین‌الدوله نخست‌وزیر شد و چون با نظر انگلیسی‌ها در مورد یک فقره وام موافقت نکرد استعفاء کرد. و مجدداً امین‌السلطان آمد. امین‌السلطان ۲۲/۵ میلیون مناط پول از روسیه وام گرفت و قسمتی از کشور را گرو گذاشت و بعد دوباره به مسافرت رفتند، شخصی به او گفت تو هر ایرانی را به یک قران به روسها فروختی، در جواب گفت: «ساکت، اگر روسها شما را می‌شناختند اظهار غبن می‌کردند و معامله را فسخ می‌کردند.» همین امین‌السلطان با رشوه‌ای که از دارسی گرفت قرارداد نفت را در ۱۹۰۱ امضاء کرد.

بعد از امین‌السلطان، سلطان عبدالمجید میرزا عین‌الدوله که عکس برگردان امین‌السلطان بود سرکار آمد و همین‌طور به فروش مملکت مشغول بودند که حوصله مردم از دست اینها سررفته بلوای مشروطه را به کمک انگلیس برپا کردند، چون دولت قبلی روسی شده بود و... .

بعد از مشروطه دولت‌های زیر سرکار آمدند که با یکدیگر فرق چندانی نداشتند: زمان مشروطه نخست‌وزیری با نصراله‌خان مشیرالدوله بود که وقعی به مجلس نمی‌گذاشت، فقط یک‌بار نامه نوشت که از خارجه وام بگیرد. دولت دوم وزیر افخم و سپس میرزا علی‌اصغرخان اتابک اعظم، بعد میرزا احمدخان مشیرالسلطنه و سپس دولت ناصرالملک و بعد از او دولت نظام‌السلطنه مافی که در مجموع سه بار تشکیل دولت داد. بعد از وی دولت میرزا احمدخان مشیرالسلطنه که او هم سه بار تشکیل دولت داد. و دوباره دولت ناصرالملک و بعد از او دولت محمدولی‌خان سپهدار اعظم که چهار دولت تشکیل داد و برای اولین بار برای دولتش برنامه داشت که به مجلس عرضه کرد. برنامه او در فکر اصلاح قشون، عدلیه، معارف و این‌گونه مطالب بود که از آن سودی برده‌نشد، تا اینکه دولت حسن مستوفی‌الممالک آمد که دو دولت تشکیل داد. برنامه او عبارت بود از جلب مستخدم خارجی، اصلاح امنیه و نظمیه، تهیهٔ ارتش با خرید سلاح خارجی، اصلاح مالیه، اصلاح عدلیه، اصلاحات مدارس و فرستادن دانشجو به خارج. این دولت در حدود دههٔ اول قرن بیستم تشکیل شد و از برنامهٔ دولت برمی‌آید که در مملکت هیچ‌چیز وجود ندارد و همه چیز ویران است. شاید این یادآوری لازم باشد که زمانی‌که امیرکبیر برسرکار بود مملکت ایران آبادتر از زمان میرزاحسن مستوفی‌الممالک بود. در زمان امیر، یعنی سال ۱۸۵۰، طول راه‌آهن اروپا ۲۳۰۰۰ کیلومتر بود، در حالی‌که در زمان میرزاحسن مستوفی‌الممالک به ۳۵۹۰۰۰ کیلومتر رسید، در حالی‌که ایران در سراشیبی راه می‌پیمود. و یک ماشین دودی هم که درست کردند از کار افتاد و رفتاری که با ماشین

دودی شد ضرب‌المثل شد و کاربرد اقتصادی پیدا کرد. رسم بر این بود که بیکارها و اشرار که جماعت زیادی را تشکیل می‌دادند به تحریک چاروادارهای راه شاه‌عبدالعظیم-تهران که به مناسبت کشیدن ماشین دودی کارشان کساد شده‌بود، در ایستگاه «گاردماشین» جمع می‌شدند و همینکه ماشین راه می‌افتاد شروع به سنگ و چوب‌پرانی به آن می‌کردند و مشکلات قابل ملاحظه‌ای برای حرکت آن ایجاد می‌کردند. از این رفتار این لطیفه ساخته شد که: «کار در ایران مثل ماشین دودی می‌ماند. تا ایستاده کسی به آن کاری ندارد ولی همینکه حرکت کرد همه به آن سنگ می‌پرانند و چوب لای چرخش می‌گذارند.»

بعد از مستوفی‌الممالک، محمد ولی‌خان سپهدار اعظم سه دولت تشکیل داد. تازه نخست وزیران یاد گرفته‌بودند که دولت باید برنامه داشته‌باشد و برنامه محمد ولی‌خان نیز عبارت بود از جلوگیری از به خطر افتادن آزادی، استقراض، بهبود روابط خارجی، اصلاح مالیه، استخدام مستخدم خارجی، اصلاح عدلیه، اصلاح مدارس، اصلاح قانون بلدیه و توجه به امر تجارت. لازم به یادآوری است که در برنامه‌های دولت آنچه در جهت وابستگی و استقراض و کارهای مشابه آن بود انجام می‌گرفت و بقیه در همان متن نطق نخست‌وزیر در مجلس باقی می‌ماند.

بعد از وی صمصام‌السلطنه پنج دولت تشکیل داد وسپس علاءالسلطنه و بعد از او مجدداً مستوفی الممالک آمد. از آن زمانها رسم بر این شد که نخست‌وزیران ایران تصور کنند که برنامه عبارت است از نوشتن چند مطلب روی کاغذ و خواندن آن هنگام گرفتن رأی اعتماد! و پس از آن نه کسی اجراء می‌کرد و نه کسی باز خواست می‌شد.

بعد از مستوفی تا روی کار آمدن وثوق‌الدوله، مشیرالدوله، مستوفی، فرمانفرما، سپهسالاراعظم و وثوق‌الدوله همچون گذشته دولت‌های چند ماهه و برخی چند روزه تشکیل دادند. میرزا حسن‌خان وثوق‌الدوله از اینکه می‌دید، رفتار این نخست وزیران گذشته خسته کننده بوده است و

هر بار اینها مجبور بودند تکه‌ای از ایران را با هزار چانه‌زدن به خارجی واگذار کنند و دلالی بگیرند، تصمیم گرفت کار را یکسره کند. به‌همین منظور قرارداد ۱۹۱۹ را با انگلیس امضاء کرد. در این زمان روس‌ها، به‌علت انقلاب اکتبر ۱۹۱۷، گرفتار خود بودند و ایران را به‌دست انگلیس رها کرده‌بودند. وثوق‌الدوله نیز از این فرصت استفاده کرد و با خیال راحت ۱۳۰,۰۰۰ لیره گرفت و ایران را به‌گونه رسمی و عملی تحت‌الحمایهٔ انگلیس قرار داد. و این مبلغ را با صارم‌الدوله و نصرت‌الدوله، وزیران کشور و امور خارجهٔ وقت، تقسیم کرده خیالات همه را راحت کردند.

بعد از وثوق‌الدوله نیز افراد زیر روی کار آمدند تا کار به سردار سپه‌رضاخان میرپنج ختم شد: علاءالسلطنه، مستوفی، صمصام‌السلطنه، وثوق‌الدوله، مشیرالدوله، سپهداراعظم، قوام‌الدوله و سردار سپه. اینها تا اینجا هیچکدام برنامه مشخصی نداشتند.

تجارت خارجی ایران از اوایل قاجاریه تا سال ۱۲۹۳ق/۱۹۱۴م

تعداد امتیازات و انحصاراتی که دولت انگلیس ازایران گرفته از قبیل استخراج نفت و به‌دست گرفتن گمرکات، راه، بانک و ... به بیست‌ویک فقره می‌رسد و تعداد امتیازاتی که روس‌ها گرفته‌اند به بیست‌وهفت فقره می‌رسد. تعداد کمپانیهای انگلیسی در ایران چهارده تا و کمپانی‌های روسی بیست‌وسه تا بود.[۱۹۳]

برای اینکه نمونه‌ای از اجداد کمپانی‌های فعلی را ذکر کنیم به دو نمونه اشاره می‌شود:

شرکت Mills and Co. در سال ۱۲۶۴ق / ۱۸۴۸م در لندن تأسیس شد و این کمپانی تعداد یکصدهزار قبضه تفنگ از ایران سفارش داشت! بقیه نیز به همین نوع کارها مشغول بودند.

کمپانی زیگلر در ۱۸۶۰ تأسیس شده‌بود که کارگران آن در ایران به

هزاران نفر می‌رسد و از جمله ۱۵۰۰دارِ قالیبافی در اراک برافراشته بود.

در ضمن دولت ایران مبالغ بسیار زیادی وام، به تناوب از دولت‌های روس و انگلیس گرفت که اکثر آنها خرج مسافرت‌های شاه و درباریان به خارج ازکشور شد و باقی آن بین رجال توزیع گردید که مهمترین رقم‌های آن عبارتند از: ۳۱۴,۰۰۰ لیره، ۷۶۰,۰۰۰ لیره، ۴۹۰,۰۰۰ لیره، ۱,۲۵۰,۰۰۰ لیره، ۱۴۰,۰۰۰ لیره از انگلیس و مقدار بسیار زیادی نیز از روسیه و از جمله ۱۰ میلیون مناط، ۲۲/۵ میلیون مناط و مقادیر دیگر. بانک استقراضی و رهنی روس کم وبیش تمام رجال را بدهکار خود کرده بود و هر موقع که ضرورت سیاسی ایجاب می‌کرد به آنها فشار وارد کرده و اذیت می‌کرد.

اگر بخواهیم یک جمع‌بندی از وضع تجارت خارجی و صنایع این چند قرن اخیر بکنیم، باید بگوییم با کم‌وبیش اختلاف جمیع مشکلات اقتصادی که کم‌کم در داخله ظهور کرد و بازتاب آن نیز در تجارت خارجی خودنمایی می‌کرد، به‌مرور شدت گرفت. مشکلاتی که موجب سقوط سلسله قاجاریه گردید، با شکل دیگر، ولی با همان محتوا دولت پهلوی را نیز ساقط کرد. آن مشکلات به‌همان محتوا با تغییراتی در شکل در حال حاضر دست ازگریبان جمهوری اسلامی بر نمی‌دارد و بسیار جدی‌تر هم شده‌اند.

تا آخر قاجار بدین نحو گذشت و روز به روز وضع اجتماعی ـ سیاسی ـ اقتصادی بدتر شد. کار به‌جایی کشید که آوردن و بردن شاهان نیز مد روز شد. از ابتدای تاریخ این سرزمین، شاهان ایرانی، هر چه بودند، به‌دلایل مختلف شاهانی برخاسته از ایران بودند و به‌کمک خودِ ایرانی به رتق و فتق امور می‌پرداختند. پدیدهٔ نوظهور آوردن و بردن شاهان از اواخر قاجاریه و به‌علت اوج ذلت ایران شروع شد. در ابتدا کار با مأموران عالی‌رتبه و سپس نخست‌وزیران شروع شد، ولیکن بعدها نوبت «شخص اول مملکت شد.» محمدعلی‌شاه و احمدشاه را به‌خارج بردند.

رضاه شاه و محمدرضاشاه نیز درآمد و رفت سرنوشت اسفناک‌تری از آنها داشتند. یعنی از نُه شاه متاخر چهار «شاهنشاه» به این سرنوشت دچار شدند. و از حدود نود نخست وزیر بیشتر با فشار خارجی آمدند یا رفتند. ولی همهٔ اینها علت «قریب‌اند» که کم ارزش‌ترین علت در سلسله علل‌اند و، به‌قول مرحوم شریعتی، علت اصلی را باید در درون جست‌وجو کرد. تا لانه نباشد استعمار در آن نمی‌تواند تخم بکند.

حاصل کار را شماره کنیم

۱. وزارتخانه‌ها برای این تأسیس نشده‌بودند که وظایف تقسیم‌کار اجتماعی را به‌عهده گرفته و خدمات مستمر داده و برنامه‌ای برای پیشرفت کشور داشته‌باشند، بلکه هر صاحب نفوذی بر سر دستگاهی که درست کرده بود نشسته بود تا بتواند از سرمایه‌ها و عواید مملکتی هر مبلغی راکه بتواند بگیرد و با اعوان و انصار خود هزینه کند و این سیستم و شیوهٔ کاری سنتی شد برای وزارتخانه‌های ایران. هر گونه کار در این مملکت منتظر تخصیص ارز بشکه‌های نفت می‌ماند.

۲. کیفیت و کمیت صنایع و ورود آن و همچنین کالاها همگی با توجه به نیاز و فشار کارگزاران داخلی و خارجی تعیین می‌شد و این‌گونه کارهای «تخصصی» بعد از انجام همیشه با وضع اسفناکی ادامه حیات می‌داد. در نتیجه همیشه در این معاملات رشوه و فساد جزء اصلی کار بوده است.

۳. روشنفکران به‌طور عموم نه ایران را خوب می‌شناختند و نه غرب و صنایع غرب و چگونگی رشد نظام پارلمانتاریسم و ... را، در نتیجه همیشه نیز مبارزات بی‌حاصلی انجام دادند.

۴. تودهٔ مردم و مسئولین مملکت، همیشه کارهای عاطفی و کوتاه مدت را نسبت به کارهای عقلانی و شاق و مملکت‌ساز و آینده‌نگر ترجیح دادند. و همیشه از راه نیز بازماندند.

۵. برای تحلیل مشکلات، همه به‌دنبال علل قریب و انحرافی و تبرئه‌کنندهٔ علل و ضعفهای خودی می‌گشته‌اند.

۶. فرهنگ ایلاتی، روحیه مخاصمه، کشت‌وکشتار همچنان در زمانهای مورد بررسی وجود داشته و عدم امنیت به معنی هر چه وسیع‌تر آن حاکم بوده‌است.

۷. همیشه در این فاصله زمانی مردمانِ فهمیده، روشنفکرانِ با بصیرت، صنعتگرِ باحمیت و تاجر باغیرت وجود داشته است، ولی تعداد آنها به‌قدری کم بوده که نتوانسته‌اند مؤثر واقع بشوند. به‌عنوان نمونه در مجموع این دویست سال شش سال آن متعلق به آن سه نخست‌وزیر بدسرانجام ما بوده‌است و بقیهٔ سالها متعلق به صاحبان منجنیق عذاب بوده است.

۸. در این فاصلهٔ زمانی همیشه اعتراضاتی در تمام سطوح بوده‌است اما به شکل خام و انحرافی آن. به‌عنوان مثال از انتقادات باب روز یک نمونه از همان میرزا سعیدخان معروف وزیر امورخارجه که مکاتبات سیاسی را به آب می‌انداخت و شرح آن در بی‌کسی امیر ذکرشد، می‌آوریم. می‌گفت: «صنعت ما رواج ندارد، نه دولت کمکی به رونق صنعت کرده و نه تحصیل‌کردگان فرنگ را در برپاداشتن صنایع یاری نموده‌است، تکمیل کارخانه‌های صنعتی موجود، فرستادن اهل صنعت به فرنگ، گماردن تربیت یافتگان جدید به کار صنایع شرط اصلی است.»[۱۹۴]

در ضمن در تمام زمانها نقادان جانداری بودند که در اقلیت محض بوده‌اند از این رو بود که حاصل کار و کوشش آنها چندان کارساز نبود هرچند که بی‌فایده نیز نبود. از جمله در رساله «شیخ و شوخ» که مربوط به همان زمانها است آمده‌است: «تحصیل‌کردگان ایرانی دانش فرنگی را طوطی‌وار آموخته‌اند و به‌همین جهت ما صنعتگر نداریم که بتواند راه‌آهن احداث کند، حتی چراغ‌گاز و ضرابخانه به‌دست فرنگی

اداره می‌شود...» سپس اضافه می‌کند: «... آن عالم و حکیمی که از میان شما برخیزد و بیرون آید کیست؟ ... در ایران فرنگی است که راه‌آهن می‌کشد، مدیر پست‌خانه می‌شود، چرخ ضرابخانه را برپا می‌دارد، موسیو سگ‌پدر چراغچیِ گاز می‌گردد....»[۱۹۵] جالب اینکه نویسندهٔ رساله به ظرایف و فوت و فن اقتصاد واقف بود و مسائل مربوط به ارزش افزوده و کیفیت آن را به صورت زیر می‌آورد: «آهن یک من پنج هزار (قران) قیمت دارد، از آن اسباب و ادوات می‌سازند، اسلحه می‌سازند، ده‌تومان قیمت به‌هم می‌رساند...» از طرف دیگر داستانی نقل می‌کند که بین سر هارفوردجونز وزیر مختار انگلیس و میرزا شفیع صدراعظم فتحعلیشاه گذشته که «چرا از معادن بسیار ایران استفاده نمی‌شود؟» میرزا شفیع پاسخ داده بود، «به‌جهت اینکه صرف نمی‌کند. بهتر معدن ما اگر یک تومان خرج شود نه هزار (قران) عاید می‌شود.» وزیر مختار شگفت‌زده شده‌بود که کدام معامله است که صرفه‌اش از ده و نه بیشتر باشد. «یک تومان شما خرج می‌کنید، از مملکت شما خارج نشده‌است و نه هزار (قران) دیگر از زمین بیرون آورده‌است و به مملکت افزوده شده‌است. بهتر معدنی است که یک تومان خرج کنیم و پنجهزار برداریم.»[۱۹۶]

۹. سرمایه‌گذاریهای صنعتی، مثل ضرابخانه، چراغ‌گاز، بلورسازی، ریسمان‌بافی، سرب‌آب‌کنی و ... به‌علت فقدان حمیت ملی و معرفت صنعتی، زیاده‌خواهی، کم‌کاری و نداشتن روح مسئولیت‌پذیریِ مشترکِ فداکاریِ اجتماعی، و تقدم منافع اجتماعی بر منافع فردی، فقدان روح خلاقیت، نوآوری و خدمات متقابل که شاخصهٔ روحیه ایلاتی است همچنان عاطل و باطل مانده بود.

۱۰. جامعهٔ روشنفکری ایران، به اعتبار «جامعه‌شناسی معرفت»، با ساختمان مادی و فرهنگی جامعه انطباق نداشته، همچون زائده‌ای پرهرج‌ومرج عمل کرده است.

۱۱. روشنفکر و مغز متفکر واقعی (به معنی جامعه‌شناسی آن) که در جامعه ایرانی وجود داشته و از نظر فکری انطباق کامل با ساختمان اجتماعی داشته‌اند، علما و روحانیون مذهبی بوده‌اند. اینها بودند که به صورت کامل با مردم چفت و بست می‌شدند و وظایف اجتماعی به‌عهده گرفته را انجام می‌دادند.

۱۲. تجارت خارجی با شکل استعماری چندین قرن است که شکل گرفته و موضوع آن نیز این نیست که این تجارت به‌دست دولت انجام گیرد یا به‌دست بخش خصوصی، مسئله این است که از نظر محتوا و در هر دو حالت این نوع تجارت استعماری است، یعنی تاجر ایرانی غارتگر مواد خام ایرانی و توزیع کننده و عامل فروشندهٔ خارجی است. مواد خام می‌برد و کالای صنعتی می‌آورد و منافعش در وابسته کردن هر چه بیشتر کشور است. کار او در محتوا یکی از اجزای «اقتصاد تک‌محصولی» و «الگویِ اقتصادِ وابسته» است. این امر از همان زمانها نیز مورد اعتراض افراد با بصیرت بود، در همان زمان در *سیاحتنامه ابراهیم‌بیک* آمده بود: «... ایشان که شما به نام تاجر یاد می‌کنید و من هم معاملات تجارتی ایشان را تا یک درجه دیدم تاجر نیستند، مزدوران فرنگانند و بلکه دشمنان وطن خودشان هستند، زیرا هر ساله به دامن، نقود مملکت را بار کرده و به ممالک خارجه می‌ریزند و در مقابل امتعه ناپایدار فرنگستان را به هزار گونه زحمت و مشقت به خودشان حمل کرده و به وطن نقل می‌کنند.»[۱۹۷]

۱۳. زندگی مصرفی و الگوی مصرف اجناس خارجی از دربار و رجال ایران شروع شد و همه اقشار را گرفت.

۱۴. در تمام این دوران، کارهای تخصصی به عناوین و توجیهات مختلف از دست متخصص آن کار گرفته شده‌است. البته در فرهنگ روستایی و ایلاتی تخصصی مورد نیاز نیست، همه «همه فن حریف و یا همه سر حریف» هستند، کارها محدود است و به تجربه یاد گرفته می‌شود،

رفتار گذشتگان است که تقلید می‌شود و حتی در زمینه علمی نیز چیزی نیست جز نقل بی‌کم‌وکاست گفته قدما. این شیوه با مناصب پیچیده و عقلانی و علمی و متحول یک «بوروکراسی عقلانی» سازگار نیست. این رویه قبیلگی و ایلاتی در ایران روح خود را با قوت تمام به ساخت اقتصاد وابسته تحمیل کرد و مشکلات بسیار زیادی از نوع خود برای ایران آفرید و یکی از ستونهای محکم فرهنگ این جامعه شد.

دوران پهلوی

نظریه «تمدن غرب بدون دخالت ایرانی» رشد و توسعه می‌یافت و همچون منشوری از همه طرف نورافشانی می‌کرد. این نظریه، که نظریه‌ای اقتصادی بود، اثر خود را در سیاست بخشید. همان‌طور که از سیاست اثر می‌پذیرفت و هر دو نیز از فرهنگ جامعه کلی ایران، «مخدرات و مکیفات و مفرحات و تراکیب و معاجین» می‌نوشیدند. باری کار واردات مصداق گفته احمدبابا میسکه شد که ورد زبان بچه‌های مسلمان موریتانی است که: «اگر قرار است همه کارها به‌دست مستشاران و کارشناسان خارجی انجام گیرد پس چه بهتر که یک رئیس جمهور هم وارد کنیم.»[۱۹۸]

فرهنگ ایران دست به کاری بدیع زد که در تاریخ او بی‌سابقه بود و آن بر تخت‌نشاندن یک شاه و یک نخست‌وزیر کودتایی بود. انگلیس مصالح خود را در این دید که قرارداد ۱۹۱۹ را با لباس جدیدی به تن فرهنگ ایران کند و کرد. لابد اگر ایرانی نمی‌پسندید باید نمی‌پذیرفت، یا اگر می‌خواست، می‌توانست همین اعمال نفوذها را در انگلیس و آمریکا بکند، همان‌طوری که روزی در مصر و بین‌النهرین و یمن و ... می‌کرد. هم آن حرکت از ایران بود و هم این حرکت. با ورود پهلوی نکاتی نیز که تابه‌حال عمل می‌شد ولی گفته نمی‌شد با انشاء مطلوب و عبارات مرغوب نوشته و اعلام گشت که: «هرکس که با مصالح وطنی!! مخالفت کند ... در

لحظه‌ای واحد جان، مال، عائله و علاقه اشکال کنندگان به‌عنوان رهینه صداقت آنها در معرض تهدید گذارده می‌شود و این زبری و خشونت نه برای مصالح شخصی است بلکه برای مصالح وطنی است که هر اقدامی را مجوز (مجاز) و مشروع می‌سازد.» البته این «وطن» که آنها نام می‌بردند، پدرش نیز رئیس کودتا بود و عشقی نیز شعری سرود که از ته دل سوزناک ایرانی وطن‌پرست برمی‌خاست که:

پدر ملت ایران اگر این بی‌پدر است به چنین ملت وروح پدرش باید ...

آغاز سلطنت پهلوی به چند اعتبار نقطه‌عطفی در تاریخ ایران است. از جهت سیاسی نهایت ذلت ایران را می‌رساند که برای اولین بار در برخورد با جامعهٔ صنعتی غرب به چنان ضعفی دچار شده که شاهش را نیز بیگانه تحمیل می‌کند. دیگر اینکه از نظر فرهنگی، ایران شکل برنامه‌ریزی شده‌ای را برای قبول «تجدد» به‌جای «تمدن» می‌پذیرد. سوم اینکه از نظر اقتصادی با برنامه‌ای مشخص جزو اقمار کشورهای صنعتی و تهیه کننده مواد خام و مصرف‌کننده کالای صنعتی درمی‌آید که درنتیجه می‌بایستی الگوی مصرف ایران و ذائقه ایرانی تغییر کند.

بالاخره حرکت فرهنگی که در تمام ابعاد از زمان قبل از صفویه رو به سقوط گذاشته بود در تاریخ سوم حوت ۱۲۹۹ از نفس افتاد. و بدین‌صورت و برای همیشه سلسله شاهان درویش‌دوست از اوج فلک و اورنگ شاهی به زیر تخت سلطنت ملت «صنعت‌دوست» کشیده شدند.[۱۹۹]

از کودتای سیدضیاء تا سقوط بختیار، ۴۵ دولت در فاصله ۵۷ سال در ایران روی کار آمدند. در مجموع می‌توان خطوط ویژه فرهنگی - اقتصادی - سیاسی - اجتماعی پانصدساله گذشته را بر آنها نیز بار کرد. در حالیکه ابایی هم ندارند که در داخل آن حرکت کنند، تنها مصدق بود که فرهنگ حاکم را نپذیرفت و در پی سیاستی دیگر بود.

نخست وزیران این دوره عبارتند از:

۱. سیدضیاء
۲. قوام‌السلطنه
۳. مشیرالدوله
۴. قوام‌السلطنه
۵. مستوفی‌الممالک
۶. مشیرالدوله
۷. سردارسپه
۸. فروغی
۹. مستوفی‌الممالک
۱۰. فخرالسلطنه
۱۱. فروغی
۱۲. جم
۱۳. متین‌دفتری
۱۴. منصورالملک
۱۵. فروغی
۱۶. سهیلی
۱۷. قوام‌السلطنه
۱۸. سهیلی
۱۹. ساعد
۲۰. بیات
۲۱. حکیمی
۲۲. صدرالاشراف
۲۳. حکیمی
۲۴. قوام‌السلطنه
۲۵. حکیمی
۲۶. هژبر
۲۷. ساعد
۲۸. منصور
۲۹. رزم‌آرا
۳۰. علا
۳۱. مصدق
۳۲. قوام‌السلطنه
۳۳. مصدق
۳۴. زاهدی
۳۵. علا
۳۶. اقبال
۳۷. شریف‌امامی
۳۸. امینی
۳۹. علم
۴۰. منصور
۴۱. هویدا
۴۲. آموزگار
۴۳. شریف‌امامی
۴۴. ازهاری
۴۵. بختیار

علت این‌همه نخست‌وزیر در آن مدت کم یک چیز است: درگیری دربار و سیاست‌های امریکا و انگلیس و تا اندازه‌ای شوروی و مردم. امریکا نیز از آنجا وارد کار می‌شود که تبدیل به اولین قدرت اقتصادی جهان شده‌بود و بعد از جنگ جهانی دوم با ضعیف شدن استعمارگران کهن، تبدیل به اولین قدرت سیاسی جهان نیز گردید و ایران هم که یکی از ضعیف‌ترین کشورهای جهان بود سرنوشتش در دست اینها قرار گرفت. اوج کشمکش امریکا و انگلیس در ایران در ایام حکومت مصدق است که امریکا پس از همدستی با انگلیس موفق می‌شود ۴۰٪ از نفت ایران را به‌خود تخصیص دهد و جای پای خود را در ایران محکم کند. از این تاریخ به بعد انگلیس در فکر عکس‌العمل و دست‌یافتن به قدرت از دست رفته

در ایران بود که برای تحلیل آن باید به کتاب‌های تاریخ مراجعه کرد.

آمریکا در اوایل قرن بیستم تبدیل به بزرگترین قدرت جهان می‌شود. در کشاورزی $\frac{۱}{۴}$ از گندم، $\frac{۱}{۲}$ از پنبه و $\frac{۳}{۴}$ از ذرت جهان را به تنهایی تولید می‌کند. در زمینهٔ صنعت با مصرف ۳۶٪ نفت جهان، ۷۰٪ نفت مورد نیاز خود را تولید می‌کند. با تولید ۳۲ میلیون تن فولاد، اولین کشور جهان می‌شود. همین‌طور در زمینهٔ اتومبیل‌سازی، سالانه ۵۴۹,۰۰۰ اتومبیل تولید می‌کندکه دوازده برابردومین تولیدکننده جهان یعنی فرانسه است.[۲۰۰]

ولی در این زمان استعمارگران قدیمی هنوز دارای قدرت قابل ملاحظه‌ای هستند. باید به انتظار جنگ جهانی دوم بود تا دولت‌های صنعتی اروپا تضعیف شوند و آمریکا قدرتمندتر از همیشه وارد شده و انگلستان را از تک‌تک مستعمراتش براند و این چیزی است که بعد از جنگ جهانی دوم در ایران اتفاق افتاد.

ایران زمانی از پرتغالی‌ها شکست خورد و چون انگلیس در دنیا به اولین قدرت جهانی تبدیل شد به دامن انگلیس رفت و، به‌کمک انگلیسی‌ها، پرتغالی‌ها را بیرون کرد و زمانی هم که روس هم‌مسلک غرب بود با یکدیگر بر سرایران رقابت داشتند و سپس در عرصه بین‌المللی جزو سهم قطعی انگلیس قرار گرفت و پس از آن حالا، بعد از جنگ جهانی دوم، نوبت آمریکاست، چون این کشور از هر جهت بسیار قدرتمند شده و دارای تولیدات زیاد است که برای نمونه می‌توان از ظرفیت ناوگان تجاری دریایی وی نام برد. ناوگان امریکا در سال ۱۹۳۸، یک ششم ناوگان تجاری انگلیس که بزرگترین ناوگان دریایی بود، ظرفیت داشت. در ۱۹۴۴ـ۱۹۳۴ به ۱/۵ برابر انگلیس و بعد از جنگ، $\frac{۲}{۳}$ ناوگان تجاری جهان در اختیار آمریکا بود. و همین‌طور از نظر بودجه و قدرت دلار در وضع بسیار خوبی قرار گرفت. این در حالی بود که طلای جهان در آمریکا ذخیره شده بود.[۲۰۱]

اقتصادی بدین قدرت‌مندی به صورت جدی وارد کارزار جهان

می‌گردد که از جمله همزمان وارد مصر و ایران شده، دور را از دست استعمار کهن می‌گیرد.[۲۰۲]

علت آمدن نیز مشخص است: توانایی اقتصادی-سیاسی حاصل از روابط متقابل نیروهای جامعه و عوامل تولید مادی است. در آنزمان همهٔ اینها دست به‌دست هم داده و امریکا را صاحب بزرگترین قدرت جهان کرده‌بود. ایران تمام عوامل تولید مادی را داشت ولیکن نیروی انسانی جامعه و روابط متقابل آنها، به طرز وحشتناکی با بافت جامعه صنعتی فاصله داشتند و همین ضعف موجب عقب‌نشینی‌های مکرر این مرزوبوم شد. نیروی انسانی با خصیصه‌ای که معروف به «انسان عقب‌افتاده یا وامانده» است، علاوه بر اینکه قدرت شکوفایی و بهره‌برداری از این منابع را ندارند، موجب تلف شدن سرمایه‌های ملی نیز می‌گردد. دوران پهلوی یک برهه از تاریخ استبداد ایران است که با لباس فاخر «مدرنیسم» یعنی «ایرانِ نوین» که در واقع یک برداشت «شبه مدرنیستی» بود، دوران حیات خود را با یک ناسیونالیسم تند شروع کرد. شبه مدرنیسم و ناسیونالیسمی که در ۱۳۵۷ دچار گرفتاری‌های شدید شد و پاره‌ای از مبانی آن از پا درآمد و در حالیکه آن «شبه‌مدرنیسم» به حیات خود ادامه می‌دهد، ناسیونالیسم فرسودهٔ آن نیز با تعابیر جدیدی در حال نبرد با فرهنگ ایران اسلامی است که هنوز حاصل تلاش آن به‌صورت قطعی مشخص نشده است.

دولت‌های پهلوی

پس از اینکه سردار سپه رضاخان میرپنج «پدر ملت ایران» شد، چون چندان زور نگرفته بود فروغی و مستوفی به‌ظاهر دولت‌ها را به مجلس معرفی و برنامهٔ کار خود را به عنایت مجلس به تصویب می‌رسانند. لیکن زمانی‌که حاج مخبرالسلطنه روی کارآمد، کم‌کم سروکلهٔ «منویات اعلیحضرت» پیدا شد. دولت که به متین دفتری رسید، قدرت رضاشاه نیز

خودکامه شده بود. از این‌رو دولت یکسره به‌دنبال فرمایشات ملوکانهٔ «ذات اقدس همایونی» بود. زمان محمدرضاشاه نیز به‌همین منوال بود. دولت سهیلی که روی کار آمد، دنبال سروسامان دادن به کار آن «پسرجان»[۲۰۳] بود. لیکن زمانی که نوبت به دکتر منوچهر اقبال رسید «خداوندگار آریامهر، بزرگ ارتشتاران شاهنشاه ایران» شد. با توجه به برنامهٔ دولتها، کاملاً مشهود است که محتوای برنامهٔ میرزا حسین‌خان و حتی شاه‌سلطان‌حسین صفوی با این برنامه‌ها هیچ فرقی نمی‌کند، که بدتر هم شده‌است.

در برنامهٔ دولت قوام بعد از کودتا آمده‌است که دولت برای رفع گرفتاریهای خود استخدام کارشناس خارجی و وام خارجی و جلب سرمایه‌های خارجی (مشابه برنامه شاه‌سلطان‌حسین) و تقویت بنیه نظام (منظور ارتش) و همین‌طور دائرنمودن منابع ثروت مملکت، یعنی استخراج معادن و فروش آن را سر لوحه کار خود قرار می‌دهد. بدین نکات خوب توجه کنید چون همان سیاستهای گذشته بعد از قوام نیز با تمام قدرت به حیات خود ادامه می‌دهد، هر چند با کلمات دیگر.

در دولت مستوفی، عقد قرارداد تجاری با روسیه، ایجاد راه‌آهن، امتیاز نفت، و دایرکردن وسایل نقلیه اتومبیلی در طرق و شوارع و استخدام متخصصین خارجی نیز بر سر لوحه کارها افزوده شد. ایرانیان همیشه فکر می‌کردند که راه آهن جوهر تمدن است.[۲۰۴]

دولت حاج مخبرالسلطنه هدایت در ۱۳۰۶ روی کار آمد، زمانی‌که کم‌کم رضاشاه همهٔ حریف‌های خود را از کارکنار زده بود. وی در برنامه دولت همان نکات قبلی را تکرار می‌کند. لیکن یک نکته جالب هم در آن آمده بود مبنی بر اینکه اگر ایرانی‌ها رفاه می‌خواهندباید تن به کار بدهند. خلاصهٔ برنامه وی چنین بود: «بیشتر توجه دولت شاهنشاهی معطوف به عمران و آبادی مملکت و تکثیر ثروت عمومی بوده و در این قسمت قدم‌های مؤثر برداشته شده است.» که از جمله کارهای مؤثر یکی ساختن

راه‌آهن از بندرشاه تا بندر شاهپور است. (که غیر از عملجات آن که از طرف «حضرت اقدس شهریاری» تعهد شده بود. بقیه کارها و مواد همه توسط اروپایی انجام گرفته بود.) بستن سد اهواز... و اعزام محصلین به خارج ... از جملهٔ آن کارها است. و همچنین در برنامه آمده بود: «البته یکی از مسائلی که اثر فوق‌العاده در عمران و آبادی مملکت و تکثیر ثروت عمومی دارد. تسهیل شرایط دایرکردن منابع ثروت بی‌شمار مملکت و به‌ویژه، جلب سرمایه تجارتی و اقتصادی خارجی است. (مثل اینکه بندناف دولتمردان ایران را با فرمولهای بنیاد فورد، بانک‌های بین‌المللی و ... بسته‌اند) مملکت ایران دارای منابع مختلفه ثروت بوده و برای دایر کردن آن جدیت و همت خود اهالی از یک‌طرف (این تنها سخن بدیعی است که فقط در این برنامه از میان برنامه همه دولت‌ها شنیده شده است: همت خود *اهالی*) و پیدا کردن سرمایه از طرف دیگر لازم است... برای جلب سرمایه‌های خارجی و ایجاد مؤسسات مشترکه بین سرمایه ایرانی و خارجی از هر نوع وسایل تشویق و تسهیل نباید خودداری کرد. (یعنی منابع را به چوب حراج می‌بندیم، که بستیم.) مخصوصاً در قسمت مطالعه مالی واقتصادی استخدام متخصص مالی واقتصادی که عنقریب وارد خواهد شد.»

تا سال ۱۳۱۲، رضاشاه همه را گرفت و بست و کشت و هیچ جنبنده‌ای در داخل ایران در مقابل او «جرأت بی اندامی» نداشت. او یکه تاز میدان شد. و چنان تنها شد که در ۱۳۲۰ با یک اخطار دولت انگلیس وطن آریایی را رها کرد و به جزیرهٔ موریس رفت و این هم نتیجهٔ خودکامگی که هم محصول ملت است و هم کشندهٔ آن.

در سال ۱۳۱۳، فروغی دولت خود را تشکیل داد. در برنامه فروغی این‌طور آمده بود: «برای تحقق نیات مقدسه اعلیحضرت اقدس شاهنشاهی ارواحنافداه و به دنبال مقاصد عالیه ذات اقدس همایونی...»

دولت‌های زمان رضاشاه، آرزویی جز نصب راه‌آهن و کارخانهٔ

ذوب‌آهن و ... نداشتند و صِرف آوردن آنها را هدف مطلوب و صنعتی شدن و مدرن شدن می‌دانستند. پس از سقوط رضاشاه، دولت‌های بعدی مدتی دست به گریبان مسائل جنگ بودند، درحالی‌که از خطوط اصلی فرهنگ پانصد ساله تخطی نمی‌کردند. الا اینکه، هر زمان به تناسب روز مسئله‌ای حاد بوده که به‌دنبال حل آن روان می‌شدند، مثل توسعه مدارس... امور صحی و ... تا نوبت به دکتر محمد مصدق می‌رسد که الگوبرداری از امیرکبیر داشت.

بعد از مصدق و دولت کودتایی زاهدی، نوبت به حسین علاء رسید، در خلاصه برنامه حسین علاء آمده بود که برای رتق و فتق امور از سرمایه خارجی و متخصص خارجی و... استفاده می‌کنیم و برای جبران آنها پول نفت می‌پردازیم و درضمن سعی می‌کنیم که پول نفت را طوری تقسیم کنیم که موجب ترفیه حال عموم شود.

شاه کم کم از جوّ سالهای «پسرجان» و سالهای ۳۲ـ۲۹ فاصله می‌گیرد. دکتر اقبال برنامهٔ دولت را همچون فروغی و متین دفتری (دوره رضاشاه) پیروی از نیات ملوکانه ومنویات خیرخواهانهٔ اعلیحضرت همایون اعلام می‌کند و اضافه می‌کند: «در سیاست داخلی برنامهٔ دولت اینجانب کار است و کار، یعنی اجرای سریع برنامه تولیدی و عمرانی که مطالعات آن تا به‌حال انجام شده و نیز تشویق مردم جهت به‌کار انداختن سرمایه‌های خصوصی و کمک به فعالیت‌های تولیدی و عمرانی اشخاص از طریق بانک‌های کشاورزی و صنعتی و ساختمانی و رهنی و جلب سرمایه و کمک‌های فنی خارجی... و استفاده از منابع سرشار و تسریع کارهای مردم... به‌خصوص نفت: «(همه این طول و تفصیل یک جمله بیشتر نیست و آن اینکه امریکا تحمل اینکه ایران بافت ایلاتی ـ سنتی خود را حفظ کند ندارد، هر چه زودتر باید الگوی وابستگی را با قاطر و الاغ به دورترین نقاط کشور ببرید) و اما در سیاست خارجی: «... سیاست خارجی ایران در دولت سابق با روش *تازه‌ای* که با رهبری ذات اقدس

ملوکانه اتخاذ شده بر همه معلوم و روشن است.» یعنی اینکه تلکه‌بگیر از این به‌بعد آمریکاست و ما هم حرفی نداریم.

بعد از اقبال در برنامه دولت شریف امامی آمده است: «توجه خاص به افزایش حجم صادرات کشور (یعنی نفت) و استخراج معادن و تکثیر تولیدات دام برای تحصیل مقدار ارز بیشتر!... ادامه برنامه توسعه صنعت و حمایت از صنایع داخلی موجود، کمک و اقدام به‌ایجاد صنایع جدید، تسهیل در سرمایه‌گذاری و استفاده از کمک‌های فنی خارجی و مراقبت در اجرای برنامه عمرانی ....»

مصدق، الگو بردار امیر

دکتر مصدق در زمان خاصی روی کار آمد. تعارض انگلیس و آمریکا جدی شده‌بود و این تعارض موهبتی برای دکتر مصدق بود که اهداف بلند خود را جامهٔ عمل بپوشاند. برنامه اصلی حکومت او در آن جوّ توطئهٔ داخلی و بین‌المللی در مرحله اول استیفای حقوق ملت ایران در ملی‌کردن نفت (مقایسه کنید با صد سال گذشته و بعد از مصدق) و دیگر سامان دادن به اقتصاد کشور بود. کارهای دیگر نیز در برنامه کار دولت او بود که به علت مشکلات داخلی و خارجی که هر روزه برای او درست می‌کردند و نیز عمر کوتاه دولتش موفق به انجام آنها نشد.

مصدق، در اقتصاد کشور به‌دنبال اقتصادِ بدونِ نفت بود، هر چند که از اهمیت و ارزش آن در بهبود وضع اقتصاد کشور غافل نبود. در سیاست بین‌الملل نیز طرفدار سیاست موازنه منفی بود، آن چیزی که تا آخر عمر بدان پای‌بند بود.

پایبندیِ وی به اصول اعتقادیش موجب سقوط وی از قدرت بر اثر کودتا گردید. دولت زاهدی پس از وی روی کار آمد و آن‌هم با هم‌پیمانی با کشورهای انگلیس و آمریکا و به‌کارگرفتن نفت برای تقویت بنیهٔ اقتصادی ـ دفاعی کشور، که هیچ‌کدام آن نیز تا به امروز حاصل نشده‌است.

«مصدق یک مبارز پارلمانی بود. دیرتر ازآن که وابستگی‌های طبقاتی و خانوادگی‌اش ایجاب می‌کرد به نخست‌وزیری رسید، چراکه در طول سی سال زندگی سیاسی‌اش همواره راهی جدا از اشراف و اعیان پیموده بود. ویژگیهای آزادیخواهانهٔ او، راهش را در بسیاری از مواقع از بستگانش و همطرازانش جدا کرد. عضویت در طبقه اعیان او را در ۲۹ سالگی به والی‌گری رساند، اما به‌زودی آزادیخواهی‌اش او را به راه دیگری انداخت. در زمانی که حکومت خراسان، آذربایجان و فارس را به‌عهده داشت و چندین بارکه قبل از سلطنت پهلوی به وزارت رسید و شش دوره نمایندگی مجلس، همواره مردم با او پیوند خاصی داشتند وکارهای خلاف میل آنها نکرد. پر بها دادن او به افکار عمومی، باعث شد که بارها از سوی مخالفینش 'عوامفریب' لقب گیرد. از دید بسیاری از رجال او منفی‌باف و منتقد حرفه‌ای بود. سالها در تبعید بودن و دوبار توسط رضاشاه زندانی شدن و اینکه، برخلاف دیگر اعیان قاجار، هیچگاه تن به همکاری با سر سلسلهٔ پهلوی نداد، از او شخصیتی ساخته بود که در مجموع پاک‌ترین و مردمی‌ترین فرد از میان رجال و اشراف بود. او را آبروی طبقه اعیان دانسته‌اند. همکاریش با مُدَرس در سالهای قبل و بعد از کودتای سوم اسفند، در مخالفتش با سلطنت پهلوی در مجلس چهارم ادامه یافت. دوران سلطنت رضاشاه را در تبعید و زیر نظر شهربانی گذراند، پس از شهریور ۱۳۲۰ با سروصدا وارد صحنه شد. مطالعات تحصیلی او، در دوران انزوا، به بررسی مسائل حقوقی درباره «امتیاز نفت جنوب» هدایتش کرد. بزودی اساس فعالیت خود را بر مبارزه با این امتیاز گذاشت...»[۲۰۵]

سیاست مصدق طی بیش از نیم قرن مبارزهٔ سیاسی بر اساس دو محور اصلی استوار بود، دفاع از استقلال سیاسی و اقتصادی ایران و کوشش برای استقرار دموکراسی. مصدق در دفاع از استقلال طرفدار سیاست موازنه منفی بود، یعنی مخالف با دادن هر نوع امتیاز به بیگانگان.

مصدق در سراسر زندگی مبارزه با امپریالیسم را در کلیه وجوه خود دنبال کرد. یعنی مبارزه با کاپیتولاسیون، تعرفهٔ گمرکی، مستشار خارجی، بانک شاهنشاهی، شیلات شمال و... وی با طرح و تصویب قانون تحریم امتیاز نفت، از هجوم قدرت‌های انحصارطلب به ایران جلوگیری کرد. سپس با توضیح و تفهیم امضا قرارداد سال ۱۹۳۳ میلادی (زمان قدر قدرت اولی و دولت فروغی سال ۱۳۱۳) و مبارزه در رد لایحه قرارداد الحاقی، موجبات ملی شدن صنعت نفت را فراهم ساخت و بساط استعمار و اعمال نفوذ سیاسی و اقتصادی امپراتوری را از ممکلت برچید... دکتر مصدق به مکتب و مسلک خاصی (ازنظر سیاسی) بستگی نداشت. او هرگز در مقام رهبری سیاسی و در دوران نخست‌وزیری به مردم که صادقانه او را دوست می‌داشتند دروغ نگفت و هیچ‌گاه قدمی در راه فریب مردم برنداشت و هرگز بر سر منافع ایران و مصالح توده‌های ستمکش با بیگانگان و مزدوران آنها سازش نکرد. وی تزی را عنوان کرد که بعدها از سوی جمال عبدالناصر، جواهر لعل نهرو، مارشال تیتو ودیگر سران کشورهای غیرمتعهد دنبال شد. او می‌گفت: گرسنه می‌مانیم و آزادی و استقلال را از دست نمی‌دهیم.

مصدق بسیار متواضع و آزادمنش بود و خود را خدمتگزار مردم می‌دانست. به سرزنش و تهمت وافتراهای سرسپردگان استعمار بی‌اعتنا بود، تا جایی که پس از انتخاب‌شدن به نخست‌وزیری، دستوری بدین شرح به شهربانی کل صادر کرد: «شهربانی کل کشور: در جراید ایران آنچه راجع به شخص اینجانب نگاشته می‌شود، هر چه نوشته باشند و هر که نوشته باشد به هیچ‌وجه نباید مورد اعتراض و تعرض قرار گیرد.»

«...دکتر محمد مصدق دانش پرور و دانش دوست بود....»[۲۰۶]

مصدق از جملهٔ نادر سیاستمداران ایران است که ویژگی‌های بسیار ارزنده و چشمگیر دارد. ارزش والای او به‌قدری بود که فرهنگ منحط معاصرش از شناخت او عاجز ماند. ویژگی‌های او نشانگر شناخت

عمیقش از مسائل ایران و جهان بود. از طرف دیگر سرسپردگی‌اش به منافع ملی و اسلام و عدم عدول از گفته‌های خود و پشت نکردن به منافع مردم است. منافع ملی را در همه حال بر منافع خودش ترجیح می‌داد. جان خودش را نیز در عمل در این راه در طَبَق اخلاص گذاشته‌بود. علت اصلی عظمت، همچنین علت اصلی زندان و تبعید او نیز همین پایداری و سماجت و لجاجت در پیشبرد اهداف مقدسش بود. علت سقوطش همان است که در مورد امیر گفتیم. همه دشمنان علیه او متحد شدند، (اشراف، رجال، دربار، کشورهای خارجی) و «شرمساری برای ملتی که در مبارزه بزرگ ضد استعماری خود، امپراطوری بریتانیا را (البته به‌کمک امریکا)[۲۰۷] به زانو درآورد و آوازه جنبش او، ملل ستم دیده زیر یوغ استعمار را، در آسیا و آفریقا بیدار ساخت، ولی در پیکار نهایی ایستادگی نکرد و به آسانی صحنه را خالی کرد.»[۲۰۸] البته که این نوع رفتار جزء پاره‌های تن فرهنگ ایران شده‌است و منظور از این کالبدشکافی فرهنگی در واقع، یک نوع آسیب‌شناسی فرهنگی و شناخت بیماریها و به‌احتمال، پیش‌گیری از تکرارهای احتمالی در آینده است.

مصدق بافت قبیلگی فرهنگ ایران را که مبتنی بر ارزشهای قبیلگی است خوب می‌شناخت. او می‌دانست که در این نظام روابط خونی و خانوادگی و وابستگی‌های خاکی و ثروت زمینی و روابط پدرسالاری ایلی، آن‌هم در محدودهٔ چراگاه، ارزش اتکا به گفتهٔ قدما و تأیید شاگرد از استاد و عدم خلاقیتِ فکری و عدم پی‌جویی علل واقعیات اجتماعی، محصور شدن در منافع شخصی، و ارج‌ننهادن به منافع عمومی و حیات جمعی و اسارت کهن به دست استبداد و اسیر پنجه استعمار... همه به سختی ریشه گرفته، به نحوی که با پیشرفت و حیات اجتماعی ایران منافات دارد. وی می‌دانست که این روابط، اجازه ترقی به جامعه ایرانی را نخواهد داد، به‌همین دلیل در مورد استخدام خارجی می‌گوید: «گرچه علت استخدام مستشاران خارجی به‌واسطه بی‌اطلاعی ما از تشکیلات

ومقررات ممالک غرب بود که می‌خواستیم این نقیصه را به‌وسیله استخدام آنان رفع کنیم، ولی علل دیگری هم در استخدام آنهاتاثیر داشت که یکی از آنها عدم *سابقه با اهل* مملکت بود که می‌توانستند بدون ملاحظهٔاشخاص (رابطه) مقررات را اجراء نمایند که این اصل در تمام موارد صدق نمی‌کرد و گاه دیده می‌شد به‌واسطهٔ تلقین زیردستان تصمیماتی برخلاف بی‌طرفی اتخاذ کنند و یا اینکه طول اقامتشان سبب شود عده‌ای دوست و آشنا پیدا کنند وعدم سابقه راکه یکی از محاسن آنان بود از دست بدهند. علت دیگر استخدام خارجی که باید آن را علت نهایی شمرد، این بود که سیاست‌های خارجی بهتر می‌توانستند نظریات خود را به‌دست آنان بر ملت تحمیل کنند.»[۲۰۹] (با برنامهٔ رسمی و عملی دولت‌های دیگر مقایسه شود.) این نکته که روابط جایگزین ضوابط نباشد، یکی از ویژگیهای مهم «نظام عقلانی» و بوروکراسی صنعتی است. در این‌گونه نظام‌ها، کارایی بر اساس ضوابط اندیشیده بررسی می‌گردد و جای دخالت هرگونه عنصری دیگر راکه بخواهد به‌جای محاسبه بنشیند واز دقت و بازدهی آن بکاهد می‌گیرد. ضابطه، قرارداد و قوانین از اوصاف جوامعی است که مرحلهٔ رابطه‌های شخصی، خانوادگی، قبیلگی و قومی را پشت سر گذاشته‌اند و روابط انتسابی جای خود را به صلاحیت ثابت برای کسب موفقیت داده و روابط افراد بر پایهٔ انواع و اقسام قراردادها تنظیم شده و در واقع روابط، غیرشخصی و متکی بر معیارهای عمومی است.

وی در همین زمینه به بُعد دیگری نیز توجه داشت و آن «کلی‌گرایی و هم‌گونه‌گرایی» غربیان است. این قسمتی از انحراف متفکران غربی است که متأسفانه با همین وضع به کشورهای دنیای سوم سرایت کرده و بر انحرافات آنها می‌افزاید. عموم روشنفکران برآمده از «مدرنیسم» غرب به‌علت هم‌گونه‌گرایی و کلی‌گرایی از ویژگی‌های ساختاری کشورهای دنیای سوم غافل‌اند. یعنی دنیای سوم را با قالب‌های اجتماعی خود

می‌فهمند. مصدق به این نکته به‌خوبی آگاه بود و نمونه‌های زیادی مبنی بر این نقیصهٔ آنها یادآوری کرده است. وی می‌دانست که آنها نظریه‌ها و روش‌ها و تکنیک‌های برگرفته از تجارب کشورهای صنعتی خود را به صورت نیندیشیده و غیر انتقادی می‌خواهند بر دنیای جهان سوم تحمیل کنند. و این همان کاری است که توسط روشنفکران و سیاسیون ایرانی نیز انجام می‌گیرد. در زمان رضاشاه، تا داور می‌خواست برای سروسامان دادن ادارات و ثبت احوال و غیره به کارشناس خارجی متوسل شود، مصدق در مجلس با آن مخالفت می‌نمود و استدلالش در مجلس این بود که «زیان مستشاران خارجی می‌تواند از سودشان بیشتر باشد، چون آنها گرایش خواهند داشت که مسائل را در چارچوب اجتماعی نامربوط خودشان تعمیم دهند.» [۲۱۰]

ظرافت و دقت در فهم این‌گونه مسائل به‌ندرت در نزد سیاستمداران، علی‌الخصوص جنس ایرانی آن دیده شده است.

در مورد رعایت ضوابط و قوانین و عادت دادن مردم به رعایت آن و ترک فرهنگ مغایر با معرفت صنعتی، مصدق، همچون سلف راستین خود، ذره‌ای از راه مستقیم عدول نکرد. سعی بر این داشت که مقررات و ضوابط بدون رعایت مناصب و خویشاوندی و روابط افراد تا آنجا که ممکن است عملی گردد. همه جا قانون و ضابطه را مقدم بر رابطه می‌دانست و بسیار در زندگی اجتماعی-سیاسی او اتفاق افتاد که دشمن‌تراشی می‌کرد. زمانی که والی آذربایجان بود با بستگان خودش رفتار بدون ملاحظه می‌کرد، همان‌طور که در تهران رعایت قانون و منافع عمومی را بر هر چیزی مقدم می‌دانست و خودش به نیکی می‌دانست چه می‌کند که می‌گفت: «روزی برادر یکی از امیراعلم‌ها که در مشروطه نیز نماینده مجلس شده بود فوت کرده بود. برای دیدن آنها رفته بودم. در پیچ هر پله یکی از اخوان او ایستاده از واردین پذیرایی می‌نمود و هر کدام که مرا می‌دیدند روی خود را به طرف دیگر می‌کردند و علت این بود که

یکی از این برادران در ریاست مالیهٔ یک محلی متهم به سوءاستفاده شده‌بود و در انتخابات دوره چهارم تقنینیه هم که در زمان نخست‌وزیری وثوق‌الدوله صورت گرفت به‌عنوان نماینده مردم وارد مجلس گردیده‌بود که برای اولین بار در عصر مشروطه سلب مصونیت‌او را از مجلس خواستم. (کاش ذره‌ای از غیرت این مرد را بین همهٔ سردمداران این مملکت تقسیم کرده بودند.) از پیچ و خم پله‌ها که گذشتم وارد مجلس شدم، در محلی بین صمصام‌السلطنه و حاج‌فخرالملک اردلان که خالی بود قرار گرفتم، که آنها نیز روی خود را به طرف دیگر نمودند، علت این بود که صمصام‌السلطنه مالک ملکی بود در دهستان غار طهران موسوم به 'ایرین چیچکلو' که می‌خواست گندم آن را به نرخ روز در بازار آزاد معامله کند، ولی 'مولی‌تور' رئیس اداره غله آن را برای مصرف نان شهر گرفت و قیمت آن را به نرخ رسمی دولت پرداخت. حاج فخرالملک هم که یکی از دوستان من بود، مثل بعضی اشخاص از دو محل حقوق می‌گرفت، یعنی دویست تومان در هر ماه از دربار و دویست تومان از دولت که چون هر دو از خزانهٔ مملکت داده‌می‌شد یکی از آن دو حقوق از بین رفته‌بود. (یعنی اینکه مصدق آن را قطع کرده بود.) در موضوع کسر حقوق مخالفینم منحصر به اینها نبود. اشخاص و تشکیلاتی که بدون دلیل و تصویب مجلس از خزانه دولت استفاده می‌کردند و از نظر توازن جمع و خرج، این راه استفاده مسدود شده‌بود با من مخالف بودند.»[۲۱۱] موضوع مخالفت با مسئولین صدیق در مملکت ایران پدیده‌ای عمیق و ریشه‌ای است. زمانی‌که ریشهٔ فساد به قرنها قبل برمی‌گردد که مسئولین به‌عوض خدمت، از امکانات و تسهیلاتی که در اختیارشان بود سوءاستفاده می‌کردند، در این آب و خاک اگر شخصی مسئولیتی می‌پذیرفت و به منصبی گمارده می‌شد، درمرحله اول باید «مواظبت» دیگری را فراموش نکند. کسانی‌که باید یاری‌اش کنند، ضربه‌های اول رااز پشت می زنند، دشمنان درجه اول مصدق عبارتند از: امیراعلم، نماینده مجلس، صمصام‌السلطنه،

نخست‌وزیر و جزء رجال و فخرالملک، که فخرملک!! است.

مصدق اضافه می‌کند: «من باب مثال بودجه دربار سلطنتی که طبق تصویب انجمن مالی مجلس اول در هر ماه سی‌هزار تومان تصویب شده و دولت وثوق برای جلب دربار ده‌هزارتومان به آن افزوده بود و نیز حقوق ولیعهد که ماهی ده‌هزار تومان به چهارده‌هزارتومان افزایش یافته بود که همه را مطابق قانون کسر کردم.»[۲۱۲] چه شباهتی بین امیرکبیر و مصدق وجود دارد! وثوق‌الدوله به‌این دلیل این خاصه خرجی‌ها راکرده‌بود که خودش می‌خواست ایران را «چکی» بفروشد و میرزاآقاخان نوری برای آن حقوق ناصرالدین شاه را زیاد کرد و او را فرستاد تا «پشت کوی قاف» عیش کند که خودش سالی تا ۱۴۰ هزار تومان ببرد که چهارده برابر حقوق سالانه نخست وزیر انگلیس بود (البته یکصد هزار تومان آن رشوه و تلکه بود).

«اکنون هموطنان عزیزم می‌توانند خوب قضاوت کنند که بعد از کناره‌گیری از کار با چه مخالفین بزرگی روبرو شده‌ام.»[۲۱۳]

فهم تشکیلات

تشکیلات که در واقع تجلی و تجسم رفتار جمعی و خوی و طبیعت یک جامعه و تبلور الگوهای رفتاری ساخت یافته اجتماع و خوشه‌ای از نقش‌های اجتماع که شامل انتظارات انجام کار و وظایف اجرای نقش مورد نظر در جامعه است، فقط در محیط اصلی پیدایش خود می‌تواند به‌عنوان یکی از «آثار تمدن» یا پدیدهٔ فرهنگی ـ اجتماعی کارایی داشته‌باشد، به‌همین علت است که تشکیلات غربی که در قالب اجتماعی خود طی قرنها با تحولات خاص خود رشد کرده‌اند ، در دیار خود دارای کارایی لازم‌اند و به‌محض انتقال و جدا شدن از قالب‌های اجتماعی خود از کارایی می‌افتند، مگر اینکه مسائلی را به‌طور دقیق رعایت کنند که این هم در عمل در جوامع دنیای سوم غیرمقدور است.

اما در ایران آن روز، همانند ایران امروز، یک کلی‌گرایی و

هم‌گونه‌گرایی، نسبت به تشکیلات غربی بدون توجه و تعمق به محتوای پیچیده و بافت و ساختار اجتماعی تشکیلات غرب وجود داشته و دارد. تازه این زمانی است که مسئولین و روشنفکران بخواهند با حسن نظر تشکیلات غرب را تقلید کنند. ولی در واقع در بیشتر موارد این‌گونه نبوده‌است. عبدالله مستوفی که خود حاضر و ناظر بسیاری از اوضاع بوده در کتاب *تاریخ اداری و اجتماعی قاجاریه* بحث‌های بسیار جالبی از چگونگی شکل گرفتن ادارات دارد که رجوع به آنها نژادشناسی ارزنده‌ای است از ادارات کنونی ایران. وی می‌گوید همان اوایل که به تقلید غرب شروع به ساختن ادارات کردند، آن تشکیلات را به‌ظاهر حفظ ولی در عمل محتوای فرهنگی ایلاتی را به آن تحمیل کردند. رجال بیکارهٔ دربار قاجاریه برای اخذ بودجه مملکتی و صرف آن در راه‌های مورد نظر هر یک گوشه‌ای از این ادارات را تصاحب و با خویشان و ابواب جمعی خود به آن اداره رفتند. فرزندان این رجال که همچون فرزندان رئیس ایلات در ییلاق فکر خوشگذرانی بودند، (لابد به تصور اینکه ورثه انقلاب صنعتی اروپا هستند) که نه با فرهنگ کار آشنایی داشتند و نه با فرهنگ بوروکراسی صنعتی خو گرفته‌بودند، هر یک به دستگاهی تکیه زده و صبح‌ها با لباس فاخر و کالسکه دواسبه (مرسدس بنز آن روز) هر ساعت که دلشان می‌خواست به سرکار می‌آمدند، بعد از یک سرکشی به خوشگذرانی می‌رفتند. و چون کار بسامانی در جامعه آن روز نبود وامنیت اجتماعی ـ اقتصادی به معنی واقعی آن وجود نداشت، مشغول اداره شدن ودستی به «آب باریکه» پیدا کردن خود نعمتی بزرگ بود. به‌همین دلیل مردم فوج فوج با توسل به عناوین مختلف برای خود در ادارات مشغولیت پیدا می‌کردند و چون منصب بدون کار چند صد قرن در ایران سابقه دارد، بعید نبود که در ایران نیز یک قوری آبدارخانه سی‌نفر فراشباشی داشته باشد و اگر یادتان باشد یکی از مشکلات امیر نیز همین حذف مناصب بدون نیاز و بدون کار بود. همان‌طور که این مشکل برای مصدق نیز

سرسام‌آور شده و امروز نیز به ازای کار یک نفر، هشت نفر در ایران مشغول‌اند. لیکن نتیجهٔ عملی که از این ادارات گرفته‌شده این بود که خود این ادارات که برای رفع مشکلات جامعه به‌وجود آمده بودند، خود بلایی شدند برای جامعه و سدی در مقابل هرگونه تحول و اصلاح ایجاد کردند. چون علاوه بر مضار زیاد، بودجه جاری نامتناسبی را نسبت به بودجهٔ عمرانی به خود تخصیص دادند که موجب فلج شدن هرگونه کاری می‌گشت.

مصدق که این نکات را می‌شناخت و دلش برای اصلاح آن می‌تپید می‌گفت: «تشکیلات وقتی مفید است که در نفع مردم و اجتماع تمام شود. اکنون با تشکیلات پر عرض و طول ما هیچ مالیات بده خوش حسابی هم نمی‌تواند از مالیه محل خود مفاصاحساب بگیرد. چه بیم دارند از اینکه باز بدهکار باشد و دادن مفاصا سبب شود که حق دولت از بین برود. هنوز از خاطره‌ها نرفته‌است که بین سالهای ۱۳۲۳ و ۱۳۲۴ ادارهٔ مالیهٔ تهران صورتی از دیون عده‌ای از مالیات بده منتشر نمود که بعضی از آنها صدهزار تومان بدهکار بودند و به این عنوان که مجهول‌المکانند مالیات دولت لاوصول ماند، و از بین رفته بود.»[۲۱۴] به نقطه‌نظرهای دیگر مصدق درباره ادارات پس از این اشاره خواهد شد.

کارشناسی

تمدنِ بشر حاصلِ تخصص است، و، به‌قولی، تخصص حاصلِ از خودبیگانگیِ انسانی است که تمام استعداد و تمرکز حواس خود را در رشتهٔ خاصی برای پیشبرد آن به‌کار می‌برد، ورزیده شدن در کاری خاص و پیشبرد و تکمیل آن جهت اعتلای جامعه عین تعهد به اجتماع و در عین حال از وظایف اخلاقی نسبت به اجتماع به شمار می‌آید. تخصص به صورت امروزی آن ویژگی جوامع صنعتی است. به‌علت تنوع و تقسیم کارِ تخصصی و تقسیمِ کارِ اجتماعیِ جوامع صنعتی، امروز کارها به‌شدت از

فرهنگ کارهای «همه فن حریفیِ» جوامع سنتی فاصله گرفته است. جامعه‌ای که همه کس همهٔ کارها را می‌دانند و همه در کارها صاحب‌نظرند و هر کاری را می‌توانند عهده‌دار شوند.

ایرانیان آن روحیهٔ «همه فن حریفیِ» جامعه روستایی و سنتی را که خاص جامعهٔ غیرتخصیصی و غیرصنعتی است، به‌صورت هویتی غالب بر شکل کارهای تخصصی جامعهٔ صنعتی خود بار کرده‌اند واین خود مضرات بسیار زیادی جهت پیشبرد کار این جامعه به‌وجود آورده و از قدرت رقابت آن در صحنهٔ بین‌الملل به‌شدت کاسته و یکی از عوامل مزمنی است که موجب فلج جامعهٔ ایرانی شده است. مصدق، همچون پیش‌کسوتان خودش امیر و قائم‌مقام، و علی‌رغم دیگر نخست‌وزیران، هم این نکته را می‌شناخت و هم اصرار در اِعمال آن داشت در حالی‌که سعی می‌کرد چهره‌های منفی آن «همه فن حریفی» را بی‌رنگ کند. خودش نقل می‌کند که زمانی به دستور پزشک برای استفاده از محیط آرام به افجه رفته و با مصاحبی همراه شده بوده است، در ضمنِ گذران وقت مصدق دستور آشپزی برای طبخ نوعی غذا به مصاحب خود داده‌بود و مصاحب وی نیز با دقت چندین بار دستورات طباخی مصدق را رعایت کرده‌بود ولیکن حاصل طبخ چیز بی‌مصرف و مزخرفی شده‌بود. مصاحبِ مصدق به او گفته بود که اگر تحصیلاتی هم که کرده‌ای از نمونهٔ همین آشپزی است خدا عاقبت این مردم را به‌خیر کند. بعد مصدق اضافه می‌کند که این مردم می‌گویند آشپزی تخصص می‌خواهد و در مقابل غذای بد اعتراض می‌کنند لیکن نخست‌وزیری و کارهای مملکت تخصص نمی‌خواهد و هر کسی هر کاری را کرد کسی متعرض او نمی‌شود. «... اکنون دانستم برای هر کاری که با منافع افراد تماس دارد معلومات لازم است. اگر وزارتی خوب اداره نشد، هیچ فردی از افراد از نظر مصالح اجتماعی اعتراض نخواهد نمود و تا مردم به امور اجتماعی علاقه پیدا نکنند و آن را از خود ندانند چنانچه بهترین تحصیلات را هم اشخاص کرده باشند کوچکترین

استفاده از آنها نخواهند نمود. مصاحبم گفت من در کتابی خوانده‌ام که در ایران برای هر کاری معلوماتی لازم است جز برای کارهای بزرگ و دولتی و به‌ویژه صدارت اعظمی.»

این نکتهٔ مورد اشارهٔ مصدق که «چنانچه بهترین تحصیلات را هم اشخاص کرده باشند کوچکترین استفاده از آنها نخواهد شد ... مگر اینکه به امور اجتماعی علاقه پیدا کنند» درواقع بیانی از این واقعیت اجتماعی است که دانش قادر نخواهد بود رفتار فرهنگی آدم راکه ساخته و پرداختهٔ قرنها تاریخ تحولات یک فرهنگ است عوض کند، مردمی که عادت به یک نوع زندگی سنتی و بدون علاقه واقعی به مسائل اجتماعی کرده‌اند و خود را در مقابل آن بی‌احساس و منفعل می‌بینند اگر هم درس و سوادی بخوانند این درس و سواد کاری برای آنها انجام نخواهد داد. و منظور مصدق نیز این است که این مردم فرهنگ کهنه خود را دارند و همیشه علاقه‌مندند که یک نفر برایشان تصمیم بگیرد و درواقع نوعی تعارض فرهنگی با نظام پارلمانتاریستی که به صورت وارداتی پذیرای آن شده‌اند دارند. و یک نوع «گریز از آزادی» و «غیرت مسئولیت‌گریزی» دارند و نمی‌توانند این نظام جدید را عهده‌دار شوند. (برای درک سخنان مصدق بر یک نکته باریک باید توجه داشت و آن اینکه این مرد بسیار محجوب و شریف بود و تمام سعی‌اش بر این بود که کلمات را به نحوی بیاراید که تا حد امکان گزندگی آن گرفته شود. به همین جهت توجه به ظرافت بیان او لازم است.) این نکته مورد اشاره مصدق سابقهٔ کار آکادمیکی در نزد بزرگان علوم انسانی جهان دارد، تعبیری عالمانه از سارتر نقل می‌کنند که برگردانی از سخن مصدق است. شریعتی در جایی بحثی با این محتوا ولی در زمینه دیگر می‌کرد و در پی اثبات این نظر بود که قالب‌های فرهنگی بر دانشِ آموخته جدید می‌چربد و لباس خود را بر تن آموخته‌ها می‌کند و برای تحکیم استدلالش به این سخن سارتر استشهاد می‌کرد که سارتر می‌گفت من از نظر فکری و علمی به خدا اعتقاد ندارم در حالی که از نظر

فرهنگی، رفتار و احساس مذهبی دارم. سارتر اگزیستانسیالیست خداناپرست بود ولی این سخن از خود اوست که:

Je ne releve que de stragoff et de parvillan qui ne relevent que de Dieu tandis que je ne crois pas en Dieu

من ساخته و پرداخته هیچ‌کس نیستم جز استروگف و پارویان که ساخته و پرداخته هیچ‌کس نیستند جز خدا (چون هر دو کشیش بودند)، در حالی که من به خدا اعتقاد ندارم.

مصدق با علاقه‌ای تمام و با صبوری در پی آموزش‌هایی بود که شاید این بیماری‌های مزمنِ نظام پارلمانی و زندگی صنعتی را ریشه کن کند. و کارهای او نیز به یادگار ماند هرچند هنوز تحلیل نشده و ناشناخته است و هر چه کردند بیشتر کارهای وقایع‌نگاری است.

دستگاه اجراییِ مصدق ایلاتی بود

نخست‌وزیر ما بر این باور بود که کار مسئولین اداره جامعه به علت همان مسائل فرهنگی مورد اعتراض مردم نیست. بیشتر مسئولین از وظایف و اطلاعات لازم برای کارهای خود بی‌اطلاع‌اند و به قول آن «ظریف» این اداره‌کنندگان مس سرچشمه اگر آفتابهٔ خانه‌شان «مسی» باشد، در آن صورت می‌توان گفت با مس و سوابق آن آشنایی دارند. این نکاتی بود که نخست‌وزیر ما عمیقاً بر آنها اطلاع و سیطره داشت و در پی تحقق و بهبود آن دقیقه‌ای فرو نمی‌گذاشت. «از کمیسیون مالیه بنا به وعده قبلی به خانهٔ حاج امام جمعهٔ خویی رفتم و صحبت از این مذاکرت شد که گفت کلنل ماکورک رئیس ادارهٔ عایدات که یک نظامی است اگر هم از امور مالی کشور خود مطلع باشد از امور مالی ایران بی‌اطلاع است و اعضای کمیسیون هم که مطلع‌اند در تمام مدت عمر حتی یک من جو (چون صحبت مالیات زراعی بود) به اسب خود نداده‌اند. بنابراین از این جلسه بیش از اینها نمی‌بایست انتظار داشت.»[۲۱۵] مقرراتی را هم که به‌طور عموم

وضع می‌کنند قابل اجرا نیست و اگر هم اجرا شود مشکلی از مردم حل نخواهد کرد. و این وضع تنها در ادارات نبود بلکه شامل هیئت دولت و وکلای مجلس نیز می‌گردد، غیر از خائنین آنها، خوب‌های آنها نیز فقط «خوب»اند ولی اینکه در راه پیشبرد اهداف مملکتی به چه دردی می‌خورند با خداست.

«شناخت آنچه مربوط به زندگانی اجتماعی»[۲۱۶] فرد است، از «مسائل حیاتی است»[۲۱۷] و مردم ایران «چنان زبون و بیچاره‌اند» که احدی یارای پرداختن جدی به این مسائل را نداشته است که در باب این مسائل سخنی بگوید و یا نظری را اظهار بدارد.

مصدق دربارهٔ ابطال قرارداد ۱۹۳۳ و ضرر آن توسط مجلس دورهٔ رضاشاه می‌گوید وقتی که «تمدید امتیاز (۱۹۳۳م/۱۳۱۲ش) نفت به مجلس عرضه» شده بود، «باید بگویم که اگر مجال سخنی بود اکثر نزدیک به تمام نمایندگان مانند افراد ملت چنان در این باب در عالم بی‌خبری بودند که گذشته از مفاد سیاسی از نظر فنی و اقتصادی هم کمتر امکان داشت بتوانند سخنی مستدل بگویند و نگذارند قراردادی چنین هولناک به ملت ایران تحمیل گردد.»[۲۱۸]

اگر به‌خاطر داشته باشید امیر دنبال «آدم حلال‌زاده‌ای که صرفهٔ ملت را نفروشد» می‌گشت و مصدق می‌گفت در این باب همه در عالم بی‌خبری بودند و سخن مستدل نمی‌توانستند بگویند. درنهایت انبوه «رجالِ» ایران همان بافت سابق را داشت و برای اداره کردن ایران و رعایت صرفه و صلاح مملکت در مقایسه با آنچه که در جوامع صنعتی می‌گذشت هیچ‌کسی نبود.

در کشورهای صنعتی، به علت اینکه تحولات در تمام ابعاد اجتماع با هم و هماهنگ و در ربط با یکدیگر انجام می‌گیرد (همان‌طور که در جامعهٔ سنتی نیز چنین است) کمبود نیروی شاغل ماهر به‌طور معمول به چشم نمی‌خورد، چون رفتار خلاق و متحول خود این مردم است که این زندگی

را رویانده، در واقع کادرها متقدم بر مشاغل و مناصب مورد نیاز شکل گرفته‌اند، پس کمبودی احساس نمی‌شود. در حالی که در کشورهای ایلاتی که با فشار خارجی تغییر شکل ظاهری داده‌اند، نهادهای وارداتی، نیاز به افرادی دارد که همیشه کمبود آن نگران‌کننده است و رفع این کمبود نیز صرفاً با تولید دیپلمه و لیسانسیه امکان ندارد زیرا آن بحث قبلی که سربسته بدان استشهاد کردیم و قولی از مصدق و سابقاً از امیر و سپس شریعتی و سارتر آوردیم، در این زمینه نیز به‌قوت خود باقی است. رفع آن نیز نیاز به تزریق دانشی از جنس خودآگاهی و درد وطن‌پرستی و ملت‌دوستی و رعایت منافع عمومی و التزام به عالم ارزش‌های اسلامی و ... دارد. که اینها نیز در کتاب‌ها درج نشده‌اند.

نیروی بیکار و تنبل و سربارِ دستگاه اجرایی

حال می‌توانیم آن گفتهٔ گورویچ را در اینجا بیاوریم که مقررات و ضوابط ناشی و برآمده از روابط مردم بر مقررات تکنیکی (یعنی آنچه روی کاغذ و توسط مقننین وضع می‌شود که در ایران وارداتی نیز هست) برتری نسبی دارد و شکل ظاهری و تکنیکی خود را می‌شکنند که شکسته است. یعنی محتوایِ فرهنگِ قبیلگی، تمام مقرراتی را که جهت تشکیلات و ادارات کشور همراه با کارشناس‌های آنها وارد کردند همه را درعمل از هم پاشیده و کارایی آن را به صفر نزدیک کرده و کارکرد شبکه را به حداقل رسانده است. ازقضا ذکر کردیم که در رابطه با واردات همان ضوابط بود که مصدق در مجلس با داور مخالفت می‌کرد.

اما از تشکیلات و کارشناسی و کارایی مقررات که بگذریم به انبوه بیکارگان تشکیلات برمی‌خوریم. نخست‌وزیر ما به کنه این پیچیدگی‌ها واقف بود و برای رفع مشکلات و علاج آن چاره‌اندیشی‌هایی نیز کرده است که: «... در رژیم جدید تشکیلات سابق از بین رفت و حقوق در ازای مقام قرار گرفت (خلاف حقوق سابق که هم ارثی بود وهم بدون شغل) و

مقام هم با احتیاجات مملکت محدود نشد و هر کس توانست خود را وارد دستگاه دولت کرد، به‌طوری که اکنون ۸۰٪ از کل بودجهٔ عایدات به مصرف حقوق می‌رسد و هرقدر هم که بر عایدات اضافه شود به همین طریق خرج می‌شود و چیزی به مصرف بهبود جامعه و رفاهیت مردم نمی‌رسد و چون ما در دوره تحولیم، نه اصول را رعایت می‌کنیم که هیچ خرجی نشود مگر اینکه محل آن معلوم شود [البته خرج‌های دربار قدیم که شرحش گذشت همیشه محلش هم پیدا می‌شد.] و نه مجلسی از نمایندگان حقیقی ملت داریم که غیر از مصالح مملکت چیزی در نظر نگیرند. و معلوم نیست که این دوره تا چه وقت طول بکشد.»[۲۱۹] البته از نظر محتوایِ جامعه‌شناختی، سیستم جدید دنبال همان سیستم قدیم است و به همین علت هم عملاً تغییر حاصل نشده، هرچند مقررات، مجلس و دیگر نهادهای خارجی را وارد کرده باشیم.

رقم رمق می‌خواهد

تازه اگر از همین مجلس و تشکیلات، قانون خوبی نیز صادر شود، این قانون نیاز به مجری دارد اگر شخص بارمقی نباشد، تصویب صد خروار قانون نیز به پشیزی نمی‌ارزد. از امیرکبیر نقل می‌کنند که از شیخ سعید مطالبه دیون معوقه مالیاتی دولت را کرد. شیخ سعید در قسمتی از بلوچستان بساط شیخوخیت برپا کرده بود و تاوان پس نمی‌داد. امیر به طهماسب میرزا مؤیدالدوله حاکم کرمان دستور وصول مالیاتِ معوقهٔ شیخ سعید را داد. طهماسب میرزا در جواب امیر نوشت که بیش از مالیات وصولی باید هزینهٔ لشگرکشی برای دریافت مالیات کنیم و از این‌رو از انجام کار طفره رفت. امیر، ممیزالملک را با نامه‌ای نزد شیخ سعید فرستاد که صدهزار تومان مالیات معوقه را بپردازد و به ممیزالملک گفت، «وقتی که وارد چادر شیخ سعید در صحرا شدی نامه دولتی را به او بده و در عین حال که به‌دست دیگر ریش او را می‌گیری با دستی که نامه را

در دامن او گذاشتی چند تا مشت محکم به صورت او بکوب و همزمان بگو که اگر مالیات را تا یک ساعت دیگر ندهی شاه شکم تو را خواهد درید.» ممیزالملک می‌گوید، «نامه را دادم و مشت‌های فرمایشی را زدم در حالی که از ترس جانم نزدیک به پیوستن به ملک‌الموت بود، چون همهٔ قمه‌کشانِ اطراف شیخ دست به قمه شدند. شیخ آنها را بازداشت و در جواب گفت، بیش استراحت کن و ۲۴ساعت فرصت بده تا وجه را حاضر کنم و بالاخره پول راگرفتم و به تهران آمدم و این در حالی بود که دو سوار همراه داشتم.» وی می‌گوید زمانی که داستان را برای امیر می‌گفتم، گفت: «دریافت مالیات چندان جالب نبود که مشت‌های فرمایشی.» مستوفی می‌نویسد: «از آن هنگام در ایران این کلام ورد زبان‌ها شده بود که «رقم رمق می‌خواهد.»[۲۲۰] این داستان هر چه باشد، یک نکته را به صراحت می‌رساند و آن اینکه در ایران هیچ چیزی اجرا نمی‌شده و هر دستوری در زمان صدور به مزبله می‌رفته است و اگر کسی پیدا می‌شد که کارش را پیش ببرد معروف می‌شد و بر سر زبان‌ها می‌افتاد که این «نظمِ میرزا تقی‌خانی» است.

مصدق در نهایتِ ظرافت، هم این مسئله را می‌شناخت و هم در پی تحقق «رمق» بود. به همین دلیل بود که چندین بار، حتی در زمان رضاشاه، وی را تکلیف به نخست‌وزیری کردند و او نپذیرفت و می‌دانست که در سنگرِ مجلس بهتر می‌تواند خدمت کند تا نخست‌وزیری که با یک قیام و قعود می‌توانند او را از کار برکنار کنند. ولی زمانی که تمهیدات ملی شدن صنعت نفت در مجلس انجام گرفت دانست که نخست آنکه مجری این هر کسی نتواند بود و تنها خودش هست که بدون ترس خواهدجنگید و با اولتیماتوم امریکا و انگلیس از ترس عقب‌نشینی نخواهد کرد و عقب‌نشینی را توجیه نخواهد کرد که صلاح ملک را در این نمی‌دانست. «... اگر قرار باشد در خانهٔ خود آزادی عمل نداشته باشیم و بیگانگان بر ما مسلط باشند و رشته‌ای به گردن ما بگذارند و ما را هر سوی که

می‌خواهند بکشند مرگ بر چنین زندگی ترجیح دارد....»[۲۲۱] «به همین جهت روزی که پس از تصویب قانون نفت به اینجانب تکلیف شد تا برای اجرای آن، مسئولیت قبول کنم با طیب خاطر این وظیفهٔ سنگین را پذیرفتم در صورتی که قبل از این هم به اینجانب چنین تکلیفی شده بود ولی وجود خود را در مجلس بیشتر مؤثر می‌دیدم و چنین تشخیص داده بودم.»[۲۲۲] و حال این بار مسئولیت را پذیرفتم زیرا اگر «... اجرای قانون چنان که منظور قانونگذار است به‌دست دولت می‌افتاد، دریغ دانستم راهی را که طی چندین سال با نهایت مشقت طی کرده‌ام و به پایان رسیده، اجرای قانون به دست دولت‌های زبون و ضعیف یا طمع‌ورز و جاه‌طلب بیفتد که نتواند و یا نخواهد از این فرصت مناسب به نفع مردم فقیر این کشور استفاده کند.»[۲۲۳] مصدق در عمل مبارزه را تا آخرین نفس و تا آنجا که مردم از او حمایت کردند ادامه داد.

تلقی مصدق از مردم، مشروطه، قانون و دموکراسی

نهادها، خوشه‌ای از الگوهای فرافردی با هویت جمعی و تاریخی هستند و با اتکاء به تمامی سنن تاریخی جمعی اعم از معرفتی و غیرمعرفتی شکل می‌گیرند. نهادهای برآمده از تحولات جوامع صنعتی غربی، از قبیل «مجلس»، «انتخابات»، «هیئت وزیران»، «نخست‌وزیری» و همچنین اصطلاحاتی از قبیل «لیبرالیسم» (یعنی آزادی‌خواهی)، «دموکراسی» (یعنی حکومت مردم) و ... در جامعهٔ خود و قالب‌های اجتماعی و فرهنگی خود و آن هم در شبکه‌ای پیچیده از روابط متقابل میان افراد اجتماع و تحولات تاریخی، شکل و معنی می‌یابد. هر کلمه و اصطلاح، غیر از آن معانی که به‌طور معمول در فرهنگ لغات برای آن ثبت می‌کنند، دارای یک «حوزهٔ معنایی فرهنگی» است که عین «حیات اجتماعی» جامعه است. و درواقع «زبان» بدین اعتبار وسیله شرح و بیان جهان‌بینی و طرز فکر و نگرش قومی است که بدان تکلم می‌کنند، بدین اعتبار که

عمیق‌ترین و صحیح‌ترین تعبیر از «زبان یک قوم» است. وقتی که زبان و کلمه‌ای از قالب‌های فرهنگ تاریخی خود جدا شود، معنی خود را به‌طوری از دست می‌دهد که ناقص می‌شود. یک مثال بسیار ساده می‌تواند مبین این مبحث باشد. بحث بر سر مفاهیم اخلاقی و عقلانی و... پیچیده‌تر است تا بحث از نام‌های ساده. به‌عنوان مثال واژهٔ ساده «کار»؛ فرانسوی‌ها همان تلقی را از کار ندارند که ژاپنی‌ها و ژاپنی‌ها همان چیز را از کار نمی‌فهمند که ایرانی‌ها. وقتی به ایرانی گفته می‌شود «کار» منظور بیشتر این است که با یک پیچیدگی خاص موفق شود یک بار و برای همیشه «دست خود را به جائی بند کند» و مسئله تخصص و دانش آن کار، ادامه و پیشبرد آن، آزمایش و رشد در آن کار و هزاران «و»ی دیگر در آن بی‌معنی است. اما ژاپنی «کار» را ابزار و تنها وسیلهٔ جنگ می‌داند. تصمیم گرفته است باکار جهان را فتح کند، به‌کار معتاد شده است، کارش برای او بیش از دیگر مسائل شخصی و خانوادگی ارزش دارد، منافع عمومیِ کار برای او نیز اولویت دارد. کار او تخصصی و پیچیده است. آموختن آن زحمات زیاد دارد. کار برای رونق مملکت و عرصهٔ پیکار با دیگر جوامع دنیاست. کارِ مفید می‌تواند تا هفته‌ای صد ساعت (به عوض ده ساعتِ دنیای سوم) انجام گیرد. صرفه‌جویی و قناعت در هزینه‌های لازم برای تولید کار از خود کار پراهمیت‌تر است، اگر چتکه کار او را انجام دهد ماشین‌حساب نمی‌خواهد. اگر اشتباهی رخ دهد به‌شدت متأثر می‌شود. ابزار کار برای او اعتبار اجتماعی نمی‌آورد، بلکه حاصل کار برای او اقناع‌کننده است و آن هم در صورتی که برای جامعه مفید واقع شده باشد.

وقتی که در مورد واژهٔ «کار» و حوزهٔ معنایی آن این همه تفاوت باشد که ما به صد یکِ آن هم اشاره نکردیم، مفاهیم پیچیده‌تر و اجتماعی‌تر مثل پارلمانتاریسم، دموکراسی و .... حوزهٔ معنایی بسیار پربارتر و عمیق‌تری دارند و به محض کنده شدن از قالب‌های اجتماعی خود عقیم می‌گردند. و این درواقع تمام مقولاتی راکه از جامعه صنعتی غرب، برای جوامع دنیای

سوم به عاریت گرفته شده شامل می‌گردد و ایرانیان نیز از شمول آن خارج نیستند.

مصدق به‌خوبی می‌دانست که این مردم نه مشروطه و نه قانون را (این هر دو وارداتی هستند و با نهادهای ملی ـ قومی ما هیچ رابطه‌ای ندارند) خوب می‌فهمند و نه می‌توانند از آن دفاع کنند و این همان چیزی است که درعمل اتفاق افتاد. مصدق این معنا را بارها با بیانِ ظریف (و بسیار محترمانه و با سرپوش) و عمیق و نکته‌سنجِ خودش بیان می‌کرد. البته سعی نمی‌کرد بر روی نکات منفی آن انگشت گزنده بگذارد و مردم را تحقیر کند، بلکه با برخوردی محترمانه سعی داشت که پای مردم را به مبارزات اجتماعی بکشد و آنها را نسبت به حیات جمعی و دفاع از آن حساس کند. بسیار سعی می‌کرد که مردم را از انفعال نسبت به مسائل اجتماعی دور کرده و آنها را در «امر اجتماعی مربوط به حیات جمعی» ورزیده نماید و می‌گفت «گریز از آزادی» شیوهٔ مرضیه استبداد است، یعنی باعث رشد مستبدِ خودکامه می‌شود. این ویژگی جامعهٔ غیرخلاق و مصرفی است که حتی علاقه‌ای نسبت به فکر کردن (که به‌طور معمول مشکل‌ترین کار است) ندارد و بیشتر ترجیح می‌دهد که دیگری به‌جای او بیندیشد. اگر تلقی کسی از این مقولات این چنین باشد، طبعاً رفتار اجتماعی خود را نیز به همین‌گونه شکل می‌دهد، رفتاری که فقط در زمینهٔ استبدادپروری کارایی بسیار بالایی دارد. یکی از مسائلی که زمان مشروطه اتفاق افتاد این بود که بعد از بلوای مشروطیت کسانی به کارکنان مالیه اعتراض داشتند، به این عنوان که اینها دارای مفاسدی در رژیم قبل بوده‌اند و بازماندهٔ دستگاه فاسد نظام استبدادند، حال می‌بایستی از این ادارات اخراج شوند و از این جهت به مستوفیان اعتراضات جدی می‌کردند. مصدق نیز در خاطرات خود (نه در اعلانیه و نطق‌های خود) ضمن اینکه شرح این واقعه را که خود ناظر بوده می‌آورد، اضافه می‌کند: «... این حرف صحیح بود اگر مشروطه هم روی یک زمینه و سوابقی

[یعنی دارای قالب‌های متحول اجتماعی خودش] نصیب ما شده بود و مملکت می‌توانست از اشخاص مطلع بر رژیم استفاده کند. گویندگان کسانی بودند که چندی به خارج رفته جریان مشروطه را از دور دیده و معلوماتی جز یک اطلاعات سطحی با خود به ایران نیاورده بودند و دیگران حتی نام مشروطه را هم نشنیده و بین استبداد و مشروطه فرق نمی‌گذاشتند.»[۲۲۴]

از طرف دیگر مردمی نیز که می‌بایستی از مشروطه، که به‌ظاهر حاصل کار آنان بوده، دفاع کنند در وضع بی‌خبری کامل نسبت به آنچه اتفاق افتاده بود به سر می‌بردند. پشت سر مشروطهٔ ایران ویکتور هوگوها و دیدروها و چهارصد سال انقلاب اقتصادی و اجتماعی نبود. سلطان! عبدالمجید میرزا عین‌الدوله نخست وزیر مشروطه بود، و سفارت انگلیس حامی آن؛ تو خود حدیث مفصل بخوان از این مجمل. یک دهاتی ایلاتی اسکان یافته، دزد سر گردنه که زمانی با مشروطه مخالف بود و همینکه مشروطه پیروز! شد استعفا کرد و سی هزار تومان موجودی همهٔ خزانه را برداشت و راهی زیارت! از سمت روسیه شد. مصدق کسی نبود که این نکات از چشم نکته‌یاب او مخفی بماند. «... در سال ۱۲۹۹ شمسی که با پسر و دختر بزرگم از اروپا به ایران آمدم، به دعوت میرزا اسدالله‌خان عین‌الملک کارگزار وارد کارگزاری بوشهر شدم و برای دیدن بعضی نقاط مِن‌جمله میدان توپخانه که وضعی بسیار بد داشت به آنجا رفتم. در مراجعت روی میز اطاق نامه‌ای که به عنوان من نوشته شده بود با دو ظرف پر از خرما و تخم‌مرغ بدین مضمون دیدم: ساعتی دارم که مدتی است از کار افتاده نظر به اینکه فرزندان شما تحصیلات خود را در اروپا کرده‌اند آن را می‌فرستم درست کنند و هدیه ناقابلی هم که ارسال شده نوش جان نمایند. این نامه وقتی نوشته شده بود که چهارده سال از عمر مشروطه گذشته بود و هنوز مردم دور از پایتخت این‌طور تصور می‌کردند هر کس برای تحصیل به خارج رفت، همه چیز حتی ساعت‌سازی هم

آموخته است.»[۲۲۵] و از طرف دیگر اشاره می‌کرد که وزیر مالیه، حاج امیرنظام همدانی، به عهد کابینه عین‌الدوله سابق‌الذکر با استخاره کار می‌کرد که پولی را بگیرد یا بدهد و یا ندهد.[۲۲۶]

البته ما در پی گستردن این بحث نیستم وگرنه از همین لغات و واژه‌های بسیار سادهٔ «حاج»، «امیرنظام» و بعد منسوب به «همدان» و «مشروطه» و «عین‌الدوله» هزاران بارِ معنایی به‌در خواهد آمد که به خوبی نشان دهند چه شکاف غیرقابل ترمیمی بین بار فرهنگی این افراد و حوزهٔ معنایی آن اصطلاحات وجود دارد که خود به خود ساز وکار پارلمانی را از هر گونه حرکت باز می‌دارد.

نخست‌وزیر ما این قبیل مسائل را در زمینه‌های مختلف و با نرمیِ زیاد همان‌طور که شیوهٔ او بود نقل می‌کند که نشان از معرفت عمیق وی از ساختار فکری جامعه دارد و مطالبی را از خاطرات ایدن، وزیر امور خارجه انگلیس، نقل می‌کند و درنهایت خودش این‌گونه می‌آورد که: «... نویسندهٔ خاطرات می‌خواهد تحت لفافه این را بگوید که اگر ملت ایران به‌حق خود عارف بود و احساساتی که ابراز می‌کرد از روی حقیقت بود، ما نمی‌توانستیم کاری به ضرر آن ملت صورت بدهیم.»[۲۲۷]

مصدق در جاهای دیگر به‌کرات گفته است که ملت و حتی مجلس به حقوق خود عارف نبوده است. لیکن باز به نکات مثبت آرمانی خود نسبت به مردم توسل می‌جوید و در جواب ایدن می‌گوید ایرانیان خر نیستند که باز بگذارند مدت‌ها آنان را افسار کنند (و دیدیم که کردند). این نکته نشان می‌دهد که «ایدن وزیرامور خارجه انگلیس» تا کجا در عمق مسائل ایران دقیق شده است و چگونه سعی نموده در ظاهر آشفته و احساسی مسائل اجتماعی، ریشه‌های عمیق و قانونمندِ رفتار ایرانی را بیابد. برای اینکه ببینیم آیا مصدق در ته دل و علی‌رغم میل باطنی و عملی که انجام داده با ایدن هم‌عقیده بوده یا نه به سخنی دیگر از او استشهاد می‌کنیم: در کتابِ *مأموریت برای وطنم*، محمدرضا شاه مطالبی گفته بود

که دکتر مصدق در کتاب *خاطرات* بدان این‌گونه پاسخ می‌دهد: «اگر پادشاهی رأی ملت خود را به هیچ شمرد چگونه می‌توان انتظار داشت که دو بیگانه آن را به هیچ نشمرند و به مملکت تجاوز نکنند و همین توجه به افکار عمومی بود که ایدن وزیر خارجه انگلیس در یکی از خاطرات خود می‌نویسد ناسیونالیسمِ ایران یک ناسیونالیسم نارس است.»[۲۲۸]

از محتوای گفته‌ها و نوشته‌های مصدق و همین‌طور سلف شریف او، امیرکبیر، این مطلب برمی‌آید که هر دوی این بزرگواران فهم و فرهنگ ملی را برای کاری که در جهان آن روز به‌عهده گرفته بودند «نارس» می‌دانستند، لیکن این را مجوزی و حقی برای کشورهای استعماری نمی‌دانستند که چون «نارس» است پس انگلیس و امثالهم مجاز به استعمارند. و تمام تلاش خود را نیز در احیاء و رسیده شدن این «نارسی» می‌کردند. و این خلاف رأی و نظر دیگران بود. رزم‌آرا، که او هم نخست‌وزیر بود، درعمل در درگیری‌های نفتی قبل از مصدق گفته بود که چون ملت قادر نیست یک آفتابه هم بسازد پس چطور می‌تواند با استقلال نفت را عهده‌دار شود؟ از این رو حضور بیگانه را مجاز می‌دانست. و وثوق‌الدوله، که او هم نخست‌وزیر بود، عملاً ایران را به «۱۳۰ هزار لیره فروخت» که ایرانی عارف به‌حق خود نبود. در اینجا، از دید جامعه‌شناختی، عمل وثوق‌الدوله و آفتابه‌سازی رزم‌آرا و «عارف نبودن ملت به حق خود» مصدق و اشارات ایدن، همه یک معنی را می‌رساند و آن ناسیونالیسم نارس ایران بود و اگر استاد مرحومم و معلم بزرگم دکتر شریعتی این استنتاج را از این تحلیل می‌شنید، همان‌طور که بر موریس تورز[۲۲۹] داد زد، بر سر ما نیز فریاد می‌کشید. ولی من معتقدم که این «نارسی» را با گفته‌های شریعتی بهتر از هر گفته‌ای می‌توان ثابت کرد، لیکن شریعتی همچون مصدق می‌ترسید که نکات منفی این برداشت یک مشروعیت ضمنی هم برای ملت ایران و هم برای انگلیس و آمریکا و دیگران ایجاد کند که می‌توانند کار خود را ادامه دهند. البته من تابع

نظرات شریعتی و مصدق هستم. در همین راستا امیرکبیر می‌گفت «غیرت از روح ایرانی رخت بر بسته است»[۲۳۰] مصدق هم که همین نظر را داشت. نظرات دیگران را هم دیدیم. اگر چنین نبود چطور ملت اجازه داد زاهدی عامل کودتا باشد و ده میلیون دلار بگیرد. چرا نخست‌وزیر انگلیس چنین کاری را به ضرر ملت خود نمی‌کند که می‌توانند بکنند. و همین‌طور علی امینی که پدر در پدر نخست‌وزیر بود و دارای مکنت و ثروت بی‌حد و اندازه، باز هم در کودتا علیه مصدق چه‌کرده بود که پنج میلیون دلار پول گرفت؟[۲۳۱] بقیه هم سر و ته یک کرباس‌اند. مصدق همیشه می‌گفت که قدرت دولت و مجلس از ملت است و شرح می‌داد که اگر آنها وارد حیات سیاسی ـ اجتماعی خود نشوند درعمل مجلس و دولت از کار می‌افتد. این کاری‌است که درعمل در طول عمر پارلمانی ایران انجام شده است. ایرانی‌ها، از ظلم به ستوه آمده‌اند، شوریده‌اند، نظامی را سرنگون کرده‌اند ولی دوباره به دامن استبداد افتاده‌اند. اگر «نارس» نبودند می‌توانستند همیشه از پارلمان خود دفاع کنند. این کاری است که باید انجام می‌دادند و نمایندگان خود را به پارلمان می‌فرستادند، تا دولت نیز نماینده پارلمان باشد، نه اینکه «قدرت» به کمک و نفوذ بیگانه کم کم غصب شود و دولت برای تأمین اهداف قشر خاص و به پشتیبانی بیگانه و منافع او، نادان‌ترین و احمق‌ترین و وطن‌فروش‌ترین عناصر را نمایندهٔ مجلس کند که هر رطب و یابسی را به او تحمیل می‌کنند قبول کند. (رضا شاه به مجلس لقب افتخاری «طویله» را داده بود و هر کس که می‌خواست نماینده بشود، می‌گفت که به طویله ببرندش. البته اگر طویله نبود رای به شاهی او نمی‌داد.)[۲۳۲]

حق مطلب را مصدق در همین جا می‌گوید که چرا چنین چیزی در سوئد و انگلیس اتفاق نمی‌افتد؟ البته منکرین سخن وی باید پاسخ بدهند. مصدق می‌دانست که این نهادها برآمده از حیات جمعی ملت ایران نیست، و روابط متقابل نیروهای انسانی و نیروهای تولیدی جامعهٔ ایران

چنین چیزی نیافریده که بتواند از آن دفاع کند. در سرزمین ایران مواد تولید اگر بیشتر از جاهای دیگر نباشد کمتر نیست، لیکن فرهنگ و روابط آدمیان به‌گونه‌ای منجمد شکل گرفته که از تحول می‌ماند. این «خرد» است که‌لباس عاطفه واحساس پوشیده وکارایی خود راازدست‌داده است.

اینکه در ایران و کشورهای مشابه هنوز مرکب قانون اساسی روی کاغذ خشک نشده به مزبله‌دانی می‌رود و قلیلی متجاوز از هر قماش و صنف و به قول امیر «اجامر و اوباش و هرزه‌های این ایران به این هرزگی» یک‌مرتبه تمام چیزهایی را (که در واقع بی‌پایه هستند) از بن خراب می‌کنند و آن بدین دلیل است که: «این قبیل هوا و هوس بیشتر در ممالکی روی می‌دهد که ملت به حق خود عارف نیست و شاهان هم به آن درجه از تمدن نرسیده‌اند که ملت خود را به پایه ملل درجه اول برسانند و در مقابل سیاست خارجی، منافع ملت را حفظ کنند.»[۲۳۳]

این مبارزه است که نامش زندگی است

مصدق این نکته را خوب می‌دانست که سازگاری مجلس با او نیز به‌علت حضور مردم در صحنه صورت گرفته است و می‌دانست که زنده ماندن در جهان امروز احتیاج به نیروی خستگی‌ناپذیر، مستمر، تلخ و پرمشقت در تمام ابعاد زندگی اجتماعی دارد و این را نیز می‌دانست که کشورهای دیگر این تفوق و برتری را رایگان به‌دست نیاورده‌اند. استقلال کاری نیست که به‌زودی به ثمر رسد و با یک‌بار تلاش به صورت کامل به‌دست آید: «ملل دیگر قرن‌ها مبارزه و فداکاری کردند تا آنچه امروز دارند به‌دست آورده‌اند.»[۲۳۴]

اگر ملت صحنه را ترک کند همان می‌شود که شد؛ هربار ملت یورش می‌کند و مواضع استعمار و استثمار و استبداد را تصرف می‌کند و سپس عقب‌نشینی می‌کند و استبدادِ تازه‌نفس‌تری به‌جای استبداد کهنه فرسوده قبلی جایگزین می‌شود و دوباره ملت باید چند دهه دیگر در جنگ

فرسایشی شرکت کند تا نیروهای آنها را تحلیل برده با توجه به جمیع شرایط آن را سرنگون کند. و همیشه نیز نظر خود را عطف به استبداد نموده و از بستر آن غافل بماند. اگر مردم خواسته خود را خوب می‌شناختند و لوازم کافی برای آن تدارک می‌دیدند هر عوامفریبی قادر نبود که منافع آنها را این‌گونه پایمال کند. پس مقصر خود مردم‌اند والا «فرق مجلسی که به من اختیارات داد با مجلسی که آن را لغو نمود این است که در سال ۱۳۳۱ قانون اختیارات و قانون تمدید آن روی افکار ملت و مصالح مملکت به تصویب رسید ولی در ۱۳۳۳ نمی‌دانم [البته می‌داند] روی چه افکار، لوایح قانونی من بدون استثناء الغاء گردید.»[۲۳۵] زمانی که اختیارات لغو شد، زمانی بود که توطئه‌ها شکل گرفته بود و نمایندگان از آن بویی برده بودند و مسیر را با آن تمهیداتی که در کتب تواریخ آمده است کج کرده بودند. و از طرف دیگر، در این دو سال که پول نفت در کار نبود و مردم می‌بایستی تن به کار بدهند وضع خیلی جدی شده بود و معدهٔ خوش‌خوراک و کوره‌وار ملت که دم به دم با «منبع تولید نامحصل و منبع درآمدی نامشهود»[۲۳۶] تابیده شده بود و بی‌سوخت مانده بود. در نتیجه نه به ظاهر (که خجالت می‌کشیدند) بل از ته دل رفتن مصدق را آرزو می‌کردند. جمیع مفتخوران و به تعبیر جلال آل‌احمد «آماده‌خوران» دست به دست یکدیگر دادند. ملت پشت مصدق را خالی کرد و همه با هم شدند و مصدق تنها از پس توطئه دربار، رجال، سفارتخانه‌ها و انفعال مردم برنمی‌آمد و دوام نیاورد. و به قول سید عبدالله، ما نفت می‌خواهیم چه کنیم مگر روز قیامت از نفت می‌پرسند بگذار بیگانگان ببرند و خود را با آن آتش بزنند که الهم اشغل الظالمین بالظالمین و اجعلنا بینهم السالمین (یعنی خدایا ستمگران را با خود مشغول کن، یعنی جنگ انگلیس و آمریکا بر سر نفت را خودت دامن بزن و ما را هم در این میان سالم نگهدار.)[۲۳۷] و مصدق به علت بلندای فکر و روح چون نمی‌خواهد متعرض این تحلیل‌ها بشود، می‌گوید «نمی‌دانم.»

وزن اشخاص در جامعه به قدر شدائدی است که در راه مردم تحمل می‌کنند

مصدق که به همهٔ این امر واقف بود، در عمل سعی می‌کرد جنبه‌های ضعف را تبدیل به نقاط قوت کند و بر این اعتقاد عمل می‌کرد که هم تاحدودی می‌توان شرایط مساعد پیش آورد و هم اینکه اگر شرایط مساعد پیش آمد نهایت حسن استفاده را در استیفاء حقوق ملت انجام دهد. او معتقد بود که قدرت حرکت به نسبت محدودی برای رهبریت وجود دارد که هم مردم را به گمراهی بکشد و هم از گمراهی به‌درآورد و حیطه این عمل را در بازتاب رفتار اجتماع می‌دید. به همین دلیل از نظر شخصی، مذهبی، و ملی خود را موظف می‌دانست که در هر صورت از وظایف خود کوتاهی نکند: «صاحبان عقیده و ایمان از مرگ نباید هراس کنند تا چه رسد به فحش ناکسان. چونکه اصل مصلحت اجتماع است. آنجا که مصالح اجتماع تأمین نباشد، مصالح مردم تأمین نخواهد بود. و تشخیص اینکه چه اشخاصی روی مصالح جامعه مقاومت می‌کنند و چه اشخاصی روی مصالح خودشان، با مردم است. الحق هم که مردم از عهده این تشخیص خوب برمی‌آیند.»[۲۳۸] از «عهده برآمدنِ تشخیص مردم» احتیاج به شرح بیشتر دارد که به‌احتمال، این رساله مقداری ناچیز از آن را بیان کرده باشد. ما هم این سخن را می‌پذیریم ولی با شروط بسیار زیادی که جای بحثش اینجا نیست ولی یکی از شروطش که باز جای بسط دارد و این مقال در مقام آن نیست، این ضرب‌المثل کردهای قوچانی است که نادر هم از میان آنها برخاست و اتفاقاً این ضرب‌المثل در مورد نادر، هم وقتی که رضاقلی را کور کرد و بعد پشیمان شد صدق می‌کند و هم در مورد کارهای دیگرش. این ضرب‌المثل می‌گوید: «عقلی کرمانجان ژ بره» یعنی عقلِ کُرد از عقب کار می‌آید. و به قول مولانا در مثنوی آن طرف آنقدر زیرک نیست که همینکه شکر مسموم را از دور دید بفهمد مسموم است ، بلکه پس از اینکه خورد و مرد در قعر گور می‌فهمد چه چیز

مسمومی را خورده و پاره‌ای از افراد این‌قدر هم درک ندارند و روز حشر متوجه واقعه می‌گردند.

آن یکی را بعد ایام و شهور　　　وان دگر را بعد مرگ از قعر گور

ولی باز، با توجه به این توضیح مختصر، نخست‌وزیر ما در مورد مردم سخت مأخوذ به حیا بود. نه چون ماکیاول بود که تمام اندرون سیاست را برملا کند و نه لاابالی که به اصول آن سر سِپُرَد، بلکه سیاستمداری بی‌نهایت شریف بود که سعی وافر داشت از کسی بد نگوید، حتی از دشمنانش، چه رسد به مردم که تنها برای آنها زندگی می‌کرد. روی این عقیده و ایمان بود که «هر چه فحش شنیدم و یا درجرائدِ بی‌مسلکِ مزدور خواندم، پرِ کاهی بر من اثر ننمود و هر وقت به‌یاد پندی می‌آمدم که از مادرم شنیدم و آن پند این بود که 'وزن اشخاص در جامعه به قدر شدائدی است که در راه مردم تحمل می‌کنند.' برای مبارزه بیشتر حریص می‌شدم و خود را بهتر مجهز می‌کردم.»[۲۳۹] و «من این نهضت را تا زنده‌ام ادامه می‌دهم و از راه آن منحرف نخواهم شد.»[۲۴۰] و از روی انصاف هم نشد. و اینها سه نفر بیشتر نیستند. قائم مقام می‌گفت این معاهدهٔ ترکمانچای تحمیل است و من «به مردی و نامردی» آن را می‌شکنم. و امیر با تقدیم رگِ دست حرف خود را ثابت کرد. بقیه همه در تنگناها با توجیهات و توسل به آسمان و ریسمان از کورهٔ مبارزه سربرتافتند. ولی پیشبرد کار همیشه منوط به حمایت مردم است، چون من «نهضت استیفای حقوق ملت را تا جایی ادامه می‌دهم .... که در این راهِ دشوار از برکت افکار عمومی مستفیض و بهره‌مند هستم و از هیچ مشکلی نمی‌هراسم ....» «... امروز مبارزه بزرگی را ملت ایران شروع کرده است که هیچ‌کس از بابت آن غافل نیست، البته این‌گونه جنبش‌های اجتماعی باید در مقابل هرگونه محرومیت، ایستادگی و در برابر آن آماده باشد و هیچ مبارزه‌ای هر قدر کوچک و ناچیز باشد به آسانی به نتیجه نمی‌رسد. تا رنج نبریم

گنج میسر نمی‌شود و دراین راه سعی ناکرده به‌جایی نتوان رسید.» این سخن چقدر با سخن مسئولین دیگر و برنامهٔ نخست‌وزیران دیگر فرق می‌کند که می‌خواستند با پول نفت مردم را اغفال کنند. یا اینکه با اشاره به فلان ثروت و معدن نوید جنت عدن و بهشت آینده روی زمین را به ارمغان آورند، و مملکت را چنان آبادان کنند که همه دنیا به حسرت و حسادت بنشینند. مخبرالسلطنه، امینی، زاهدی، فروغی، سهیلی، میرزا حسن‌خان سپهسالار، هویدا، قبلی‌ها و بعدی‌ها، همه در این جناح قرار دارند. هیچ‌وقت مردم را به عمق مطلب واقف نکردند و از مردم کارِ سخت نخواستند و فعالیت اجتماعی ـ اقتصادی جدی از آنها مطالبه نکردند، بلکه درعمل و سربسته به مردم فهماندند که شما ساکت باشید ما با «پول نفت، تکنولوژی غرب و انتقال آن و کارشناس و متخصص غربی و کمک فنی آنها» ایران را به سرمنزل مقصود می‌رسانیم و به تمدنی عظیم خواهیم رسید.

شهامت و فسادناپذیری

نخست‌وزیر ما فسادناپذیر بود. از دوران جوانی در هر کجا که بوی فساد می‌آمد با آن مبارزه می‌کرد و اگر نمی‌توانست از آن کناره‌گیری می‌نمود، بدین شرط ولایت استان فارس را قبول کرد که دولتیان آن استان وجهی از مردم مطالبه نکنند، الا همان مالیات قانونی را. در زمان نخست‌وزیری‌اش که در مجموع بیست وهشت ماه طول کشید حقوق نگرفت، به‌علت رعایت قانون و فسادناپذیری، نزدیکانش با او دشمن شدند، حتی نزدیکترین اقوامش از گزند تیغ عدالت او در امان نبودند. وثوق‌الدوله، که از نزدیکان او بود، همیشه مورد بغض وی بود. قوام نیز که از خویشان وی بود از آن جهت منفوربود که مصدق بیم داشت که او دیکتاتوری برپا کند. هم در رویهٔ مالی فسادناپذیر بود و هم در رویهٔ آزادیخواهی. در مجلس رضاشاهی حاضر به سوگند وفاداری به وی نشد که وی را غاصب

می‌دانست. جایی که در مجلس مؤسسان کاشانی و حائری‌زاده به سلطنت پهلوی رأی داده بودند، به آن رأی نداد و زمانی که می‌خواستند ماده واحده برای خلع قاجار به مجلس ببرند، پاره‌ای از وکلای وجیه‌المله، مثل پیرنیا، از ترس نمی‌خواستند به مجلس بروند به مستوفی‌الممالک گفت که *«آقا»* به توپچی ده‌سال حقوق می‌دهند که یک بار توپ درکند، سالیان دراز است که از مشروطه حقوق می‌گیری، امروز روز دفاع از آن است و نه دفاع از قاجار. با توجه به جوّ ارعاب و ترس به مجلس رفت، هم‌رزم وی مدرس نیز آنجا بود، مدرس داد می‌زد که اگر صد هزار رأی هم بدهید غیرقانونی است، مصدق نطق بسیارمستدلی کرد و از قانون، که سعی داشت مردم ایران با آن آشنا شود، به نیکی دفاع کرد و گفت یک چنین نظام غیرقانونی در زنگبار هم دیده نشده و مورد تمسخر مردم دنیا قرار می‌گیریم و در داخله هم استبداد موحش‌تری خواهیم داشت، اگر تکه تکه‌ام کنند و آقا سید یعقوب هزار فحش هم به من بدهد آن را قبول نخواهم کرد. «هم شاه، هم رئیس‌الوزراء، هم وزیر جنگ و هم فرماندهٔ کل قوا، چنین حکومتی در زنگبار هم نیست، اگر سر مرابببرند و مرا قطعه قطعه و ریز ریزم بکنند به این حکومت رأی نمی‌دهم.»[۲۴۱] و زمانی نیز که پس از کودتا به زندان افتاد، دربارِ شاهی منتظر تقاضای عفو وی بود، با اینکه سنش از هفتاد گذشته بود و بدنش ناتوان شده بود، ترجیح داد در زندان بماند و از حکومت کودتا چیزی نخواهد و آرمان‌های مقدس ملت را لوث نکند و این کاری بود که انجام داد. چهل سال از دوران پهلوی را در جو ارعاب و زندان و نقشه‌های ترور متوالی گذراند ولی ذره‌ای از راه راست منحرف نشد.

حمایت از آزادی و رابطهٔ مردم با قانون

نخست‌وزیر ما به «نفسِ آزادی» در اصل اعتقاد داشت و آن را در اجرای قانون می‌دید و از این جهت تا آنجا ایستاد که آزادی خود را رهینه

صداقت خود کرد. البته این طرز تفکر نسبت به زمانهٔ خودش فاصله داشت، یعنی فرهنگ آزادی‌خواهیِ نخست‌وزیر با ساختمان اجتماعیِ جامعهٔ آن روز چندان قابل انطباق نبود، آرمان‌های او در اوج آزادی و آگاهی بود. اما، در مقابل، حریف‌های سیاسی او از این نکته سوءاستفاده می‌کردند و مردم نیز به این نکته وقوف کامل نداشتند و پایبند بدان هم نبودند. و نتوانستند از آن بهره کافی ببرند و در نهایت، استبداد، دوباره جای آزادی‌خواهی او را گرفت. در مورد آزادیِ بیان، اجتماعات، افکار و عقاید و آزادی‌های سیاسی واقعاً آزادی را به نحوی که درخور نام آن بود برقرار کرد. «آنجا که نفع مردم تأمین نباشد نفع افراد تأمین نخواهد بود و همین توجه به افکار بود که وقتی رئیس دولت شدم، چون مسئول نیک و بد مملکت بودم به اطلاع عموم رسانیدم هر انتقادی که جراید نسبت به اعمال من بکنند مورد تعقیب قرار نخواهند گرفت ....»[۲۴۲] و دستور این بود «شهربانی کل کشور: در جراید ایران آنچه راجع به شخص اینجانب نگاشته می‌شود، هرچه نوشته باشند و هر که نوشته باشد به هیچوجه نباید مورد اعتراض و تعرض قرار گیرد...»[۲۴۳]، زیرا «آزادی بیان و قلم از این جهت جزء ارکان مشروطیت است که مردم را به نیک و بد امور آگاه و به شناسایی افراد هدایت می‌کنند. اگر بیان آزاد نبود و قلم کار نمی‌کرد چطور ممکن بود به هویت اشخاص و اعمالشان پی برد و چطور می‌شد که اعمال متصدیان امور را بررسی کنند و به حالشان معرفت پیدا نمایند. کسانی که از بیان و قلم هراس کنند و از آن جلوگیری نمایند نه تنها مرتکب عملی می‌شوند که مخالف قانون اساسی است بلکه خدمت به اجانب و خیانت به وطن می‌نمایند.»[۲۴۴] وی حتی در زمینه‌های غیرمربوط به آزادی نیز سخت پای‌بند رعایت قوانین بود و هر کجا که قانونی وجود نداشت سعی می‌کرد عرف محل را مبنای انجام کار و قضاوت رفتار دیوانی قرار دهد.[۲۴۵] در آزادی انتخابات و ... رعایت قانون و مقررات را از اهم وظایف خود می‌دانست. مستوفی او را نامزد انجمن انتخابات کرده بود و به وی

می‌گفت «شما به‌کرات در آزادی انتخابات اظهار عقیده نموده‌اید و اکنون فرصتی بدست آمده که می‌توانید در حوزهٔ انتخابیه از اعمال خلاف قانون جلوگیری کنید، چرا می‌خواهید از قبول کار خودداری نمائید که این بیان جای حرف نگذاشت و دعوت حاکم طهران را پذیرفتم و به ریاست انجمن نیز انتخاب شدم و تا سر حد امکان در اجرای نظریات خود راجع به آزادی انتخابات و جلوگیری از هرگونه دسیسه و تزویر در آن انجمن کوشیدم ....»[۲۴۶]

نخست‌وزیر ما آن‌قدر آزاده بود که کار برای استبداد را بردگی می‌دانست. در زمانِ رضاشاه، زمانی که در اوایل کار، رضاشاه سعی می‌کرد برای محبوب جلوه دادن خود در مقابل ایرانی‌های ساده و بیگانگانِ خر رنگ‌کن، از رجال وجیه‌المله در سِمَت‌های حساس استفاده کند و خود در پشت‌پرده کارها را انجام دهد، از مشیرالدوله و مستوفی‌الممالک و حاج مخبرالسلطنه استفاده کرد لیکن نمایندهٔ اصلی او در هیئت دولت تیمورتاش بود. در زمان نخست‌وزیریِ مستوفی‌الممالک، از مصدق خواسته شد که وزارت را بپذیرد، او که شاه را عامل بیگانه می‌دانست از همکاری با او خودداری کرد. رضاشاه خودش به مصدق پیشنهاد کرد، حال که شما کار با مستوفی‌الممالک را قبول نکردید، خود صدارت اعظمی را بپذیرید. مصدق امتناع کرد، بعد حاج مخبرالسلطنه قبول کرد، در حالی که مستوفی به او گفته بود ما تا گردن در لجن فرو رفته‌ایم شما مواظب باشید تا فرق سر در آن فرو نروید. و چون مصدق اینها را خوب می‌دانست، نمی‌خواست عامل بیگانه یا عامل استبداد شود. و پس از این در خاطراتش نوشت بدان جهت نخست‌وزیری رضاشاه را نپذیرفتم که «قبول کار هم از یک دیکتاتور مستلزم استعفاء از شخصیت و آزادی عقیده بود. به همین جهت معذرت طلبیدم.»[۲۴۷] و این پایداری بود که تا دم مرگش همچون همسنگرش مدرس، چون موهبتی مقدس از آن پاسداری کرد.

مصدق به فهم نهادهای سیاسی غرب که به ایران آمده بود واقف بود و می‌دانست که آزادی لایه‌ای از فرهنگ ملی است در صورتی که فرهنگی در موقعیت جوامع صنعتی با تحولات خاص خود قرار نگرفته باشد آزادی‌های سیاسی ـ اجتماعی ـ اقتصادی به مفهومی که در جوامع صنعتی رایج و همراه با ضمانت اجرا وجود دارد غیرممکن خواهد بود، مگر اینکه ابتدا شرایط آن را آگاهانه مهیا کنند. ولی با وجود این، او با تمام ایمانی که به آزادی داشت در مقابل مخالفان آن ایستادگی می‌کرد و باز هم اصرار داشت که این آزادی باید توسط مردم فهم شود. نه تنها آزادی بلکه دیگر دست‌آوردهای فرهنگی (بدون ارزشیابی شتابزده) را در صورتی قابل دفاع می‌دانست که با تحولات اجتماع سنخیت داشته باشد، به همین دلیل نیز با جمهوری مخالفت می‌کرد و آن را برای ملت ایران نارس می‌دانست. مخالفت او با جمهوری بدین معنی نبود که با قاجار موافق است. «من نه فقط با جمهوری دموکراتیک، بلکه با هر رقم دیگر آن هم موافق نبودم، چونکه تغییر رژیم موجب ترقی ملت نمی‌شود و تا ملتی دانا و [صاحب] رجالی توانا نباشد کار مملکت به همین منوال خواهد گذشت. چه بسیار ممالکی که سلطنت مشروطه دارند و از آزادی و استقلال کامل بهره‌مندند.»[۲۴۸]

مصدق با کشف حجاب رضاشاه و کلاه پهلوی او نیز مخالف بود و به‌شدت در مقابل آن ایستادگی می‌کرد. شنیدن سخن او در مجلس، البته پس از ده‌ها سال، او را ستاره آزادی و فرزانگی و شخصیتی در کنار قائم مقام و امیرکبیر می‌کند. وی طی نطقش در مجلس گفت که با اینکه خود او کلاه شاپو به سر می‌گذاشته و خانمش، وقتی که هر دو در اروپا بوده‌اند، بدون چارقد بیرون می‌رفته است، هشت ماه خود را در خانه‌اش محبوس می‌کند تا به پوشیدن کلاه اجباری پهلوی تن در ندهد ... او با «آزادی زنان» رضاشاهی نیز مخالف بود، زیرا کاری است که می‌بایستی «به واسطه اولسیون (تحول و تکامل evolution) و به واسطهٔ تکامل اهل مملکت

باشد، نه به واسطهٔ یک کسی که یک قدرتی پیدا کرده و یک زوری پیدا کرده که من این جور می‌خواهم و این جور باید بشود ... هر کس باید در خط مشی خودش باپرنسیب باشد ... باید انسان شخصیت داشته باشد نه اینکه مطیع چوب و چماق باشد.»[۲۴۹]

اگر ملت در مجموع با رجال دولت که یک «آرایش فرهنگی» را تشکیل می‌دهند و همه جزو عناصر یک فرهنگ هستند، مسائل را کاملاً فهم بکند و از پس دفاع آن ایستاده باشد هیچ‌وقت بیگانه نمی‌تواند چشم طمع به آن ملت بدوزد. «وقتی که بخواهند روی یک ملتی تحصیل اطلاعات بکنند هیچ‌وقت سؤال نمی‌کنند در آن چند مجسمه برپا کرده‌اند، بلکه این سؤال را می‌کنند که این مردم در مقدرات خود شرکت می‌کنند یا نمی‌کنند. اگر جواب این سؤال مثبت باشد، به آن مملکت به‌دیدهٔ احترام می‌نگرند و او را مورد تکریم قرار می‌دهند و هیچ‌وقت فکر نمی‌کنند که از آن ملت بتوانند سوءاستفاده کنند. ولی اگر گفتند هر آشی دولت پخت مردم آن را می‌خورند دیگر برای چنین ملتی ارزش قائل نمی‌شوند و سعی می‌کنند با یکی طرف شوند و نظریات خود را انجام دهند.»[۲۵۰] و درعمل هم سیاست روس و انگلیس و سپس آمریکا در این دویست سال همین بوده است که با دولت‌ها کنار بیایند و می‌دانسته‌اند که دولت‌مردان ایران با امکاناتی که در اختیار دارند، قادرند تحمیق ملت را به منتها درجه برسانند. و هر گونه که بخواهند از مردم سواری بگیرند و هر وقت که لازم دیدند که مردم را بشورانند انقلاب کنند (هر وقت که به‌احتمال، شرایط داخلی با تصفیه حساب‌های ابرقدرتان هماهنگ شود). بعد هم که منافع کشورهای ذی‌نفع مثل اسرائیل، شوروی، آمریکا و انگلیس در منطقه ایجاب کند، به‌هر طریقِ ممکن با حکومت مردمی کنار آیند یا اینکه آن را سرنگون کنند. این کار را به‌صور مختلف انجام می‌دهند. ملت هم بعد از چند سالی دوباره خود را در خانهٔ اول می‌بینند. این چیزی است که بارها انجام گرفت و مصدق نیز بر آن اشراف کامل

داشت. در زمانِ مصدق و بعد از ایام دولت او مشابه این جریان در مصر پدید آمد. زمانی که کانال سوئز در سال ۱۹۵۶، یعنی سه سال پس از کودتا علیه مصدق، ملی شد چه هلهله و شادی که مردم نکردند و سپس مصر مورد تجاوز اسرائیل، انگلیس و فرانسه قرار گرفت. فرانسه به جهت اینکه پایگاه انقلاب الجزایر را بکوبد و انگلیس برای منافع خود در کانال و اسرائیل به‌عنوان دست‌نشاندهٔ اینها و همین‌طور برای کسب منافع خود در منطقه وارد عمل شدند. به همان دلایل که آمریکا در ابتدا از مصدق حمایت کرد از مصر نیز حمایت کرد و ناصر خود معترف بود که علت پیروزی‌اش حمایت آمریکا بوده است.[۲۵۱] ولی در همان حال کشورهای استعماری با شناخت عمیقی که از فرهنگ مصریان داشتند، به این تحلیل رسیده بودند که به‌زودی «انورساداتی» از این حرکت مصر بیرون خواهد آمد، همان‌طور که از نهضت ایرانیان هویدا و امینی و شریف‌امامی درآمدند. در زمان امیرکبیر هم کلنل شیل می‌گفت از اصلاحات امیر نباید نگران شد، چون اقداماتِ او دارای ساختار فرهنگی ـ اجتماعی نیست و کاری است فردی و به محض رفتن امیر همه از هم خواهد پاشید. این خود نشان‌دهندهٔ عمق بینش غربیان نسبت به ما است و این آن چیزی است که ما خود بدان جاهلیم، و عواطف و علایق را «عقل و فکر» می‌پنداریم.

«جای انکار نیست که این علاقه و توجه در حکومت‌های ملی چقدر مهم و مؤثر است، ملتی که افراد آن با یکدیگر متحد و هماهنگ باشند و از روی ایمان و عقیده و نه از راه ترس و بیم همراه و همفکر و هماهنگ باشند هیچ‌وقت مورد تعدی و تجاوز قرار نخواهند گرفت، اینکه می‌بینید شرکت سابق نفت تا این حد توانسته است در شئون سیاسی و اقتصادی و اجتماعی ما مداخله کند آنست که تاکنون ملت ایران دست بسته تسلیم حوادث بود و به نیروی ملی که مافوق قدرت‌ها است توجه نداشت.»[۲۵۲]

مصدق با احترام به آزادی و نهایت وسواسی که در تحقق آن به‌کار می‌برد و با توجه به اینکه می‌دانست ملت هنوز به صورت جدی بیدار

نشده و استقامت نهایی را نخواهد کرد، در نطق ۲۰ تیر ۱۳۳۰ خود تلویحاً به مجلسیان و روزنامه‌نگاران و روشنفکران گفت که شما از رعیت و زارع کمتر می‌فهمید. شما با هم اختلاف می‌کنید و رعایت مصالح مملکت را نمی‌نمائید و کارهایی را خواهید کرد که نه به نفع ملت، که خدمت به نفع بیگانگان است.[۲۵۳]

فهمِ اقتصادی مصدق

مصدق، الگوی وابستگی و نقاط ضعف آن را می‌شناخت. از استعداد ایرانیان بااطلاع بود واز طمعِ بیگانگان غافل نبود. دوران نخست‌وزیری او کوتاه بود. برنامه او استیفاءِ حقوق ملت و مبارزه با دخالت خارجی بود. چون تمام این ایام نیز در جوّ توطئه می‌گذشت، برنامه وسیع و بلندی تهیه و تنظیم نکرد. هرچند همه‌گونه اقدامی در راه اهداف بهبود اقتصاد ملی انجام داد. او می‌گفت اقتصاد ایران بیمار است، ما باید به‌عنوان طبیب در ضمن اینکه به مداوای بیماری می‌پردازیم، سعی در «قلع مادهٔ» مرض بکنیم و ریشه‌های آن را درآوریم. در آن هنگام مادهٔ اصلی بیماری را شرکت نفت انگلیس و دخالت دولت انگلستان در مملکت می‌دانست و به همین دلیل در پی قلع و قمع ریشهٔ آن مفاسد بود و این‌همه منجر به «استیفای حقوق ملت ایران» و ملی شدن نفت گردید. دیگر اینکه قانون انتخابات را به‌گونه‌ای اصلاح نماید که نمایندگانِ حقهٔ مردم وارد مجلس شوند، این بود برنامه اصلی سیاسی دولت دکتر محمد مصدق، لیکن در حاشیهٔ این کارها کلیه اقداماتی را که منجر به تقویت بنیه اقتصادی کشور می‌شد فروگذار نکرد. شاه در کتاب *مأموریت برای وطنم* به نخست وزیر خرده گرفته بود که اطلاعاتش نسبت به مسائل اقتصادی و غیره سطحی است و در تعجب بود که چرا دکتر مصدق که تحصیل‌کرده خارج است اطلاعاتش نسبت به مسائل اقتصادی کم است. مصدق در جواب گفت بیلان اقتصادی کارمن جواب اعلیحضرت است. در زمان مصدق، بعد از

امیرکبیر، به اولین سالی برخورد می‌کنیم که صادرات و واردات در حد توازن است یعنی دارای تراز بازرگانی هستیم. و این در حالی است که از نفت خبری نیست، البته کسر بودجهٔ ما از زمان میرزا آقاسی شروع شده بود. و به عبارتی از زمان صفویه که نقود ایرانیان به خارج می‌رفت و عدم توازن نامرئی وجود داشته است؛ جدول زیر مبین این واقعیت است:

سال		واردات (میلیارد ریال)
۱۳۳۲	سال نخست‌وزیری مصدق	۵
۱۳۳۳	سال بعد از کودتا	۷
۱۳۳۴		۹
۱۳۳۵	سالی که اقبال با پول نفت و سیاست جدید اعلیحضرت کورهٔ معدهٔ ایرانیان را می‌تابید و می‌گفت این از حاصل «روش جدید سیاست خارجی» ذات اقدس همایونی است.[۲۵۴]	۲۰
۱۳۳۶		۲۵
۱۳۳۷		۳۳
۱۳۳۸		۴۱

سال		صادرات بدون نفت
۱۳۳۲	سال نخست‌وزیری مصدق	۴۸
۱۳۳۳		۱۰
۱۳۳۴		۸
۱۳۳۸		۷

شاه برای خرده‌گیری از مصدق نوشته بود که «از لحاظ روان‌شناسی بعضی اوقات گرفتن از بخشیدن دشوارتر است و در چند مورد متوجه

شده‌ام که بعضی از کشورها که به تازگی به استقلال راه یافته‌اند در اعترافات به دریافت کمک‌های خارجی بسیار حساسند. می‌دانیم که در دوره مصدق حس تنفر کودکانه‌ای نسبت به بیگانگان در نهاد ما ایجاد گردیده بود ولی روی‌هم‌رفته تاریخ طولانی و مستمر این کشور در ما یک سعه صدر و بلوغ فکری بوجود آورده است که برخی از کشورها بهره‌مند نیستند. شاید بی‌جهت و تنها بر سبیل تصادف یا مجامله نباشد که ایرانیان را «ملت متشخص» خاورمیانه لقب داده‌اند. وقتی مسئله کمک خارجی پیش آمد تصور می‌کنم نشان داده باشم که می‌توان کمک را با لطف و بزرگ‌منشی پذیرفت و با هوشمندی و درایت به مصرف رسانید.»[۲۵۵] این سخن شاه جای بررسی بسیار زیاد دارد ولی نه در این رساله، همین‌قدر گفته می‌شود که به صفحه ۴۵۲ و ۴۵۱ *جنبش ملی‌شدن صنعت نفت* مراجعه شود تا اسامی افرادی که با «درایت و هوشمندی» از سازمان سیا برای کودتا علیه ملت خود پول گرفتند روشن شود. البته کمک‌های دیگر نیز جای خود دارد که موضوع بحث این رساله نیست. ولی از طرح این نکته نمی‌توان گذشت که این سخن شاه که می‌گوید «ملت ایران روی هم رفته تاریخ طولانی و مستمر خود را با یک سعه صدر گذرانده است» خیلی بامعنی و راست است و همین جزوه نشان داد که پانصد سال است غارت می‌شود ولی هنوز که هنوز است اقدامی جدی به شناخت واقعی و صحیح خود و دشمنش در این زمینه نکرده است. و اما جواب مصدق نیز گوشهٔ دیگری از بررسی این سخن است:

> **ملت متشخص آن است که دست گدایی مقابل بیگانگان دراز نکند و هر بیگانه‌ای هم محض رضای خدا به‌کسی و یا ملتی کمک نمی‌کند، مگر اینکه بعد بخواهد از اشخاص و یا از آن ملت به هرطریق که می‌تواند سوءاستفاده و یا حسن استفاده نماید. کمک‌هایی را هم که تاکنون کرده‌اند به‌جا و به‌موقع خرج نشده و قسمت مهمی از آن برخلاف هوشمندی و درایت در بانک‌های خارجی تودیع شده است.[۲۵۶]**

نتیجهٔ عملکرد سیاست اقتصادی پهلوی به جایی کشیده شد که شاه با فروش سالی هفت میلیون بشکه نفت و ۲۰ میلیارد دلار درآمد غیرتولیدی، باز قادر به تنظیم اقتصاد وابستهٔ ایران نبود و این سیر در جمهوری اسلامی نیز به همان کیفیت ادامه یافت و سالی تا سقف ۲۳ میلیارد دلار دریافتی از نفت را هزینه کرده با این‌وجود مردم فقیرتر شده‌اند. حالا می‌توان به عمق عملکرد مصدق پی برد.

مقایسه واردات تجاری

در اینجا برای نمونه به واردات ایران از فرانسه در زمان مصدق اشاره می‌کنیم تا مقایسه‌ای بین این واردات و مقدمات آن در زمان صفویه انجام گیرد. ضمن اینکه باید افزود که این واردات نسبت به زمان مصدق باز هم به‌طور کیفی و کمّی پیچیده‌تر شده است.

صادرات فرانسه به ایران عبارت بود از: مواد شیمیایی، مواد دارویی، چوب‌پنبه، روکش چوب و تخته‌سه‌لا، اشیاء فلزی مثل آهن‌آلات، شیر، کابل، سیم، زنجیر، تور و تلمبهٔ ماشین‌های فلاحتی، ماشین‌های چرم‌سازی، لوازم معدن، لوازم برقی، اثاث خانه و رادیو (امروز تلویزیون و کامپیوتر و...)، وسائط نقلیه، ابزار و لوازم طبی، علمی و آزمایشگاهی، حروف چاپ، حیوانات برای تخم‌کشی، بذر، تخم کرم ابریشم (ایران آن روز حداقل مرکز ابریشم و تخم آن بود)، آلومینیوم، ساعت، شیشه‌آلات، جوهریات مصنوعی، فیلم و... .

صادرات ایران به فرانسه عبارت بود از: دانه‌های روغنی (امروز میسر نیست و اینها زمان مصدق ممکن بود)، کتیرا، صمغ و گیاهان طبی، کنسرو ماهی (در حال حاضر امکان ندارد)، پشم خام (غیرممکن)، خشکبار (به شرط اینکه ایرانیان خود به علت گرانی نتوانند بخورند)، پنبهٔ خام (بعضی از انواع آن چون ایران واردکننده شده)، ابریشم خام!، موی خوک، پوست خام، روده‌های صنعتی، صدف، استخوان و شاخ، چوب گردو، پوست

بلوط، پنبه کوهی، فلزات غیرآهنی و محصولات معدنی و ....[۲۵۷]

ایرانیان همیشه خوب بوده‌اند و همیشه باید خوب باشند

اقتصادِ بدون نفت عدم تحمل مردم و همکاری اکثر رؤسای مردم با دربار و دربار با سفارتخانه‌های خارجی عرصه را برای مصدق تنگ کرده بود. مصدق به آمریکا حالی کرده بود که یا از دولت او حمایت کند و یا اینکه ایران به‌دست کمونیست‌ها خواهد افتاد. ظاهر قضیه این است که آمریکا این حرف را مقبول می‌دانست، مصدق نیز سیاست خود را پیش می‌برد.[۲۵۸] ایدن، وزیر امور خارجه انگلیس، در خاطرات خود آورده است که من به آمریکایی‌ها گفتم که با نظر شما مخالفم و «می‌گفتم غیر از دولت مصدق و کمونیسم شق ثالثی هم هست و چنانچه دولت دیگری روی کار بیاید ما می‌توانیم قراردادهایی منعقد کنیم که موجب ارضای ما بشود. *ایرانیان همیشه خوب بوده‌اند و باز باید خوب باشند.*[۲۵۹] معنی این حرف وزیرامورخارجه انگلیس این است که اختیار ایران قرن‌هاست که در دست ماست و هیچ دلیلی ندارد که حالا از بین برود، ما کودتایی خواهیم کرد و مردم هم خواهند پذیرفت و محتوای قرارداد ۱۹۱۹ و ۱۳۳۳ را به تن ایرانِ جدید [!] می‌کنیم و هیچ اشکالی پیش نخواهد آمد. و آمریکا نیز استدلال ایدن را قبول کرد و مردم ایران نیز بالاخره قبول کردند. مصدق «گناهان» زیادی مرتکب شده بود و می‌بایستی برود. بزرگتر از همهٔ گناهان این بود که می‌خواست بافت جامعه‌ای که پانصد سال «خوب» بوده است را عوض کند و از آن جامعه‌ای قانونی ـ صنعتی با ایمان واقعی، قدرتمند و مستقل بسازد که این هم برای ایرانیان شاق بود. گناهان دیگر او عبارت بود از: مبارزه با قرارداد ۱۹ اوت ۱۹۱۹ وثوق‌الدوله و دیگر مخالفت با روی کار آمدن پهلوی به‌عنوان پادشاه که آن را خلاف قانون و توطئهٔ بیگانه می‌دانست. ملی کردن صنعت نفت که از همه بدتر بود. مخالفت با دولت مستوفی به‌علت اینکه وثوق‌الدوله در آن دولت وزیر عدلیه بود. مخالفت

با رضاشاه که می‌خواست او را نخست‌وزیر و آلوده کند. نسخ کاپیتولاسیون اتحاد جماهیر شوروی در تبریز در زمان والی‌گری آن دیار. مخالفت با پیشنهاد کافتارادزه و به تصویب رساندن قانون تحریم امتیاز. مخالفت با تقاضای سادچیکف مبنی بر واگذاری شیلات شمال به عمال شوروی. مخالفت با پیشنهاد اصل چهار ترومن که موادی مخالف استقلال ایران در آن درج شده بود.

خلاصه، سیاست خارجی او این بود که «هیچ امتیازی به دول بیگانه داده نشود و اعطای امتیاز به یک دولت سبب نشود دول دیگر هم برای سوءاستفاده تقاضای امتیاز کنند. اعطای امتیاز به یک دولت و یا اتباع آن اگر شأن و منزلتی داشت ممالک مترقی‌تر از ما هم به این کار مبادرت می‌کردند.»[۲۶۰] همین مسائل در مجموع برای اثبات جرائم وی کافی است و فرهنگ ایران علاوه بر اینکه وی را به تبعید فرستاد، اسم و عملکرد و تحلیل علمی کارهای او و به نقد کشیدن رفتار سیاسی ـ اقتصادی ـ اجتماعی او را نیز به تبعید فرستاد. مصدق کسی نبود که این مسائل را نداند یا نشناسد.

می‌دانست که دو صد من استخوان خواهد که صد من بار بردارد. این را به زبانی ملایم می‌گفت که این کارها با «مردمی دانا» و «رجالی توانا» میسر است و آن هم که در اینجا نبود. و در جایی با نزاکت تمام نظرات خود را از زبان روزنامهٔ *صدای وطن* که بعد از کودتا نشر یافته بود آورده است که «در حینی که انگلستان سعی می‌کرد بر قدرت اقتصادی خود بیفزاید و ضربتی را که از جانب ایران بر پیکرش وارد آمده بود جبران نماید، در همین ضمن دکتر مصدق مشغول اقداماتی شده بود که از میزان واردات بکاهد و بر میزان صادرات بیفزاید و به همین منظور شروع به اجرای نقشه‌های مختلفی نموده بود. ولی مبارزات شدید داخلی از یک طرف ... شروع شده بود و به وی اجازه نمی‌داد که تمام نیروی خود را صرف اصلاح نماید ... از طرف دیگر این اقدامات نیز که اندکی شروع

شده بود، مردم ایران حاضر نبودند که اقتصاد بدون نفت را ادامه بدهند، و این امر هم نتیجه تبلیغاتی بود که از طرف مخالفین دکتر مصدق و به‌ویژه دوستان سابق وی ... صورت می‌گرفت، زیرا این اشخاص با اینکه با سیاست دکتر مصدق موافق بودند، عملاً دست به‌کاری زده بودند که منجر به شکست همان سیاست می‌گردید. این رویهٔ رجال ایران است که اگر خودشان موفق نشدند سعی می‌کنند که عقیده و ایده‌ای هم که خود طرفدار آن بودند شکست بخورد و به همراهی نیک‌نامی آن مدفون گردد. این عقیده یک روزنامه خارجی ....»[۲۶۱]

باری عملکرد ملت ایران در این چند قرن درجا زدن و اتلاف سرمایه‌های معنوی و مادی این سرزمین بوده است. اگر شاخص این خیانت‌ها، چند نفر درباری و سیاست خارجی است، لیکن عامل تحقق آن ملت است. علم حلاجی فرهنگ‌ها که علاوه بر دانش نیاز به بصیرت دارد دست پنهان و آلودهٔ ملت را در کشتن و تنها گذاشتن این سه نخست‌وزیر و اتلاف نیروها به‌خوبی نشان می‌دهد. اگر اغفالی می‌بایست صورت بگیرد نیاز به دو طرف دارد. اگر ملتی پانصد سال از راه می‌ماند مقصر خودش است. اگر هم به کنه این وقایع پی نمی‌برد خود در آن دست دارد. اگر به اصطلاح رجال و اهل فکر مسئله را یک بُعدی می‌بینند باز ناتوانی این فرهنگ است. متأسفانه امروز، هماهنگ با بافت جامعه عمیق‌ترین اندیشه‌های آکادمیک نسبت به این مسائل در بعد اقتصاد سیاسی و در سطوح سیاسی (به استثناء موارد بسیار معدود) سطحی و عوام‌زده است.

«عوام‌زدگی یک بیماری رقت‌بار و اندیشه‌کش اجتماعی است. ما غالباً در بررسی انحطاط اجتماعی و بلاهای سیاسی، فکری و اقتصادی‌ای که دچارش می‌شویم تنها به علل خارجی و عوامل بیرونی توجه داریم و این روش تنها نیمی از حقیقت را به‌دست می‌دهد زیرا شناخت «بیماری‌های اجتماعی»، درست همچون آسیب‌شناسی در طب، بی‌توجه به زمینه

پذیرش مهاجم خارجی و نیز بی‌تحقیق در بیماری‌های داخلی، نیمی از کجی‌ها، آسیب‌ها و عقده‌های سرطانی‌ای که معلول علل و شرایط ویژهٔ درونی و «اقتضای مزاج» و «نتیجهٔ شرح حال و کیفیت زندگی» است، امکان‌پذیر نخواهد بود. من تا آنجا در این باره پیش رفته‌ام که معتقدم علت‌العلل ... همه حوادث مثبت و منفی را در تاریخ یا اجتماع باید در درون جست، چه بی آن هیچ «عامل» خارجی نمی‌تواند در سرگذشت و سرنوشت جامعه‌ای یک «علت» گردد و از این است که من بر آنم که ایران نه از عرب، بل از هخامنشیان و ساسانیان و دستگاه موبدان شکست خورد. و علتِ زوال تمدن و حیات اجتماعی ایران اسلامی قرن هفتم را نه در یورش مغول بلکه باید در انحطاط بینش اسلامی و رواج تعصب مذهبی و زوال حس ملیت ایرانی و رکود و انحراف روح اسلامی جست....

«همهٔ پریشانی‌ها و شومی‌ها را به گردن عوامل خارجی انداختن، اغفال مردم از واقعیت‌های زشت داخلی است و نتیجه‌اش نادیده‌گرفتن و پوشاندن سرچشمهٔ اصلی و کانون‌های نخستینی است که استعمار یکی از جوشش‌های آن است ... همهٔ گناهان را به گردن استعمار و امپریالیسم خارجی بار کردن، یک نوع تبرئه کردن عوامل حقیقی گناه و جنایت است که در پیش چشم ما هستند ... این تلقی که از آن (اسطوره استعمار) داریم بیش از آنکه مبتنی بر تجزیه تحلیل منطقی و شناخت علمی واقعی باشد با خرافه‌های افسانه‌ای و اساطیر آمیخته است. از قدرت و اثر خارجی به‌گونه‌ای حرف می‌زنیم که قدمای ما از غول و شیطان و جن و ارواح پلید موذی سخن می‌گفتند و این معلول دو عامل است. یکی عدم شناخت واقعی و عینی استعمار ... و عامل دیگر عدم بررسی علمی و تحلیلی استعمار است. زیرا در طول مبارزات ضداستعماری، ما و روشنفکران ما بیشتر به آن فحش داده‌اند و علیه آن میتینگ به‌پا کرده‌اند و کمتر از آن حرف زده‌اند و آن را به مردم شناسانده‌اند. این شیوهٔ «لعن و نفرین» و

«دعا و صلوات» و به عبارتی سنت عاطفی در «تولیٰ و تبریٰ» را که از تربیت غلط مذهبی‌گونه خویش داریم در زمینهٔ سیاسی و اجتماعی و در دوره «روشنفکری» خود نیز حفظ کرده‌ایم.»[۲۶۲]

قهرمان مبارزات ملی، که با توطئه خو کرده بود، در اوج پیروزی در انبوه خلق و وطن خویش در رنج غربت به سر می‌برد و با چشم‌های حسرت می‌دید که چگونه آرمان‌های بلندش با وحدت انگلیس و آمریکا و همکاری سفارتخانه‌ها با دربار و انفعال مردم به خطر افتاده و تمام اقشار مردم علیه او همگام شده‌اند، در عین حال که در تمام اقشار نیز دوستانی (غیرکارآمد) داشت، کودتا پیروز شد و او تا سه سال در زندان مجرد بود و سپس برای همیشه به تبعید رفت.

در آن زمان که فرهنگ ایران، با همکاری بیگانگان، زندان مصدق را به رنج خودسازی ترجیح داد و خود را در گور بیگانگان مدفون کرد و به گفتهٔ ایدن «همیشه می‌خواست و می‌بایست خوب بماند»، داور تاریخ گفت تا بر گورش بنویسند:

کسی که در اینجا غنوده است
هزار سال در تولد خویش تأخیر داشت
او معاصر خویش نبود
و کاسهٔ سفالین فکرش گنجایش خرد دورانش را نداشت
و جسم بیمارش توان پیمودن را
دریغا «که با اشک شوق آمدی»
و در منجلاب سفاهت رفتی

یادداشتها

1. *Introduction a la Sociologie Generale*, Guy Rocher, Edition HMH, 1968 ,t2. p 157.

۲. مراجعه به دو کتاب زیر ریشه‌های بسیاری از آموزش‌های سوء را که با پول سیا در کشورهای جهان نشر یافته نشان می‌دهد. (۱) *کنترل فرهنگ*، ادوارد برمن، ترجمهٔ حمید الیاسی، نشر نی، ۱۳۶۶؛ (۲) *بینش جامعه‌شناختی: نقدی بر جامعه‌شناسی امریکایی*، سی رایت میلز، ترجمهٔ دکتر عبدالمعبود انصاری، شرکت انتشار، ۱۳۶۰.

۳. *اقتصاد سیاسی ایران*، محمدعلی کاتوزیان، ترجمهٔ محمدرضا نفیسی، انتشارات پاپیروس، ۱۳۶۶، ج ۱.

۴. حاج امین‌الضرب، *تاریخ تجارت و سرمایه‌گذاری صنعتی در ایران*، [به‌کوشش] خسرو معتضد، انتشارات جانزاده، ۱۳۶۶، تهران، ص ۹۵.

۵. *شهریار*، نیکولو ماکیاولی، ترجمهٔ داریوش آشوری، نشر پرواز، تهران، ۱۳۶۶.

۶. *تاریخ اقتصادی*، آندره پیتر، ترجمهٔ سیدضیاءالدین دهشیری، انتشارات دانشگاه تهران، ۲۵۳۵، ص ۳۰ به بعد..

۷. *آرمانشهر*، توماس مور، ترجمهٔ داریوش آشوری، نادر افشارنادری، انتشارات خوارزمی، ۱۳۶۱.

۸. *تاریخ تجارت و سرمایه‌گذاری صنعتی در ایران*، ص ۱۰۳.

۹. نقل به معنی از:

- *Institutions Politiques Et Droit Constitutionnel*, Maurice Duverger, PUF, Paris, 1975, t1, p 8.

۱۰. *همان*، ص ۹.

۱۱. برای شرح بیشتر ر.ک. به:

Les Regimes Politiques du Tiers Monds, Maurice Pierre Roy, L.G.D.S, Paris, 1977.

۱۲. *اقتصاد سیاسی ایران*، ص ۲۵.

۱۳. *همان*، ص ۴۳.۴۴.

۱۴. *سیاست و اقتصاد عصر صفوی*، محمد ابراهیم باستانی پاریزی، انتشارات صفی علیشاه، ۱۳۵۷، چاپ دوم.

۱۵. *سیاست و اقتصاد عصر صفوی*.

۱۶. *همان*، ص ۲۲۹.

۱۷. همان، ص ۲۵۱.
۱۸. همان، ص ۲۳۰.
۱۹. فلونیا: «معجونی که از تخم شاهدانه و شیرابهٔ خشخاش می‌ساختند و به‌عنوان مسکر و مسکن به‌کار می‌رفته است»، *فرهنگ فارسی* معین.
۲۰. *سیاست و اقتصاد عصر صفوی*، ص ۲۴۶.
۲۱. توماس مور، نویسنده کتاب *آرمانشهر*، زمانی نخست‌وزیر انگلیس بود و به علت ثبات در اعتقادات خود کشته شد و سپس از طرف کلیسا لقب «قدیس» به او داده شد.
۲۲. *آرمانشهر*، ص ۱۰۱.
۲۳. همان، ص ۱۰۲.
۲۴. همان.
۲۵. *دولت‌های ایران از سید ضیاء تا بختیار*، مسعود بهنود، انتشارات جاویدان، ۱۳۶۶.
۲۶. *تاریخ تجارت و سرمایه‌گذاری صنعتی در ایران*.
۲۷. همان.
۲۸. همان.
۲۹. همان، ص ۱۹۶.
۳۰. *تاریخ اجتماعی ایران در عصر افشاریه*، دکتر رضا شعبانی، چاپ خوشه، چاپ دوم، ۱۳۶۵، جلد اول.
۳۱. در این رابطه به کتاب ارزنده آقای احمد اشرف *موانع رشد سرمایه‌داری در ایران در دوره قاجاریه*، انتشارات زمینه، تهران، ۱۳۵۹ مراجعه شود.
۳۲. برای شرح مشروح به کتاب *تاریخ سیاسی و اجتماعی ایران در عصر زند*، دکتر غلامرضا ورهرام، مؤسسه انتشارات معین، تهران، ۱۳۶۶ مراجعه شود.
۳۳. در بخش اختراعات، از کتاب بسیار مفید و سودمند *تاریخ صنایع و اختراعات*، پی‌یر روسو، ترجمهٔ حسن صفاری، شرکت سهامی کتاب‌های جیبی، با همکاری مؤسسه انتشارات امیرکبیر، چاپ پنجم، ۱۳۶۶، بهره برده‌ایم.
۳۴. همان، ص ۱۸۰.
۳۵. همان.
۳۶. همان.
۳۷. همان.
۳۸. *تاریخ اقتصادی*.
۳۹. *امپراطوری و صنعت*، اریک هابزهام.
۴۰. *سالنامه آماری*، سازمان برنامه و بودجه.
۴۱. *امپراطوری و صنعت*.

۴۲. همان.

43. *Histoire du Vingtieme Siecle*, 1987, Paris Hatier, t1, p6.

۴۴. *تاریخ آمریکا*، آندره موروا، ترجمهٔ نجفقلی معزی، شرکت نسبی حاج محمد حسین اقبال و شرکاء، ۱۳۴۰.

۴۵. *تاریخ فلسفه*، ویل دورانت، ترجمهٔ عباس زریاب خوئی، چاپ دوم، ص ۲۸۰.

46. *Traite du Sociologie*, G. Gurvitch, PUF, Paris, 1967, t2, p123,124

۴۷. همان.

۴۸. *تاریخ فلسفه*، ص ۳۳۱.

۴۹. *تکوین سرمایه‌داری در ایران (۱۷۹۶.۱۹۰۵)*، محمدرضا فشاهی، انتشارات گوتنبرگ، ۱۳۶۰، ص ۳۶۰.

۵۰. *تاریخ تمدن*، ویل دورانت ، ج ۱۳، چاپ قدیم.

۵۱. *تاریخ فلسفه*، ص ۹۹.

۵۲. همان، ص ۱۰۴.

۵۳. همان.

۵۴. همان، ص ۱۲۴.

۵۵. *مبانی و رشد جامعه‌شناسی*، نوشته جی. اچ. آبراهام، ترجمه حسن پویان، چاپ آشنا، ۱۳۶۳، ص ۵۶.۵۷.

۵۶. *تاریخ فلسفه*.

۵۷. *تاریخ اقتصادی*.

۵۸. *تاریخ فلسفه*.

۵۹. همان.

۶۰. همان.

۶۱. همان، ص ۲۵۸.

۶۲. همان، ص ۲۶۷.

۶۳. همان.

۶۴. *تاریخ قرن هیجدهم و انقلاب کبیر فرانسه*، آلبر ماله و ژول ایزاک، ترجمه رشید یاسمی، کتابخانه ابن سینا، ۱۳۳۲.

۶۵. *دانتون*، رومن رولان، ترجمه دکتر علی‌اصغر خبره‌زاده، چاپ پژمان، ۱۳۶۶، ج ۲.

۶۶. *تاریخ فلسفه*، ص ۳۰۵.

67. *Traite du Sociologie*

۶۸. امیرکبیر در ۱۸۵۱ در فین کاشان به دستور شاه به قتل رسید، متن بالا پاره‌ای از فرمان شاه است.

۶۹. *تاریخ فلسفه*.

۷۰. *همان*، ص ۳۵۳.
۷۱. *همان*.
۷۲. سخن خواجه‌نصیر است در مقدمه «زیج ایلخانی» که از *سبک‌شناسی* مرحوم ملک‌الشعرای بهار (ج ۴، کتابهای پرستو، با سرمایه مؤسسه انتشارات امیرکبیر، ۲۵۳۵ اخذ شده است.
۷۳. *تاریخ فلسفه*، ص ۳۷۱.
۷۴. *همان*، ص ۳۷۶.
۷۵. *همان*، ص ۳۸۳.
۷۶. *همان*، ص ۳۸۵.
۷۷. *همان*، ص ۳۸۶.
۷۸. *همان*، ص ۳۸۹.
۷۹. *همان*، ص ۳۹۰.
۸۰. *همان*، ص ۳۹۰.
۸۱. *همان*، ص ۳۹۲.
۸۲. *همان*، ص ۳۹۵.
۸۳. *زندگی من*، عبدالله مستوفی، ج ۲، ص ۴۶۳.
۸۴. *تاریخ تجارت و سرمایه‌گذاری در ایران*، ص ۲۵۳_۲۴۶.
۸۵. *تاریخ فلسفه*، ص ۳۷۶.
۸۶. به کتاب *موانع رشد سرمایه‌داری در ایران در دوره قاجاریه* مراجعه شود.
۸۷. *تاریخ تجارت و سرمایه‌گذاری در ایران*، ص ۲۷۰.
۸۸. *حقوق‌بگیران انگلیس در ایران*، اسماعیل رائین، انتشارات جاویدان، چاپ ششم، ۱۳۶۲.
۸۹. *همان*.
۹۰. متأسفانه راجع به قائم‌مقام کار ارزنده‌ای نشده است و احوالات او را باید در کتب پراکنده جست‌وجو کرد و مأخذ ما بیشتر نوشته‌های پراکنده آقای فریدون آدمیت، کتاب *حقوق‌بگیران انگلیس در ایران* و چند کتاب دیگر است.
۹۱. *تاریخ آمریکا*، ص ۲۵۲_۲۴۹.
۹۲. *امیرکبیر و ایران*، فریدون آدمیت، انتشارات خوارزمی، چاپ چهارم، ۱۳۵۴، ص ۲۶۵.
۹۳. *میراث‌خوار استعمار*، مهدی بهار، انتشارات امیرکبیر، ۱۳۵۷، ص ۴۲۹.
۹۴. *امیرکبیر و ایران*، ص ۱۶۵.
۹۵. *همان*.
۹۶. *همان*، ص ۶۶.
۹۷. *منشآت*، قائم‌مقام، به کوشش محمد عباسی، ص ۲۱.۲۴.

۹۸. *امیرکبیر و ایران.*
۹۹. *همان،* ص ۱۸۴.
۱۰۰. *حقوق‌بگیران انگلیس در ایران.*
۱۰۱. *تاریخ اقتصادی.*
۱۰۲. مارکس در *کاپیتال*، جلد اول شرح مبسوطی از وضع کار در انگلستان آورده است. همچنین در *تاریخ عقاید اقتصادی*، شارل ژید و شارل ژیست مطالبی در این زمینه آمده است.
۱۰۳. *امپراطوری و صنعت.*
۱۰۴. در این زمینه به کتاب آقای احمد اشرف مراجعه شود.
۱۰۵. برگرفته از سخن شمس تبریزی، نقل از *مقامات* شمس تبریزی.
۱۰۶. *امیرکبیر و ایران.*
۱۰۷. *همان،* ص ۳۱، نقل از قائم‌مقام در مورد امیرکبیر.
۱۰۸. *همان،* ص ۳۸.
۱۰۹. *همان،* ص ۳۹، به نقل از واتسون.
۱۱۰. *همان،* ص ۴۰.
۱۱۱. *همان،* ص ۴۱.
۱۱۲. *همان،* ص ۳۰۸.
۱۱۳. *همان،* ص ۲۲۳.
۱۱۴. *همان،* ص ۱۵۷.
۱۱۵. *همان،* ص ۱۹۱.
۱۱۶. *همان،* ص ۱۸۶.
۱۱۷. *همان،* ص ۲۲۴.
۱۱۸. *همان،* ص ۲۲۴، کنسطیطوسیون کلمه فرانسوی است که معنی قانون اساسی از آن مستفاد می‌شود.
۱۱۹. *همان،* ص ۲۲۶.
۱۲۰. *همان،* ص ۲۱۵.
۱۲۱. *همان،* ص ۳۱۰.
۱۲۲. *همان،* ص ۳۱۳.
۱۲۳. *همان،* ص ۲۱۴.
۱۲۴. *همان،* ص ۳۱۷.
۱۲۵. *اقتصاد سیاسی ایران،* ص ۱۸۸؛ البته باید اضافه کرد که تمام فعالیت‌های سیاسی و اعلامیه‌های رسمی مخالفین و موافقین، در طول این یکصد سال اخیر و پیشتر از آن، همه دارای تحلیل تک‌عاملی هستند.

۱۲۶. *جامعه‌شناسی حقوق*، هانری لوی برول، ترجمهٔ ابوالفضل قاضی، انتشارات دانشگاه تهران، ۱۳۵۳، ص ۱۳.
۱۲۷. مقالهٔ «حقوق و جامعه‌شناسی»، مصطفی رحیمی، گزیده و ترجمه‌ای از «جامعه‌شناسی حقوق».
۱۲۸. *همان*، ص ۱۶.
۱۲۹. *همان*، ص ۱۹، به نقل از دورکهایم.
۱۳۰. مقاله گورویچ، مصطفی رحیمی، گزیده و ترجمه‌ای از «جامعه‌شناسی حقوق»، ص ۱۱۳.
۱۳۱. *همان*، ص ۱۱۴.
۱۳۲. *همان*، ص ۱۱۸.
۱۳۳. *همان*، ص ۱۲۷.
۱۳۴. *امیرکبیر و ایران*، ص ۳۵۸.
۱۳۵. *همان*، ص ۳۶۲.
۱۳۶. *همان*، ص ۳۷۱.
۱۳۷. *همان*، ص ۳۷۲.
۱۳۸. *همان*.
۱۳۹. برای کیفیت و محتوای تحصیلات ایرانیان رجوع شود به *کشف‌العجایب* مجدالملک سینکی، *در خدمت و خیانت روشنفکران* جلال آل احمد، *مسئولیت روشنفکر* دکتر شریعتی، *اقتصاد سیاسی ایران* محمدعلی کاتوزیان، *کنترل فرهنگ* ادوارد برمن و *نقد جامعه‌شناسی امریکایی* سی رایت میلز که دو کتاب اخیر بیشتر محتوای فکری و القائات سوء مؤسسات فرهنگی صنعتی را در جوامع دنیای سوم برملا می‌کند.
۱۴۰. *تاریخ دارایی ایران*، مجید یکتایی.
۱۴۱. *امیرکبیر و ایران*، ص ۲۶۵.
۱۴۲. *تاریخ دارایی ایران*، ص ۱۵۴ــ۱۵۳.
۱۴۳. *امیرکبیر و ایران*، ص ۲۶۹.
۱۴۴. *همان*، ص ۲۷۴.
۱۴۵. *دولت‌های ایران از سید ضیاء تا بختیار*.
۱۴۶. *امیرکبیر و ایران*، ص ۵۰۱.
۱۴۷. *همان*، ص ۳۲۶.
۱۴۸. *همان*، ص ۳۲۱.
۱۴۹. *همان*، ص ۲۸۷.
۱۵۰. *همان*، ص ۲۹۵.

۱۵۱. *همان*، ص ۴۶۵.
۱۵۲. *همان*.
۱۵۳. *همان*، ص ۲۰۱.
۱۵۴. *همان*، ص ۲۰۲.
۱۵۵. *همان*، ص ۴۱۱.
۱۵۶. *همان*، ص ۴۰۴.
۱۵۷. *همان*، ص ۳۸۵.
۱۵۸. یک نمونه می‌آوریم: آیا ماشین بخار که اولین ماشین تولید نیرو بود، بی‌مقدمه در سال ۱۷۱۲ پیدایش یافت؟ یا اینکه پیدایش آن مسبوق به فعالیت‌ها و انقلاب اقتصادی ـ اجتماعی، بعد از جنگ صلیبی بود؟ هر چند که خود ماشین بخار به نوبه خود در همان بافت اجتماعی موجب تحولات شده باشد.
۱۵۹. مشروح آن را در کتاب *کنترل فرهنگ* ادوارد برمن ترجمهٔ حمید الیاسی بخوانید.
۱۶۰. *تکنولوژی فردا و فردای تکنولوژی*، وزارت ارشاد، ۱۳۶۵، ص ۶۰.
۱۶۱. *دکتر محمد مصدق و اقتصاد*، حسن توانایان فرد.
۱۶۲. *امیرکبیر و ایران*، ص ۳۹۹.
۱۶۳. *همان*، ص ۳۹۳.
۱۶۴. *همان*، ص ۳۸۹.
۱۶۵. ژرژ گورویچ و دیگران .
۱۶۶. *امیرکبیر و ایران*.
۱۶۷. *جنبش ملی شدن صنعت نفت ایران و ضمیمه‌اش*، سرهنگ غلامرضا نجاتی، شرکت سهامی انتشار، ۱۳۶۴ و همچنین *دولت‌های ایران از سید ضیاء تا بختیار*.
۱۶۸. *جنبش ملی شدن صنعت نفت ایران*.
۱۶۹. *امیرکبیر و ایران*، ص ۲۴۷.
۱۷۰. *همان*، ص ۳۲۸.
۱۷۱. *همان*، ص ۵۷۲.
۱۷۲. *همان*، ص ۲۱۱.
۱۷۳. *همان*، ص ۳۷۹.
۱۷۴. *سیاست و اقتصاد عصر صفوی*.
۱۷۵. *امیرکبیر و ایران*، ص ۲۱۰.
۱۷۶. *همان*، ص ۵۴۸.
۱۷۷. *همان*، ص ۴۱.
۱۷۸. *همان*، ص ۴۲۹.
۱۷۹. *همان*، ص ۶۹۴.

۱۸۰. *همان*، ص ۲۷۵.
۱۸۱. *همان*، ص ۶۶۵.
۱۸۲. *همان*، ص ۴۷۰.
۱۸۳. *همان*، ص ۷۲۵.
۱۸۴. *همان*، ص ۳۰۳.
۱۸۵. *همان*، ص ۷۲۲.
۱۸۶. *همان*، ص ۶۷۸.
۱۸۷. *همان*، ص ۶۷۹.
۱۸۸. *همان*، ص ۷۰۶.
۱۸۹. تمامی کار این غلام یعنی در فکر کشتن و تمام کردن کار امیر.
۱۹۰. مصرع دوم این است که «من ابلهانه گریزم در آبگینه حصار» یعنی اینکه همه در صدد کشتن من هستند و دفاع من از خودم شبیه کار کسی است که درحصار شیشه‌ای سنگر می‌گیرد که اولین سنگی که از منجنیق قلعه‌کوب پرتاب شود حصار شکسته خواهد شد.
۱۹۱. *میراث‌خوار استعمار*، ص ۵۰۳.
۱۹۲. *همان*، ص ۵۰۸.
۱۹۳. *تاریخ تجارت و سرمایه‌گذاری صنعتی در ایران*، ص ۲۹۶.
۱۹۴. *همان*، ص ۵۱۰.
۱۹۵. *همان*، ص ۵۱۴.
۱۹۶. *همان*، ص ۵۱۵.
۱۹۷. *همان*، ص ۵۲۶.
۱۹۸. *نامه سرگشاده به سرآمدان دنیای سوم*، احمدبابا میسکه.
۱۹۹. اشاره‌ای است به این دو بیت:

خدایاتواین شاه درویش‌دوست — که آسایش خلق در ظل اوست
بدارش بر اورنگ شاهی و جاه — بر اوج فلک تا بود مهر و ماه

200. Histoire du Vingtieme Siacle, t1, p 81

۲۰۱. همان، ج ۲، ص ۱۴۲۱.
۲۰۲. همان، ص ۱۴۶۱.
۲۰۳. در جلسه‌ای که محمدرضا شاه در ابتدای سلطنتش از همه رجال آن زمان از جمله قوام‌السلطنه و ... تشکیل داده بود که برای رتق و فتق امور چاره‌ای بیندیشند، قوام‌السلطنه او را «پسرجان» خطاب می‌کرد و او را از دنبال کردن کارهای پدرش برحذر می‌داشت.
۲۰۴. به نقل از پرنس کورکاچف، زمانی که از نظرات ناصرالدین شاه بعد از قرارداد رویتر

در روسیه آگاه شده بود.

۲۰۵. *دولت‌های ایران از سید ضیاء تا بختیار*، اشتباهی که در اینجا وجود دارد این است که مصدق هیچ‌گاه به حکومت خراسان منصوب نشده بود، بلکه در خراسان مستوفی بود.

۲۰۶. *جنبش ملی شدن صنعت نفت ایران*، ص ۱۵۰.۱۵۱.

۲۰۷. همه پرانتزها افزودهٔ من است.

۲۰۸. *جنبش ملی شدن صنعت نفت ایران*، ص ۵.

۲۰۹. *خاطرات و تألمات مصدق*، به قلم خودش، انتشارات علمی، چاپ سوم، ص ۲۹.۳۰.

۲۱۰. *اقتصاد سیاسی ایران*، ص ۱۵۵.

۲۱۱. *خاطرات و تألمات مصدق*، ص ۱۴۲.

۲۱۲. *همان*، ص ۱۴۳.

۲۱۳. *همان*.

۲۱۴. *همان*، ص ۳۷.

۲۱۵. *همان*، ص ۴۱.

۲۱۶. *اسناد نفت*، *نطق‌ها و نامه‌های تاریخی دکتر مصدق*، محمد مصدق، انتشارات راستین، ص ۳۱۳.

۲۱۷. همان، ۳۱۰، مربوط به نطق ۲۰ تیر ۱۳۳۰.

۲۱۸. *خاطرات و تألمات مصدق*، ص ۳۰.

۲۱۹. *همان*، ص ۴۵.

۲۲۰. *شرح زندگی من*، عبدالله مستوفی، ج ۱، ص ۷۰.

۲۲۱. *اسناد نفت*، نطق ۲ تیر ۱۳۳۰، ص ۳۱۵.

۲۲۲. همان.

۲۲۳. همان.

۲۲۴. *خاطرات و تألمات مصدق*، ص ۵۵.

۲۲۵. *همان*، ص ۵۶.

۲۲۶. *همان*، ص ۸۹-۸۸.

۲۲۷. *همان*، ص ۱۸۳.

۲۲۸. *همان*، ص ۳۰۳-۲۱۶ (Nationalisme Elemantaire).

۲۲۹. «موریس تورز رهبر حزب کمونیست فرانسه و یکی از رهبران بزرگ کمونیستی جهانی، که یکی از چهره‌های برجسته و معدود این نهضت است می‌گفت که ملت الجزایر، ملت آفریقا، ملت شمال آفریقا ملت نیستند، هنوز در حال ملت شدن هستند. یعنی تسلط استعمار فرانسه بر اینها موجه است ....» و اما دادی که دکتر

شریعتی بر سر همه اینها زد که با داد او موافقم ولی نفس حرف آنها (نه توجیه سیاسی ـ اقتصادی آن که به استعمار می‌کشد) یعنی نارس بودن این جوامع نسبت به جوامع صنعتی (در رابطه با پیشرفت صنعت و تکنولوژی و فرهنگ آن و ...) از دید جامعه‌شناسی صنعتی، سیاسی و ... (و نه ارزشی) جای تعمق دارد.

و اما دادی که دکتر زد «این ادعای کثیف و جنایت‌آمیز استعمار و طبقه حاکم و سرمایه‌دار فرانسه را کمونیست‌های فرانسه هم پذیرفتند به دلیل اینکه حزب کمونیست الجزایر شعبه‌ای از فرانسه است. از حزب سوسیالیست فرانسه سخنی نمی‌گویم که بسیار کثیف‌تر و دست‌راستی‌تر از گلیست‌ها است! حزبی به همدستی استعمار انگلیس و اسرائیل ... در آنجا همه سر و ته یک کرباسند. گی موله سوسیالیست همان ایدن استعمارگر است و همان بن گورین تجاوزکار و مگر اسرائیل فرزند نامشروع زنای سرمایه‌داری و کمونیسم در جنگ دوم نیست.».

(به نقل از *بازگشت به خویشتن*، مجموعه آثار، ج ۲، ص ۹ و ۱۶۲.)

۲۳۰. *امیرکبیر و ایران*.

۲۳۱. *جنبش ملی شدن صنعت نفت*، ص ۴۵۱.۴۵۲ و همین‌طور *دولت‌های ایران از سید ضیاء تا بختیار*.

۲۳۲. شرح کمی گسترده‌تر در *اقتصاد سیاسی ایران*، ص ۱۷۲.۱۷۳.

۲۳۳. *خاطرات و تألمات مصدق*، ص ۲۲۸.

۲۳۴. *همان*، ص ۲۳۵.

۲۳۵. *همان*، ص ۲۳۹.

۲۳۶. اصطلاحات را از جناب دکتر کاتوزیان گرفته‌ام که در مورد درآمد نفت به‌کار می‌برد.

۲۳۷. به نقل از مردم و مصدق، خطی، ص ۱۲۳.

۲۳۸. *خاطرات و تألمات مصدق*، ص ۲۴۶.

۲۳۹. *همان*، ص ۲۴۹.

۲۴۰. *همان*، از نطق ۳۰ تیر.

۲۴۱. *همان*، ص ۲۲۷.

۲۴۲. *همان*، ص ۱۰۶.

۲۴۳. *جنبش ملی شدن صنعت نفت*، ص ۱۵۱.

۲۴۴. *همان*، ص ۱۰۶.

۲۴۵. *همان*، ص ۱۲۲.۳.

۲۴۶. *همان*، ص ۱۶۱.

۲۴۷. *خاطرات و تألمات مصدق*، ص ۱۷۹.

۲۴۸. *همان*، ص ۲۷۳.

۲۴۹. *سیاست موازنه منفی*، کی استوان، ج ۲، ص ۷۹، به نقل از *اقتصاد سیاسی ایران*،

۲۵۰. *خاطرات و تألمات* [illegible]

۲۵۱. *جنبش‌های ملی مصر*، غلامرضا نجاتی، ص ۱۸۳.

۲۵۲. *خاطرات و تألمات مصدق*، ص ۳۱۴.

۲۵۳. *اسناد نفت*، ص ۳۱۸.

۲۵۴. *خاطرات و تألمات مصدق*، ص ۳۴۷.

۲۵۵. *همان*، ص ۳۹۲.

۲۵۶. *همان*.

۲۵۷. *دکتر محمد مصدق و اقتصاد*، ص ۷۰-۶۸.

۲۵۸. البته مصدق بر این باور بود که آمریکایی‌ها نسبت به انگلیسی‌ها کم دانش و سطحی هستند که این از واقعیت دور نیست. چون عملاً هم از آن جزیره به دنیا فرمان دادن خیلی مایه فکری می‌خواهد.

۲۵۹. *خاطرات ایدن*، ص ۲۲۴–۲۲۳، به نقل از *خاطرات و تألمات مصدق*، ص ۱۸۱–۱۸۰.

۲۶۰. *همان*.

۲۶۱. *خاطرات و تألمات مصدق*، ص ۲۵۳.

۲۶۲. شریعتی، *آثار گونه‌گون*، مجموعه آثار، ج ۳۵، بخش اول، ص ۶۲–۵۹.